神话研究集刊

第九集 2023

向宝云 主编

巴蜀书社

目　录

外国神话研究

巴蜀神话研究

青年论坛

STUDIES IN MYTHOLOGY

Volume 9 | No. 2 | December 2023

Contents

主持人语

上海交通大学神话学研究院　叶舒宪①

2023 年 9 月 24 日是萧兵先生逝世一周年纪念日。《神话研究集刊》特在本集设置"萧兵先生纪念专栏",组织三代学人的五篇文稿,以示追怀先哲、弘扬神话学和文学人类学研究之旨意。

在改革开放以来的我国神话学研究复兴中,萧兵先生一马当先,披荆斩棘,奋勇开拓,在十分艰苦的条件下,以超人的意志力,不断著书立说,率先倡导跨学科与跨文化研究风范,并能身体力行,尝试多重证据法的学术创新,为国学传统的当代更新进行了坚持不懈的长期个人实验,为重建中国古典学、摸索创建语言文学和艺术的大文化研究范式、垂范后学,留下了非常厚重的学术遗产。

圣人尝言:"三人行必有我师焉。"作为萧兵先生半生的密友和合作者,笔者有幸在毕业从教之初就结识先生,先后在西安、海口、北京等工作地与苏北的淮阴之间架起一座长线联系的彩虹桥,得以耳濡目染,受教良多,并与先生切磋琢磨,砥砺前行。每逢我遇到疑难,先生都是有求必应。自 1991 年起,我与先生共同主编"中国文化的人类学破译"丛书;1992 年底携手负笈远游,设想步东坡之后尘,在琼州建立一个新国学研究所。不料人算不如

---

① 叶舒宪,上海交通大学神话学研究院教授,主要研究方向为神话学、文化人类学。

天算，先生和几位同道南渡未果，剩吾一人在南岛沉浸海风六载，先后完成"中国文化的人类学破译"丛书中阐释《诗经》《庄子》的两种，并与先生合著阐释《老子》的一种。又受先生垂教和鼓励，于1999年再度负笈"北漂"，蹉跎于京沪之间，倒是更方便和退休后定居金陵的先生往来求教也。

　　2017年12月22日，上海交通大学神话学研究院成立大会暨中华创世神话上海论坛，邀请到萧先生光临为吾院揭牌，算是我们二人合作三十载的一次晚年圆梦吧。正所谓"有意栽花花不发，无心插柳柳成荫"，谁曾想，当年苦心筹划的新国学研究所化作镜花水月，而如今一个神话学研究院在降生两年后就迎来"二胎兄弟"——四川省社会科学院神话研究院，2023年5月又迎来一位"小弟"——河南大学中原神话研究院正式挂牌。按照三人成众、三生万物的逻辑，三院鼎立格局的形成，算是后学足以告慰中国神话学研究先辈们的最好献礼吧。

　　栏目结尾，我们以附录形式重新刊发袁珂先生的一篇书评，从中可以重温学界前辈对萧兵先生比较神话学研究的赞许和评介，以缅怀这位勤奋的学者。

神话学的边缘学科意义

——萧兵先生的"新考释学"与四重证据法

上海交通大学神话学研究院　　叶舒宪

摘　要　本文从萧兵的"新考释学"理念，到文学人类学的三重证据法和四重证据法，梳理在现行的学科本位主义教育体制下，神话学研究自觉走向新文科交叉学科研究思路的探索历程和经验，说明神话学本身的边缘学科特性和其对国学考据学传统的学术拓展意义。

关键词　神话学；文学人类学；三重证据法；四重证据法

神话学是一门知识跨度甚大甚广的边缘学科，能够和文科理科的诸多学科发生交叉互动。拣选具有神话学边缘学科性质和意义的个人学案，可以首选萧兵教授。他在其生前最后岁月的一次学术访谈中，应邀用几个关键词来概括自己的学术观点和研究方法，他是这样答复的：

> 我一贯坚持"跨学科"与"跨文化"研究，多重证据法。我曾说过："人类学是我们的思考方式、工作方式，也是生存方式。"作为"新兴"的学科——人类学，特别是其核心民俗学、神话学研究在中国长期被边缘化，我的研究长期被恪守学科称为"野狐禅""旁门左道"。我把台湾地区出版的论文集题为《黑马：中国民俗神话学文集》，原来的副标

题就是"民间文艺学向哲学挑战"。长期的沉潜学术研究，让我深信，交叉学科、辅助学科正是学术创新的增长点，在成熟的土壤里开垦固然需要，更重要的是开拓研究领域，升级研究范式。①

萧兵教授这段话用"跨学科"和"跨文化"的两个"跨"字，概括出自己学术探索之路的特色。双跨越的结果必然不同于单一学科的知识视角，而导向"多重证据法"，呈现为引领创新的宝贵经验。这番话语也道出了一场"忘年交"的终生学术情谊产生的秘密：两个本来素不相识的高校教师——萧兵教授和笔者，为什么能够在改革开放的国内学术语境中结为长久合作的密友②。在 20 世纪 80 年代末期，一个没有学历的自学成才者，外加一个普通的本科毕业生，居然斗胆主编一套旨在为传统国学考据学方法升级换代的丛书，并美其名曰"中国文化的人类学破译"。这个举措在很多正统学院派人士看来，简直是大逆不道的。解释儒家的经学问题，怎么能不严守乾嘉学派的小学正路，而偏要博采什么"第三重证据"，包括民俗礼仪、神话和口传文化、少数民族活态文化呢？

条条大路通罗马。萧兵之所以要从神话学即民间文艺学立场向哲学挑战，这和我写《中国神话哲学》的初衷是完全一致的：中国传统中哪里有像亚里士多德那样的三段论形而上学？古汉语词库中有所谓"哲学"这一科吗？没有哲学，又何来哲学史？"中国哲学史"，这分明是西学东渐以来空降到中国学界的西洋哲学史学科作祟的产物。全盘照搬也好，囫囵吞枣或照猫画虎也罢，总之这是西方学术输入我国后，在本土催生出的新生事物。我们俩都不在哲学系任教，所以采用"神话哲学"的命题，也不怕得罪什么人。十多年后的 2001 年，我有机缘在北京王府饭店会见法国当代哲学家德里达，他对我称中国哲学为"神话哲学"的观点表示认同，我则表示对他的"白色神话"论有着十足的兴趣。不料德里达随后又从北京来上海访问并做讲演，直接说

---

① 李永平、萧兵：《惊鸿一瞥四十年，学坛"黑马"奔犹酣——专访文学人类学创会会长萧兵先生》，见叶舒宪、李继凯编：《文化文本》第二辑，中信出版社，2023 年，第 287 页。

② 自湖北人民出版社 1994 年出版《〈老子〉的文化解读——性与神话学之研究》，到 2020 年出版《〈论语〉：大传统视野的新认识》，二人合作的历史长达近三十年。关于具体的合作缘起，萧兵教授写在《〈老子〉的文化解读——性与神话学之研究》前言第 5 页中，而今重读此段，不免感慨万千。斯人已去，音容犹在。黑马驰骋，风范长存。

出更加语惊四座的话："你们中国没有哲学。"这才引起国内哲学界、思想史界的大讨论。尽管英国汉学家李约瑟先生的团队已经推出大套的分卷本《中国科学技术史》并风靡读书界，我们还是可以本着实事求是和文化自觉的精神，同样地发问：中国古代有科学吗？①

就其文化根性而言，古代中国如果既没有自发地产生哲学也没有科学，那么聚焦到某种前科学的思维特征，用来概括本土特色，就是合情合理的。卡西尔的《神话思维》就这样被我们选中。这部书的中译本和《中国神话学哲学》同在1992年出版②。我在书中引用的是卡西尔书的1955年英译本。而此前出版的我和俞建章先生合著的《符号：语言与艺术》，其第四章即以"神话思维"为题目③。那时的论述更加侧重在皮亚杰的发生认识论方面。卡西尔著作的第一次中译，是甘阳翻译的《人论》，1985年由上海译文出版社出版。在此以前，国内学界知道卡西尔的人很少。比他的"神话思维"说在我国更有市场的理论是"原始思维"。因为法国学者列维-布留尔的这部代表作捷足先登，早在1981年就由商务印书馆出版了中译本。就在同一年，商务印书馆推出了闻名遐迩的大套翻译丛书"汉译世界学术名著丛书"第一辑50种书，《原始思维》并未入选。1982年再推出第二辑51种，仍没有《原始思维》。到1983年推出第三辑50种，《原始思维》已经位列其中，并在此后四十年间，经历无数次再版或重印。笔者曾向萧兵教授建议，宁可多多习用卡西尔的"神话思维"说，尽量少用或不用列维-布留尔的"原始思维"论④。

在萧兵教授看来，神话学之所以有资格"挑战哲学"，首要原因是其资格辈分最古老。按照儒家的敬老传统，在文、史、哲、艺术、政治心理学等所有学科都还没有独立为一科之前，所有的初民社会都已经有且仅有一个浑然一统的、尚未开始分化的总"学科"，那就是神话。从内容上看，神话源于信

① 叶舒宪：《"神话中国"VS"轴心时代"——"哲学突破"说及"科学中国"说批判》，谭佳主编：《神话中国：中国神话学的反思与开拓》，生活·读书·新知三联书店，2019年，第3—57页。
② [德]恩斯特·卡西尔著，黄龙保、周振选译：《神话思维》，中国社会科学出版社，1992年。
③ 俞建章、叶舒宪：《符号：语言与艺术》，上海人民出版社，1988年，第119—163页。
④ 要回避"原始思维"论，其直接起因是列维-布留尔读司马迁《史记》后的反应。这个术语充斥着欧洲中心主义和殖民主义的味道。需要对照德里达和罗伯特·扬的《白色神话：书写历史与西方》之后殖民批判立场，才能和西方学术中形形色色的白人优越论和种族主义论调划清界限。援引"原始思维"论求证中国文化的问题，早已成为新时期以来我国学界的一种潮流。顶着世界学术名著的光环，其误导性会呈几何级数地增长。

仰；从形式上看，神话先为口传叙事，早在文字产生之前就在世界各民族的民间久久流传。2012年以来风靡世界的全球史著作——尤瓦尔·赫拉利的《人类简史：从动物到上帝》，便采用神话学视角展开七万年的总体叙事，并将人类定义为能讲故事的动物。文化人类学已经揭示出，如今在我们的星球上已经发现的人类所有族群数以千计，不论其生产方式多么原始落后，没有一个族群社会是不讲唱神话的。换言之，在官方的史官制度建立以前的时代里，所有族群的历史记忆都是由其神话传说的故事承载的。文学人类学研究团队在2009年启动"神话历史"丛书项目，此举与萧兵教授的赞赏和鼓励是分不开的①。

在西学东渐下的我国教育制度中，神话学被归类进中国文学一级学科下属的民间文学专业。而在萧兵的上述话语中则表明，他所认同的神话学既属于民间文艺学，又和民俗学一样，属于人类学的核心内容。这样的理解可谓超前领会了当今国家推广的新文科运动的关键词"交叉学科"的方法论蕴含。若问交叉在哪里发生、怎样发生，两个以上学科的交集点何在，回答是：文史哲中的文学，以神话作为最早的文学形态，而文化人类学研究，则要直指原著民社会的文化认同标的——神话与仪式行为。这样，同在中文系任教的萧兵和我，便不约而同地通过对神话的认知，走向交叉学科方向，即走向文学人类学的交叉学科建构方向。这和历史系学者走向历史人类学，艺术系学者走向艺术人类学一样，要拜谢的是"眼光向下"的文化关照方式——一种在本土传统中一直传承至今的文化寻根意识。从国学的文史不分家立场起步，结果却都全面拥抱以晚年的恩格斯、摩尔根、泰勒、弗雷泽为代表的文化人类学传统，这是"眼光向下的革命"必然带来国学传统再造使命感的主因。萧兵教授在《傩蜡之风——长江流域宗教戏剧文化》一书的前言中说：

> 我们活脱脱地生存在传统之内，传统也活生生地存在于我们之中。任何回避、逃脱、割裂、迷醉都是徒劳的。民俗，或者说本体文化，更是民族心灵之根，正如神话是集体之梦那样，是任何人都不能摆脱的。

---

① 萧兵：《文学人类学介入经学：超越乾嘉的尝试——读"神话历史"丛书有感》，《百色学院学报》2011年第4期。

只有自觉地发现它、认识它，才能自为地弘扬它、重建它。……即令是
对于所谓"落后"或"愚昧"的风习，正像我在傩论章所反复地陈述那
样，也要"在更深的结构里予以体认，在更高的层次上给以复归"。

　　五十年代初，年轻的共和国的领袖们就高屋建瓴地提出：我们不但
要发扬先进，而且要"抢救落后"。我们这个历史悠久、民族众多、文化
古老的国度，尤其是边疆地区，还保存着许多像盘瓠（葫芦—神犬）崇
拜、傩戏这样珍贵的"活化石"……如果让它们在我们这一代人手中悄
悄地消逝，而没有对它们加以认真细致的调查、记录、整理、研究——
一句话，"抢救"出来，那我们将成为科学的罪人，民族的耻辱和历史的
弃儿。[①]

　　《傩蜡之风——长江流域宗教戏剧文化》出版后十一年，才有联合国的
《保护非物质文化遗产公约》[②] 问世。可知以田野作业为看家本领的文化人类
学研究，其"眼光向下"之学术转向，如何艰辛地通过联合国教科文组织催
生出全球的非遗保护运动。而在非遗观念出现之前，国内的文学人类学和神
话学研究者，又是如何自发地率先转向民间活态文化，并将抢救和保护被殖
民者视为"落后"文化的多民族的民间传统作为自己学术职责的呢？

　　萧兵教授之所以在著作前言中说出上引的一段话，是因为早年在一次学
术会议上受到过的深深刺激。那是 1980 年在贵阳举办的"中国民族学学会成
立大会暨学术讨论会"，有一批民族学界的泰斗参会。突然有一位高层民族人
士质问：为什么说我们是"狗养的"？你们汉族是什么养的？这样尖锐的质疑
声顿时给整个会场带来剑拔弩张的气氛。当时的萧兵先生已接近知天命之年，
学术身份还只是淮阴师范专科学校中文系的一名助教。且看这位老助教如何
以他特有的机智和幽默去化解会场上面面相觑的教授们之尴尬：

---

　　① 萧兵：《傩蜡之风——长江流域宗教戏剧文化》，江苏人民出版社，1992 年，第1—2页。
　　② 《保护非物质文化遗产公约》于 2003 年 10 月在联合国教科文组织第 32 届大会上通过，旨在
全球范围内保护以神话传说、口头文学、节庆礼仪、手工技能、音乐、舞蹈等为代表的非物质文化遗
产。《公约》于 2006 年 4 月生效。有关非遗观念的早期解读，参看叶舒宪：《非物质经济与非物质文
化遗产》，《民间文化论坛》2005 年第 4 期；户晓辉：《〈保护非物质文化遗产公约〉能给中国带来什
么新东西——兼谈非物质文化遗产区域性整体保护的理念》，《文化遗产》2014 年第 1 期；彭兆荣：
《文化遗产学十讲》，云南教育出版社，2012 年。

我插了一句话：汉族也有"狗养"的，有人便姓苟，这跟姓牛、姓马、姓侯、姓羊同样是图腾意识的残余，没有什么不光彩。举座为之粲然①。

为报答和呼应萧兵教授这几句脱口而出的机智警语，笔者后来为国内四五百万熊姓同胞写出一部书——《熊图腾：中华祖先神话探源》，后又根据融熊读音互转关系，在祝融号火星车飞天的现实语境下，再写长文《祝融：神话历史的复活——四重证据法重建楚版上古史谱系（14祖）》②。萧兵先生经常以乾嘉学派的当代继承人自居。看到他在上述会议上的临场发挥，就明白他为什么要将国学考据学引向他所追求的升级换代方向——他自己命名为"新考释学"了。从传统考据学的唯文献思路，到添加各民族民间活态文化传承为参照的这种学术转向，给传统考据学范式带来了"第三重证据"的契机。乾嘉时代的全部考据学大师们都还没有遇到这样一种学问大跨越的时代契机。萧兵教授平生最看重的这套"中国文化的人类学破译"丛书，几乎和《傩蜡之风——长江流域宗教戏剧文化》同时完成并面世。丛书第一部是给当年的楚辞学界乃至整个古典文学界带来巨大震动的百万言巨著《楚辞的文化破译——一个微宏观互渗的研究》③。笔者为该书撰写的评论《"三重证据法"与人类学——读萧兵〈楚辞的文化破译〉》④，将继王国维"二重证据法"之后的学术瓶颈突破希望，寄托在人类学的"眼光向下的革命"方面。只要浏览一下萧兵书中海量援引的各少数民族文学材料的情况，对此就会有所体悟。

不走出乾嘉考据学的大汉族主义和中原中心主义局限，就谈不上什么新考释学。这和考古学界的李仰松、汪宁生等先生倡导的民族考古学方法论，

---

① 萧兵：《傩蜡之风——长江流域宗教戏剧文化》，江苏人民出版社，1992年，第2页。
② 参见叶舒宪：《祝融：神话历史的复活——四重证据法重建楚版上古史谱系（14祖）》，《孔学堂》2022年第4期。
③ 萧兵：《楚辞的文化破译——一个微宏观互渗的研究》，湖北人民出版社，1991年。
④ 叶舒宪：《"三重证据法"与人类学——读萧兵〈楚辞的文化破译〉》，《中国出版》1994年第8期；另见叶舒宪：《两种旅行的足迹》，上海文艺出版社，2000年，第150—155页。

大体也是殊途同归的①。袁珂先生在 1985 年推出首部《中国神话传说词典》，在四年后又推出《中国民族神话词典》②，正是意识到在走出书本文献牢笼之后，才会有无限广阔的文化大传统景观，让中华多民族神话的海量信息库发挥互动和共振作用。如今，文学人类学方面称之为"证据间性"研究。从某种意义上，可以将以萧兵教授为首主持编纂的"中国文化的人类学破译"丛书看成是新考释学或三重证据法的实验场所。我和萧兵、臧克和、黄天树等诸位先生在 1992 年计划集体调动到海南岛创建一个旨在引领国学方法创新的"新国学研究所"，由于各种原因未能兑现。结果仅有我孤身一人客居海岛工作六年，并有幸在 1993 年先开出本科生课程——文学人类学；随后以海南大学重点学科建设名义，在社会科学文献出版社出版"文学人类学论丛"。后在 1999 年元月，我被调回到我的出生地北京工作。

萧兵教授在淮阴师专主编的刊物《活页文史丛刊》（1990 年卷），被中州古籍出版社接纳为正规出版物。他以执行副主编身份撰写的代前言，题为《新考释学：传统考据发展之尝试》。我当时拿到这部书后的第一反应是抓起电话，对他戏谑道："野狐禅居然歪打正着，被招安扶正了啊！"

新考释学"新"在何处？新就新在乾嘉时代所没有的学术方面："我们提倡的方法是'多样化'，证据也要求是多重和综合的；因为'破谜'和'译码'往往要求各种手段、技术一齐上，不管黑猫白猫，捉到老鼠就是好猫。"③ 由此可知，萧兵心目中的新考释学可以理解为多重证据法或综合证据法。其研究目标当然也不同于传统考据学："它是既考且释，考而后释；纯粹的考据，一般的解释，不能算是'考释学'。"④三重证据法的研究实验全过程，在"中国文化的人类学破译"丛书 2004 年出版我和萧兵、郑在书三人合著的《山海经的文化寻踪："想象地理学"与东西文化碰触》之后，暂告一

---

① 参见李仰松：《民族考古学论文集》，科学出版社，1998 年；汪宁生：《民族考古学探索》，云南人民出版社，2008 年。至于三重证据法在语言学史研究中的应用，请参看董志翘：《浅谈汉语史研究中三重证据法之运用——以马王堆汉墓出土简帛医方中的"冶""䐝"研究为例》，《苏州大学学报》2017 年第 1 期。

② 袁珂编著：《中国民族神话词典》，四川省社会科学院出版社，1989 年。

③ 周本淳主编，萧兵执行副主编：《活页文史丛刊》（1990 年卷），中州古籍出版社，1990 年，第 3 页。

④ 同上，第 2 页。

段落。随即在 2005 年，我开启了将考古学证据全面纳入多重证据之列的新征程，将新方法更名为四重证据法，直至今日。

　　回顾当初，萧先生所说的"既考且释"的原则，我们如今称为"实证加阐释"，即要融合考据学实证特点和阐释学的人文理解特点，其实质是指向一种科学与人文相结合的学术理想。为突出"既考且释"的严谨性，防止无原则地滥用和误导倾向，我又为四重证据法的实践提出一个补充原则——"物证优先"。

　　多重证据的实用性目标明确，那就是为拯救当下教育的弊端而设计的自学的补充方案。分科招生和教学的制度化，其弊端在于：各学科各专业都努力培育自己的学科中心主义价值，造成学科间的彼此隔膜，如铁路警察般各管一段。教育的结果完全背离了古代所谓"通人之学"的宏大理想，犹如进入狭隘的知识死胡同。学位授予的数量和创新研究能力呈现反比增长，并且积重难返。萧兵先生虽然已在 2022 年 9 月离我们而去，其新考释学即多重证据法依然还在路上，且任重道远。薪火相传的任务已经留给第二代、第三代后继者。四重证据的观念，能为当今研究者打开一个异常宏大的视野。"物证优先"原则，成为先行者有效地探索"上下五千年"因果关联的理论支撑。而一旦锁定"上五千年"为新的认知目标，则"万年中国"观必然呼之欲出[1]。这当然需要研究者本人具有活到老学到老的强烈自学意识，在大交叉学科不断学习的道路上行稳致远。这正是非学院派出身的自学成才标兵的一大强项。不可忽略的要点之一是：四重证据的伸缩空间是巨大的，除了考古发现的遗址文物，还应包括国际新史学所开辟出的思想新天地——包括生物和微生物在内的所有"物"，皆可纳入"物证"范畴。体质人类学的新分支学科分子人类学，正在利用前所未有的人类基因组数据，大刀阔斧地全面改写人类历史[2]。

---

[1]　顾锋、杨庆存主编：《深度认识中国文化：理论与方法讨论集》，复旦大学出版社，2021 年。

[2]　参见韦兰海、李辉、金力编著：《分子人类学基本原理与应用》，上海科学技术出版社，2022 年；[德] 约翰内斯·克劳泽等著，王坤译：《智人之路：基因新证重写六十万年人类史》，现代出版社，2021 年；[美] 罗伯特·普罗明著，刘颖、吴岩译：《基因蓝图》，中信出版集团，2020 年。

The significance of Mythology as a marginal discipline:
Mr. Xiao Bing's New Hermeneutics and the Quadruple-evidence Methodology

Ye Shuxian

Abstract: From Xiao Bing's concept of New Hermeneutics to the Triple-evidence Methodology and the Quadruple-evidence Methodology in Literary Anthropology, this paper examines the process of exploration and the experience of consciously moving towards the interdisciplinary research idea of new liberal. It addresses the issue of discipline selfish departmentalism and highlights the characteristics of mythology as a marginal discipline. For the more, it emphasizes the academic significance of expanding the tradition of textual criticism in Chinese studies.

Key words: mythology; Literary Anthropology; the Triple-evidence Methodology; the Quadruple-evidence Methodology

神话学与文学人类学：萧兵先生访谈①

扬州大学文学院　　王　倩②　　淮阴师范学院文学院　　萧　兵③

摘　要　本访谈主要分为三个部分：一、汉画像石与神话；二、袁珂、弗雷泽与神话研究；三、文学人类学与神话学。第一部分首先探讨汉画像石图像中的车马出行图以及车马西行这种理念的认知来源的问题，然后讨论车马与神话认知之间的关联。第二部分涉及两个方面的内容，袁珂对神话资料的收集工作以及弗雷泽神话研究的方法论问题。这部分访谈聚焦于袁珂在中国神话学方面的贡献，以及弗雷泽的比较神话学方法论的价值问题。第三部分探讨文学人类学四重证据法的适用性与学术方法问题，以及关于文学人类学侧重神话研究的原因。

关键词　汉画像石；车马出行图；神话学；文学人类学；四重证据法

---

　　①　［基金项目］本文为江苏高校哲学社会科学研究重大项目"中国与希腊的文明起源神话比较研究"（编号：2020SJZDA132）阶段性成果。
　　②　王倩，扬州大学文学院教授，悉尼大学访问学者，文学与艺术学双博士后，中国比较文学学会文学人类学研究会理事，研究方向为比较神话学、文学人类学。
　　③　萧兵，淮阴师范学院教授。

一、神话与汉画像石

王倩（以下简称王）：萧老师您好！非常开心见到您。您现在在忙什么呢？

萧兵（以下简称萧）：我现在正在搞《孙子兵法》。

王：您这是一天一个台阶啊。

萧：比较难弄，这个问题很复杂。研究《孙子兵法》要从车轮子开始，也就是车轱辘。

王：为什么要从车轮子开始呢？

萧：这个非常简单，因为《孙子兵法》主要讲用兵的谋略，它依据的是车战。孙子时代以车战为中心，而车战的关键在这个轮子上。

王：这个车战适用于现代战争吗？

萧：《孙子兵法》讲的是车战，但是作为原始战争，它最大的特征就是有哲学性。它给予了战争最大的抽象和概括，所以它适用于现代战争。

王：那说明这是很有智慧的一本书。

萧：对！这本书在全世界都受到崇拜。

王：说到战车，我有一个问题要向您求教。汉画像石里面不是有车马升天图嘛，这种图像背后有没有什么特殊的神话学认知因素啊？

萧：对，有关系。汉画像石中的马是天马。

王：那车呢？

萧：汉画像石中的车子不是由马来拉的，是由龙马或者是由龙来拉的。

王：龙马？从什么时候开始的，汉代？

萧：不是，龙和龙马是从战国开始有的，《楚辞》的《离骚》里面就有。所以既然是车马，它这个马可以是龙马，也可以本来就是龙。另外呢，他认为这个车是代表宇宙的。

王：这个倒是新鲜。

萧：为什么呢？因为车子旁边有个伞盖，伞盖不是能罩到人吗？盖，一个圆形的东西，所以车子盖代表圆天。圆，"天圆地方"之圆啊。

王：宇宙论啊。

萧：对，车下不是方的吗？

王：人放在车子里面。

萧：对，人在里面。

王：有天、地、人的这种感觉。

萧：对，天、地、人，这个车子本身就是一个宇宙结构，也是个宇宙的象征。所以说人可以坐着它登天，坐在车子里头就是处在宇宙的中间。但这个车子是个小宇宙，人登上天，就登上了大宇宙，所以大、小宇宙就打成了一片。还有呢，在这个神话传说里头，这个车子是由各种各样的天神，其中包括自然神来拉的。

王：他们拉车？

萧：不是，天神是来护卫车子的。比如说，车子前面往往是太阳神来开路，或者太阳神亲自来驾车。车子后面是风神飞廉来推车。轮子呢，就是雷。为什么呢？你看看唐诗里头，李商隐的诗歌"车走雷声语未通"，说的就是这个意思。因为古人认为雷是圆的，咕噜咕噜地在那里滚。车子滚动的声音，就像打雷的声音。所以这个意思一直保留在唐诗里头。神话世界都是用雷来做车轮的，因而《九歌》的《东君》里头有这样的句子："驾龙舟兮乘雷。"龙舟就是太阳神坐的这个龙车。神龙舟就用龙来驾辕，或者用龙来做车辕。

王：商代考古遗址出土的文物都有完整的车马，是真车真马。这个是出于神话学的考虑，还是出于炫耀，还是两者都有啊？

萧：两者都有。

王：一个是希望他死后像活着一样骑着马享受荣华富贵，第二个也有可能说乘着这个马上天？

萧：哎，有这个意思呢。

王：为何他们认为雷是圆形的啊？

萧：什么叫雷啊？雷是螺旋形的。嫘祖就是雷祖，对不对呀。在四川的汉画像砖里头，这个车轮不是圆的，而是一个螺旋。他的车轮是旋转的，他就这样画，像一条蛇似的。

王：那更有神话意味。

萧：对，这就是雷轮，由雷做的轮。

王：有没有这个说法，就是在汉代，车马是当时最先进的交通工具？

萧：在汉代不能说最先进。

王：咱们是不是可以这样说，第一，在汉画像石的世界，乘车马是身份的象征；第二，就像我们今天的人一样，画一个飞机，画一个火车，希望祖先的亡灵乘着最快的交通工具，尽快地上天？

萧：不一定最快，但可以到达最远、最高。所以你们研究汉画的人，我觉得路子都走错了。

王：您是说研究的方法不对？

萧：研究的路子不对。很多人搞这个图像结构啊，搞图像美学啊，搞图像对称啊，这些研究都在路子上不对劲。

王：这是后起的观念，不是汉画像石自身的。

萧：对喽。首先你要把所有的车马分开来研究，车是车，马是马。有的都是车没有马，有的都是马没有车。然后，你要研究车马在什么位置，车马是什么结构。这个区别要搞明白，不然没法研究。所以，我说研究汉画，首先得把每一幅画的图像是什么意义搞清楚。

王：我只做了一个西王母，其他的都没做，就做一个西王母的方位研究。

萧：一定要从微观入手，不然啥也做不了，因为没有说服力。

王：我在画像石里看到的只有灵魂升天这个观念，没有魂魄入地的观念。这是什么原因呢？

萧：是这个样子。中国人是一个非常实际的民族，他想象人死亡以后呢，到处都可能去。可能就在墓里头安息，也可能到地底下去；也可能复活回归人间，或者转世投胎；也可能升天，最好的方式是升天。但是在每个地方，他都给你准备好了，升天有升天的路，下地有下地的路。

王：墓葬里面有很多生活用品。

萧：对的，墓葬就是死后的家，就像我们今天在这里一样。我如果到地底下去，我可以到地底下去玩玩，不去地狱受苦；我也可以上天去宇宙飞行。我可以住在家里，我也可以出去旅游。灵魂跟我们活着一样，可以到处去旅游。下到地里头有两种，一种是好的，一种是坏的。坏的地方你不要去，你还是回家好。所以招魂呢，它有两个目的，其中一个目的是禁避，那个地方你不能去，去了就要倒霉。

王：确实是这样的。

萧：另外一个，它引导你的灵魂一步步回家。如果实在不回家的话呢，就上天。上天也给你准备好了，下地也给你准备好了。亡灵也可以下地，因为"魄"字有两种解释，一个就是身体，另外一个就是魂魄。它也可以下地，地下还有冥界，他给你准备好了。你到冥界的话，千万不要到水底去，水底有很多妖怪要把你吃掉了，所以你不要下去。但是也不要紧，你如果下去的话，跟他们搞好关系，你可以升上来，升上来到仙山上。

王：看来它是多元论，不是非要到一个地方。

萧：对，希望最好到那里。但如果退而求其次的呢，在地下准备好车给你。

王：地下不是佛教里的地狱，而是冥界，是另外一个世界。

萧：对对对，它这个冥界是二重性的。对于有罪孽的人，对于犯错误的人，对于迷途里的人，他有苦报，要豺狼吃你。假如你表现得好，是个善缘的话，他好好地招待你，也可以送你到天上去，也可以叫你回到地上。亡灵要去的地方不是固定的，地方是可以变动的。亡灵也不是都要上天，如果你在天上不合适，愿意下地，也可以。

王：但是在汉画像石里面，大部分的墓主人基本上是向着西王母的西方世界去的，没有往东去，这是为啥呢？

萧：帛画也是往西去，所有灵魂都面部朝西。那个时候还没有西天，还没有西天取经，还没有印度文化中的西天这些概念。

王：这和太阳神话有关系吗？

萧：有关系。太阳西落，月亮西升。月亮可以西升，它是到西边去的，因为周人认为乐园在西边。

王：为什么乐园在西边呢？

萧：因为那个地方传说很多，虚无缥缈，有昆仑山。西落的太阳要栖息的地方是死亡之地，死亡的地方就是一个再生的地方，死而再生。希腊人认为神仙世界、美好世界在东方，中国人认为美好世界在西方，这就是乐园。你看看乐园的象征昆仑山是在西方，不在东方，西王母也在西方。阿特兰蒂斯就是传说中的一个构成部分，古人认为阿特兰蒂斯就是西方的乐园。

王：沉没的大洋。

萧：这个神话，过去认为中国人不知道，后来发现中国人也知道这个神话。这个岛屿在希腊叫什么岛？

王：锡拉岛，就是现在希腊的圣托里尼岛。

萧：就是这个地方发生地震，发生海啸，波及克里特岛。

王：这个是考古发现。

萧：考古发现的，它有一百多种学说，其中比较有力、比较现实的是这个。但是由于火山爆发，锡拉岛的火山灰非常厉害，一直吹到东方来。吹到东方以后就是夏代的末年。

王：出现了各种异象，是不是？

萧：对，各种异象。这是神话里的一个遥远的投影，现在这个问题太大，我们不去研究它。

王：汉代之前秦始皇还跑到蓬莱仙岛去求仙，到了汉代就变成往西去了，这是什么原因呢？

萧：你说这个秦始皇为什么跑到东边去？因为秦的皇族就起源于东方。

王：秦是东方王族？

萧：它起源于东方。东方有海洋，是太阳出来的地方，他到那里去寻找太阳，寻找祖先，去寻根。

王：啊，有这么个说法？

萧：那当然了。秦国的这个神话是什么呢？吞果生子，就是吞卵生子。

王：卵生神话。

萧：对，卵生神话。

王：卵生神话为何就一定是海洋神话？

萧：卵生神话是东方神话的最大特征嘛。"天命玄鸟，降而生商，宅殷土茫茫。"东方的神话核心是崇拜太阳，崇拜神鸟，这是第一。第二呢，秦皇族里的祖先，百分之八十就是东方的神，飞廉神话这些都是，所以秦皇族和秦人是两个概念，秦人大部分是西方人。

王：跑到泰山，跑到蓬莱。

萧：对，就是要魂归他的泰山，魂归他的祖先。

王：哦，是这么一回事。我还以为他就是为了求仙呢。

萧：求仙只是表面，所以你们研究汉画的一定感到非常惊讶，这些东西怎么不研究。所以说汉代没有仙山，没有蓬莱，这就完全错了，汉画像石里面有蓬莱仙岛。《山海经》中记载得非常清楚，一个大乌龟来驮着那仙山，这不就是《列子》里讲的巨鳌吗？这个山因为在海上飘来飘去，没有根，怎么办啊？所以神仙命令一个巨鳌用爪子把它托住，叫它不乱走。汉画里都画得很好，一个大乌龟，两个爪子。

二、袁珂、弗雷泽与神话学

王：四川省社会科学院成立了神话研究院，您知道吗？

萧：我知道这个事情。神话研究院的学术带头人是周明，他是袁珂的学生。

王：我们师门也有两位在这个机构里面。

萧：我知道的，其中杨骊我很熟悉啊。

王：您如何看待袁珂老师的神话研究呢？

萧：他的书现在看来比较简单，但是他资料很好，他梳理文献的功夫很扎实。袁珂研究的理论水平不够，但是他的资料比较全面。袁珂对中国神话学的最大贡献就是中国古代神话资料的整理，其中一本叫《中国神话资料萃编》的书尤其重要。这是他和他的学生周明一起编辑的，是非常重要的一部书。

王：这部书的特点是什么？

萧：这本书挺好的，袁珂和他的学生周明是下了工夫来做这部书的。书的分类很有意思，上来就是《开辟编》，然后就是《炎黄编》《四帝编》《尧舜编》《羿与嫦娥编》《鲧禹编》《殊方编》《异物编》《古蜀编》。这种分类方法目前大家都不用了，但是袁珂坚持用。其中的缘由可能与神话形成的时间有关，也与神话形象自身的发展有关。

王：对您影响最深的是哪一位学者？

萧：弗雷泽，还是弗雷泽！我读过《金枝》，英文版的《金枝》我翻过。我看的是《金枝》头一卷，抽着看的，带着字典，带着工具书看的。另外就是马克思主义理论对我影响大。

王：我看您的书里面，就像弗雷泽一样，大量的同类材料特别多。这是弗雷泽最为擅长的。

萧：这就是向弗雷泽学习的方法。弗雷泽最大的特点就是资料丰富，同类的都摆在一起。比如说月亮有生有死，做过文献以后，哪些地方月亮有生有死，哪些地方有月亮女神，哪些地方的月亮是男神，月亮跟太阳有什么关系，一下就清楚了，要把全世界跟它有关系的书籍都收集到一起。

王：现在有一个问题，就是同类排比当然是没有问题，但是脱离语境把它单独拿出来会不会有一点问题呢？就比如说摸头这种动作，在中国，摸头大家都觉得很好，但是在西方很多地方，是不让你摸孩子头的，因为含有性骚扰的意味。就是一样的动作，可能表面上是一样，可是它背后的文化是不一样的。我们拿过来的时候，有时我会觉得是不是会有那种脱离语境、有一种生硬地阐释的感觉呢？

萧：你说得很好。但是呢，比较神话学的精神是什么？比较神话学的精神是比较异同和长短。异同和长短，就是说你做同一个动作，不是说语境有什么不同，而是说不要考虑语境的差异，你先把资料全部罗列出来再说，收集全再说。

王：那您要干吗呢？

萧：我要进行比较啊。进行比较的时候要分辨语境，语境不同或者语境相同，在这种情况下它发生了怎么样的变化。你比如说这个摸头，在西方认为有性骚扰，或者有蔑视儿童的意思，你要研究它背后的东西，研究它的语境。

王：探讨文化的差异。

萧：这体现了文化的不同。中国人认为，头这个地方是生命所在、命门所在，这里叫冲门。大概你摸他的时候，是保护他这个冲门的意思，把它给挡住，不要让人把它轻易碰坏。摸头是一种很亲密的行为。但西方人认为这个地方也是命门所在，你这样摸的话会伤害他。

王：对呀，不同的说法。

萧：对，不同的说法。西方比较重视个人的身体、个人的躯体保护。儿童有儿童的权力。儿童没有同意，你不能随便摸他，摸他你会伤害他。中国人不同，摸他就是喜欢他，就是帮助他。那么先研究摸头的同，再研究摸头的异。所以我认为比较学的关键首先是求同，然后再存异。

王：看本质性的东西。

萧：对，看本质，先求同。

王：找规律？

萧：先求同，找普遍性，再找差异性。如果没有求同，人家问印度摸头怎样，美洲摸头怎样，我不知道，你也不知道，那就是工作没做好。那人家弗雷泽怎么做？找资料啊！比如打喷嚏，有个概念，"砰"的一声打喷嚏，就是有人想你。

王：哎呀，这个有意思。

萧：有时候你打喷嚏，是有人想你，对不对呀？鼻涕会从鼻子里打出去，所以魔鬼也会从鼻子打出去。喷嚏打得厉害的话，把你的精气神都打出去了。那么你要讲关于打喷嚏的这些东西啊，就要把和打喷嚏相关的资料全部收集起来。这些东西古书里有记载，汉朝就有，我们现在研究民俗的人不知道。

王：他不看文献啊。

三、四重证据与神话学

萧：他不看文献，对了，就是不搞多重证据。叶舒宪说的四重证据，我在1978年就提出过，那是老早的事儿啦。我就提出多重证据，我强调：第一，跨学科；第二，跨学科就必须是多重证据。

王：说起多重证据，我现在一直坚持一个观点。我觉得，四重证据法本质上是一个论证伦理的问题。为什么说是论证伦理？比如说我论证一个摸头的问题，我引用的材料有可能是口传的，有可能是图像的，也有可能是文字的，也可能是仪式性的。但是不管怎么样，我研究的就是摸头这个动作，因而我的关注点不是在这个材料上，而是在这个摸头行为本身。所以如果强调多重证据，那么强调的只是证据本身，而不是研究的问题所在。所以我就觉得有些时候，文学人类学过度地夸大了这个四重证据。叶舒宪老师用这个当然有他的理由，跨学科研究，打通学科的时候是不同学科的相互印证，这个没错。但是如果你单单强调证据，那么你文学人类学研究的又不单纯是证据，你研究的是学术问题，为什么要强调证据？我觉得这个不能过度地夸大。

萧：我觉得你说的不对。

王：为何您觉得不对？我认为四重证据是学术方法，凡是做学问的人他会自觉地利用一重、二重、三重证据来进行补充。为什么我们文学人类学一定要强调多重证据呢？

萧：因为叶舒宪是根据我们中国学术界的具体情况来看的。中国学术界没有进行跨学科研究的学术氛围，也没有达到这个水平。跨学科要有一定的水平，对不对？

王：这个是针对中国提出来，但如果离开中国这个语境，在国际的范围内提这个多重证据，我认为就没有必要。

萧：还是一样需要的。因为证据多样性，学术上有一个证据不恨多、只怨少的问题，多比少好。

王：但是我论述的是问题，而不是证据本身啊。

萧：证据，它加强你的理论，它是方法论。因为在中国我们还没有做到，所以他必须强调。不管它是方法论、科学论还是伦理论，都没有关系。就是说，现阶段我们中国必须强调多重证据。

王：我知道没错，但你把它作为一种理论，似乎就不是研究问题，而是研究证据自身了。

萧：你看刚才说的弗雷泽那个打喷嚏。打个喷嚏，全世界这样那样，人家是一条一条收集起来的。这样收集起来，就是多重证据。

王：我一直很反对过度地讲四重证据法。为什么呢？一个严谨的学者，他在做学问的时候，包括弗雷泽本人，他就很自觉地用各种证据来研究问题。他不自觉地会用什么民俗学的、考古学的、人类学的，哪怕口传的都可以。哪怕是现场的那种声音、录音都可以。但是你在做研究的时候，这些材料是为你所用，是用来论证问题的，你没有必要一定要强调我用的是什么证据。当然，叶舒宪老师强调这个证据法是有道理的，在目前中国学术界"铁路警察各管一段"的这个现状之下我们可以用，但你不能过度地把它上升到一个理论高度。这本身不是个学术问题，是一个学术证据的问题。

萧：这个问题我认为不严重，只要大家能够承认多重证据，而且自觉不自觉地使用多重证据就行。

王：但真正的学者，我们所认可的那种"大牛"学者，他一定会是多重证据连用的，没有哪一个人是只用一重证据的。

萧：这话是对的。

王：要是证据是假的，那这个材料就不能作为你的这个证据。如果证据本身是错误的话，你的结论就是不可靠的。

萧：所以要多重证据啊。

王：但是我的意思就是你在用多重证据的时候，首先要考虑你这个证据的来源和来源的可靠性。第二个证据间性的问题，就是所谓的环境，它在这个里面和在那个里面是不一样的。怎么样能把握好这个转换呢？

萧：我一直不把这个问题当一个很严重的问题。我自己努力做到使用多重证据就行。

王：我知道。但是作为一个学理性问题，你把它上升到理论高度，第一个要强调我们在使用这个四重证据的时候，这个证据一定是个有效性证据，一定是个真实的证据，而且必须是具有这种原始性的证据。第二个呢，证据脱离语境，一定要注意它的间性问题，这是一个硬性原则的问题。它从哪里出来的，一定要把它带出来。万一出现不同的阐释的时候，我可以到它这个环境里头去解释一下。

萧：我们承认，这是我们的缺点，因为我也经常犯这个毛病。但是呢，我认为我们这个阶段目前还是属于初级阶段，我们的科学研究是初级阶段。

王：您当年做学问的时候怎么就突然跳到了这个多重证据法上面，就突然做文学人类学和神话学的？又怎么和叶舒宪老师走到一起的？

萧：我开始做神话学的原因非常简单，因为闻一多是做这个的。

王：闻一多用的是多重证据，也是田野考察，而且是民俗学的田野考察，就等于说是跨学科了。

萧：而且他是以民俗神话为主的。因为这个里头还有一点，考虑到这个投机取巧。简单理解，就是投机取巧。

王：什么叫投机取巧呢？

萧：就是说，你研究的对象，如果研究的人很多，你再研究就比较吃亏。比如说你研究阶级斗争，你研究这个君主统治、君臣关系，这是一般的民俗学的方法，研究的人很多，而研究民俗神话的人就很少。研究民俗神话的人有几个特点，第一要懂得学术，第二要有点想象力。你不能否认，研究民俗神话的，都是有点想象力的。

王：是的，是的。

萧：要有一定的洞察力，一定的看法，就是用你的话说，深入地看到人家看不到的。你看到，人家看不到的是雷轮、螺旋，人家看不到"螺"就是"雷"，"雷"就是"嫘"。为什么说黄帝的妻子叫嫘祖呢，嫘祖就是雷祖。我们讲民间神话里头有个田螺姑娘，黄帝的妻子就是最早的田螺姑娘，那不叫嫘祖吗？想一下。

王：哦，从这里面联想出来了。

萧：你得有这个想象能力，所以你写一点诗歌，写一点戏曲，就能培养你的想象能力。

王：做学问是需要想象力的，特别是做神话学。

萧：所以，一方面，要用多重证据来证明它。另外一个，还要有理论的高度，要学习马克思主义。所以你看我学习了很多美学知识，我写了很多美学方面的文章。实际上我不懂美学，但我在那里学习美学。我从美学的高度研究艺术发生学、艺术起源学，要用我一般的水平高屋建瓴。但是呢，我这个高屋建瓴是有基础的。你看啊，我研究美学，我始终不脱离《楚辞》与美学，楚文化与美学，汉字与美学，我专门研究真、善、美、伪、恶、丑这几个字的来源。《汉字与美学》这部书我都写出来了。这个书的内容是什么呢？简单两句，考察真、善、美、伪、恶、丑这几个字的来源，用这几个字的文字学的来源、训诂学的解释来探讨美学的概念和来源。我不脱离那个东西，我不拿历史论事，我是结合着时事，结合着文字。

王：您80年代已经认识叶舒宪老师了，是怎么做成一个团队的呢？

萧：我和叶舒宪老师是在国内一次关于神话学的会议上认识的，以后我们就谈起来。谈起来很简单，我们认为现在中国思想史的研究有一些很有民俗神话学趣味的东西还没有解释，很少有人用人类学的角度去解释。所以刚才就跟你讲，我们要旁逸斜出、出奇制胜。不然，学术浩如烟海，这么多的大师大家在那个地方，你怎么能挤进去呢？

王：也要有创新，没有创新是出不了名的。得有自己的新东西，大家才会注意到你。

萧：对，没有创新，没有出奇制胜，只是用人类学方法去研究《论语》，去研究《老子》，哪个理你呀？他说是唯物主义，你说是唯心主义。唯物唯心，争论来、争论去，无穷无尽的干扰，我讲不过他们。现在《老子》玄牝是什么，谷神是什么，你还不知道呢。我用人类学理论来解释，就跟叶舒宪一拍即合，他写《诗经的文化阐释——中国诗歌的发生研究》，我写《楚辞的文化破译——一个微宏观互渗的研究》。

王：哦，文学人类学的第一批书就是从您和叶舒宪老师那儿开始的。这是文学人类学第一批的论著，就那一批论著的影响力最大。

萧：对，就是从我们这里开始的，用人类学的观点解释中国神话。这一批论著的影响力最大，发行量最高，现在全世界还都在发，日本还在翻译这批论著。

王：可惜当年那个湖北人民出版社，后来你们几个的书不在那里出了。

萧：它又有新版的。

王：有新的？有再版的吗？

萧：不是新的，是再版，又重新修改了一遍，删短一点，又补充一点材料，2020 年出来的，叶舒宪的书名叫《〈论语〉：大传统视野的新认识》。我们用人类学方法的研究就是这样搞起来的。到现在为止，叶舒宪影响力最大的是《诗经的文化阐释——中国诗歌的发生研究》。他的《诗经》研究真是石破天惊。叶老师的《中国神话哲学》是比较系统和早期的成名作，但里头有牵强附会的东西，但是他的《诗经的文化阐释——中国诗歌的发生研究》是石破天惊，因为他认为，《诗经》中"诗言志"的这个部分是巫师写的。

王：这样看来，叶老师后来转向了萨满文化研究，其实和他早期的《诗经》研究有关系。

萧：是啊，当然有关系！我也是这样的。我研究《楚辞》，很多艺术的发生我都用萨满文化来解释。

王：人家是西伯利亚那边的通古斯族的萨满，咱们早期的这些民族是不是和人家有关联，能不能用同一个思维方式来做研究呢？

萧：世界上有一个理论：所有的巫师过去都是萨满。这完全错误。

王：泛萨满论，张光直的观点。

萧：对，我批评的就是泛萨满论。泛萨满主义，对不对？泛萨满论这个看法是错误的，但是，萨满的确有很多值得交流的东西。因为文化这个东西，它的周围是传播、是流动的，特别是游牧民族。游牧民族的文化，带来带去。

王：萨满对农耕文明和海洋文明的影响力有多大？

萧： 大得很！因为农耕文明长期被侵犯，被它统治，被它征服。秦人也崇拜鸟，因为秦人接近西部，它肯定受到萨满文化的影响。

王： 可是崇拜鸟，鸟是使者，这不是神话世界的原始思维吗？为什么非要和萨满扯上关系呢？

萧： 因为，你首先要承认，中国人，也就是华夏人，认为鸟是天神的使者。

王： 对呀。陶器上不是挺多的吗？不一定是萨满嘛，那也可能是最早的神话思维的结果。

萧： 萨满也说，鸟是天神的使者。

王： 那你为什么说它是萨满，而不说它是神话信仰呢？

萧： 我说的是神话信仰，既是神话信仰，也是萨满。

王： 为什么非要强调萨满？我觉得不一定非要用萨满这个概念。

萧： 因为研究萨满的人太少。萨满文化对华夏中原文化的影响，研究的人太少，所以现在必须在这方面加强一点。通灵的东西，这就是泛萨满主义。张光直认为鸟是通灵的，我根本就不同意。

王： 那您早年做了些什么工作呀？

萧： 我们做中国文化的阐释啊。我跟叶舒宪讲：第一，我们的研究都是从具体事实出发的，我们的理论不脱离具体事实；第二，我们抓住中国学问的根本。中国学问的根本是文字学、训诂学，是考据学，它们是中国学问的根本。你不懂得做文字研究，你研究什么中国，对不对呀？我们学了一定的经文，学了一点训诂学的知识，而且我们专门做考据。你看我编的那个杂志叫《活页文史丛刊》，你晓得吧？

王： 我听说过，据说在当时很有影响力。

萧： 是的！《活页文史丛刊》发表的全部都是那种考据学的论文。我就发表考据学的文章，其他的我不发。论文的作者百分之八十以上都是全国著名的专家，包括季羡林、朱光潜等。

王： 这都是"大牛"。

萧： 确实是"大牛"。有人骂我，说你专门刊发名家的论文，瞧不起小人物。我说我一个小小的专科学校，就是师专，我能发表大专家的文章，这不是我的光荣吗？不是我的本领吗？

王：那是。

萧：你知道谁给我写的刊名？茅盾！

王：茅盾可是大学者啊。那您这个杂志现在还办着吗？

萧：没办下去，没钱了，可惜了。这个杂志继续办下去该多好！

王：谢谢萧老师！感谢您接受我的采访，祝您身体健康，学术之树长青！

（本文初步录音整理者为西南民族大学中国语言文学专业在读博士生康健）

Mythology and Literary Anthropology:
An interview with Professor Xiao Bing

Wang Qian, Xiao Bing

Abstract: This interview is mainly divided into three parts: firstly, Han Dynasty stone carvings and mythology; secondly, Yuan Ke, James George Frazer and myth research; thirdly, Literary Anthropology and Mythology. The first part mainly discusses the depiction of Chema chuxing on stone carvings from the Han Dynasty and the cognitive origins of the westward movement of chariots and horses in the images of Chema chuxing, and then discuss the correlation between images of Chema chuxing and myth perception. The second part involves two aspects: Yuan Ke's work in collecting mythological data and the methodology of Frazer's myth research. This part of the interview focuses on Yuan Ke's contributions to Chinese Mythology and the value of Frazer's Comparative Mythology Methodology. The third part discusses the applicability and academic ethics of the Quadruple-evidence Methodology in Literary Anthropology, as well as the reasons why scholars in this field focus on mythological research.

Key words: Han Dynasty Stone Carvings; images of Chema chuxing; Literary Anthropology; the Quadruple-evidence Methodology

痛忆与萧兵先生的一段交往

四川省社会科学院神话研究院　周　明①

摘　要　本文从往事回忆的角度对作者与萧兵先生的一段交往进行描述。回忆中涉及萧兵先生的学术历程和一些学术观点，以及他作为普通人所具有的平凡而又朴实的一面。

关键词　回忆；萧兵；神话研究

2022年9月25日晚上8点过，忽然从手机上看到萧兵先生逝世的噩耗，接着又接到同事杨骊的电话告知相关情况。惊愕之际，不由得悲从心生，眼前总是浮现着记忆中萧兵先生那笑眯眯的神情，耳旁又回响起他那带有浓重江浙口音的普通话，曾经密切交往过的一些往事又历历在目，如同昨天发生的一样……

知道萧兵先生的名字，还是在20世纪80年代初，那时经常在各类刊物上见到他写的文章，文章涉猎的范围很广，文、史、哲方面的都有，知道他是一位勤奋而又多产的学者，但是未识其人。

1983年下半年，由我院和中科院自然辩证法研究室联合举办的首届"中国《山海经》学术讨论会"在成都召开，我作为会务人员和袁珂先生的助手，

---

① 周明，四川省社会科学院神话研究院特聘研究员，《神话研究集刊》副主编，主要研究方向为神话学、民俗学及民间文学。

参与了会议筹备工作。发会议通知时，参会代表名单中就有萧兵的名字。袁先生告诉我，萧兵是一位淮阴师专的老师，并担任《活页文史丛刊》的编辑。这个《活页文史丛刊》虽然不是正式刊物，但在学术界的影响比较大，刊登过不少知名学者的文章。前段时间萧兵向他约过稿，萧兵本人也对神话研究很感兴趣。那次会议，萧兵先生撰写的一篇论文《〈山海经〉：四方民俗文化的交汇——兼论〈山海经〉由东方早期方士整理而成》经审核，被选为会议正式论文。该文后来收入我院出版社出版的《山海经新探》一书。

会议期间的 12 月 9 日，萧兵先生来到省军区招待所会议代表驻地拜访袁珂先生，我们便第一次认识了。

那时的萧兵先生穿一身蓝色工装，左手戴白色线手套，语速较快，思维敏捷。闲聊之际，他告诉我左手指因故致残，因此常年都戴手套，让我不由得对他产生了一份敬佩之意。

更令人赞叹的是，在会议间歇，萧兵先生经常都外出见不到人，等一会又见他左手一包、右手一包地提些东西回来，一问，他才告诉我是到各处旧书摊寻宝去了。那时，整个学界的学习风气甚浓，他读书涉猎的范围也很广，寻回来的旧书、旧杂志各种类型都有，这让我对他有了一种特别的认识，也愿意和他闲聊各种涉及神话研究的话题。

那次会议以后的几年，我们之间的联系逐渐增多，常有书信往来。他经常给我寄一些相关的研究资料或发表的研究论文。

1984 年 1 月，萧兵先生寄来一篇关于日本人研究中国神话的资料。1985年 6 月，他寄来刚发表不久的《太阳的子孙——比较神话文学笔记之一》一文；同年 7 月，又寄来《在广阔的背景上探索——兼谈〈楚辞〉与中华上古四大集群文化及太平洋文化因子的关系》一文和刚出刊的一辑《活页文史丛刊》；1986 年 12 月，他寄来其学生曹必文写的《读〈山海经校译〉》，等等。

令人印象深刻的是，他在《民间文学论坛》1983 年第 4 期发表的《太阳的子孙——比较神话文学笔记之一》一文中谈到，古埃及人的大神赖（Ra）的标识是 ☉，与中国的"日"字的甲金文同形，"其中一点表示太阳黑子"，并将其与中国神话中的"太昊"和"少昊"联系起来，说明"太昊和少昊就是大太阳神和小太阳神，属于东夷日鸟图腾部落的太阳神系统"。

在《在广阔的背景上探索——兼谈〈楚辞〉与中华上古四大集群文化及

太平洋文化因子的关系》① 一文中，萧兵重点说到太阳神鸟、神木崇拜在太平洋文化圈中具有高度的相似性，而且还说"东南太平洋沿岸及诸岛还都有颇为接近的招魂仪式，而且往往以鸟代表或招祭、导引魂灵，这当然是鸟图腾崇拜的痕迹构造。与丧葬—祭祀—招魂仪式相联系的文化因子还有划龙船（它也具有禳灾求福、祈请丰收的民俗功能），架壑船棺葬（或悬棺葬、树葬）、圆形或方形台坛、形象墩，与神秘的'换房制'相联系的亚形居室、坟墓、庙堂等等，这些民俗在《楚辞》里也有或隐或显的表现"。

　　看得出来，这一时期萧兵的研究目光已经从国内转向国外，开始用比较的眼光来看待中国神话问题并进行深入的研究。这种研究与传统的神话研究不同，运用了大量域外神话资料与中国神话进行比较，给人耳目一新的感觉。

　　1988 年 5 月，中国民间文艺家协会下属的《民间文学论坛》编辑部联合《南风》杂志社在贵阳召开西南四省区作者改稿会，我和萧兵先生又见面了。那次他作为特邀嘉宾到会，介绍他 1987 年 10 月到美国参加第二届中美比较文学双边会的相关情况和他提供的会议论文《火凤凰：它的来源、意义和影响》的主要观点，其中重点谈到美国学者对中国神话的研究现状和主要观点，使参会者开阔了眼界。

　　会间，我们一行数人抽空到贵阳花溪公园，边游玩，边交流。谈笑间，忽见一潭碧水甚是喜人。一时兴起，我们两人便脱衣跳入水中游泳（那时公园管理不严，没有禁止游泳的规定）。我很好奇地说："您还会游泳啊？"他骄傲地回答："你不知道，我还是海军出身呢，怎么不会游泳？"于是大家一片称赞，又拍照留念，惬意而归。

　　此后，萧兵先生又委托其学生曹必文将新出版的《楚辞与神话》寄赠与我。该书皇皇 45 万余言，其注释部分不局限于传世文献，且多国外学者的论述，从中可以看出作者的勤奋和视野的宏阔，其治学方式也与传统的治学方式迥然有别。萧兵先生来信谦逊地邀我读后给他写篇书评，我最终由于各种原因竟未能动笔，想来也确实辜负了他的一片好意。

　　1989 年 8 月，萧兵先生给我来信，信中附寄了一篇日本早稻田大学中国

---

① 萧兵：《在广阔的背景上探索——兼谈〈楚辞〉与中华上古四大集群文化及太平洋文化因子的关系》，《文艺研究》1985 年第 6 期。

文学研究部铃木键之先生《近年的中国神话研究》① 一文的译文，希望我能协助找个刊物发表。我将此文推荐给了院刊《社会科学研究》，但最终未能采用，于是给萧兵先生回信表示歉意。

我与萧兵先生最后一次见面是在 1990 年 5 月的济南。那时，由中国民间文艺家协会、山东省文联、中国作协山东分会、山东大学等单位主办的"中国齐鲁神话研讨会"在济南召开，钟敬文、王平凡、袁珂等领导和专家到会。会上，日本学者谷野典之，国内学者潜明兹、萧兵分别介绍了日本、美国及中国近年的神话研究状况。会间，萧兵先生将新出版的《中国文化的精英——太阳英雄神话比较研究》一书赠我，也是一本皇皇 70 万言的巨著。其龙飞凤舞的签赠语，让人感受到作者性格的真诚和豪放不羁。

说到与萧兵先生的交往，这中间还有一段插曲，就是我们差一点成为同事。那还是在 20 世纪 80 年代中期，中国神话研究比较热，袁珂先生在新当选中国神话学会主席后不久，一心想把四川省社科院的神话研究队伍建起来。而建队伍、搭班子最要紧的问题就是人从哪里来。培养人最慢，最便捷的方式就是从外单位调人。在当时国内的中年学者中，袁先生最看好两位，一位是云南大学中文系的李子贤，主攻少数民族神话研究；一位是淮阴师专中文系的萧兵，主攻比较神话学研究，他俩都是中年学者中的佼佼者。

1986 年 3 月的一天，袁珂先生在和我谈到怎样想办法调进这俩人时，幽默而又形象地说：现在我院的神话研究队伍就像一条残断的龙，有龙头——他，有龙尾——我，两个研究生苟世祥、敖依昌算是龙爪，但缺龙身——李子贤和龙宝——萧兵。只要"龙身"——李子贤能来，就能把四川的少数民族神话研究带起来，而"龙宝"——萧兵能来，在加强比较神话研究的同时还能利用其办刊经验把《中国神话》刊物办起来。这样，我院神话研究这条龙就可以在中国腾飞。当然，这只是一句戏言，但从袁先生给他俩"龙身"和"龙宝"的定位上，就可以看出袁先生对他俩神话研究水平的认可。

那段时间我和李子贤、萧兵两位先生的通信联络很密切，无非都是有关调动的事务性交流。然而最终因为学历、职称、住房、家属工作安排、子女

① ［日］铃木键之：《近年的中国神话研究》，原载日本早稻田大学古代研究会《古代研究》第 19 号，1987 年 2 月。

就读等等具体问题阻碍，两位调动的事都毫无进展，袁先生美好的设想最终也就无法实现。

济南会议后不两年，由于特殊的历史原因，我暂时远离了我所热爱的神话研究，与萧兵先生的联系也就此中断，不料一晃就是二十余年过去！

2019年6月四川省社会科学院神话研究院成立时，见到叶舒宪兄，从他那里才得知萧兵先生的情况。当时还与舒宪兄说到，有机会一定要到南京去看望一下萧兵先生，哪里想得到，济南一别竟是永别，岂不悲乎！

转眼间，萧兵先生离开我们已近一年了，匆匆写下如上文字以作缅怀，愿亦师亦友的萧兵先生在天堂仍能续写神话研究的辉煌！

Bitterly recalling the communication with Mr. Xiao Bing

Zhou Ming

Abstract：This paper describes the author's communication with Mr. Xiao Bing from the perspective of past memories. The memories involve Mr. Xiao Bing's academic history and some of his academic views, as well as his ordinary and humble side as a regular person.

Key words：reminiscence；Xiao Bing；mythological research

玉圭辟邪神话再探：致敬萧兵先生

上海交通大学人文学院神话学研究院　唐启翠①

摘　要　“三礼”中大圭、琰圭、镇圭等所具有的镇恶辟邪功能，深深根植于玉石神圣的物性基础、斧钺圭璋的仪式功能和斧始初开的神话基础。运用文学人类学四重证据法，重新检视文献、文物、文字和民俗仪式，有助于厘清“大圭终葵首”争讼的症结所在，从尺寸和形制两个要素，再探大圭之形及其辟邪功能的由来。并以此文，致敬萧兵先生。

关键词　玉圭；辟邪；终葵

引言　玉圭何以辟邪？

玉圭与辟邪椎鬼的神话，最初是如何关联起来的，已无人知晓。然文献溯源的起点均指向《周礼》“大圭长三尺，杼上终葵首”以及东汉郑玄的注：“终葵，椎也。”由“终葵”而“钟馗”，由“珽琭”而神荼郁垒，“大圭”自此与辟邪有了不解之缘。那么，大圭究竟长什么样子？大圭辟邪的文化机制是怎样的？萧兵先生在其《避邪趣谈》中以文化通观的大视野立下不刊之

---

① 唐启翠，上海交通大学人文学院副教授，上海市社科创新基地中华创世神话研究团队成员，致力于文学人类学理论与方法、礼制与神话、玉文化研究。

论，然却限于篇幅体例并未尽言。

笔者 2011 年开始比较系统地关注《周礼》圭系器物的考古学研究，在习作《礼仪遗物与"工史书世"新证：从玉圭神话看儒道思想的巫史之源》[①]时，恰值萧先生在交大讲学，我对圭与刲、卦、契、巫工的关系讨论，多受先生点拨。2017 年，在中国比较文学学会文学人类学研究分会第 7 届年会上，萧先生对我报告的《玉圭如何"重述"中国——"圭命"神话与中国礼制话语建构》[②] 给予了高度肯定，特别提点了文末未尽言的"琰圭除慝"问题。2020 年拙著《禹赐玄圭》出版后，萧先生专门写了书评，从圭的文化史、思想史意义角度给予了高度评价，并再次重申了他关于圭之形义的观点[③]。2022 年 9 月 25 日，我因疫情封闭宅家之日，惊闻先生仙去。翌日叶师舒宪网课讲授玉石辟邪，即以萧先生《避邪趣谈》为引致以特殊悼念。课后叶师鞭策我在先生基础上再做申论，从文物着手弄清"大圭终葵首"的问题。

回首十余年来与先生关于"圭"的诸多讨论，值此纪念机缘，尝试为先生所论补注张本，辅以考古新材料再稍做申论，以答谢先生多年的谆谆善诱之恩。

一、杼上终葵首："大圭"原型及其形制探赜

"终葵"在先秦两汉文献中，有三个基本义项：

其一，器具"椎"。许慎《说文解字》："椎，击也，齐谓之终葵。"这大概是郑玄"终葵，椎也"的依据。郑玄老师马融《广成颂》"挥终葵，扬玉斧"，终葵和玉斧对文，与句芒、灵保、方相氏等共同构成了辟邪驱魅净化世界的语境。由此可知，"终葵：椎"确为逐鬼辟邪之器。具体到"椎"，《礼记·檀弓》载有君临臣丧，则巫祝在前以桃（桃杖/棒）茢（扫帚）执戈驱除不祥，《左传》昭公四年以"桃弧、棘矢，以除其灾"，秦简《日书·诘篇》载"以棘椎桃秉"驱鬼[④]，西汉帛书《五十二病方》则有铁椎击鬼治病

---

① 该文发表于《哲学与文化》2012 年第 6 期。

② 该文发表于《上海交通大学学报》（哲社版）2019 年第 1 期。

③ 详参萧兵：《绝非仅是"玄圭"神秘——评读唐启翠〈禹赐玄圭〉有感》，《丝绸之路》2021 年第 2 期。

④ 李天虹等：《胡家草场汉简〈诘咎〉篇与睡虎地秦简〈日书·诘〉对读》，《文物》2020 年第 8 期。

法，可见以椎击鬼的普遍性。萧兵先生认为大圭与终葵的关联，就在于两者都源于顶端尖锐的工具。

其二，复姓终葵氏。《左传》定公四年载有祝鮀之言曰：成王分康叔殷民七族：陶氏、施氏、繁氏、锜氏、樊氏、饥氏、终葵氏。萧兵先生认为终葵氏应是"善于造尖锥状利器的部落"①，从而再次和"终葵，椎也"联系起来。也有学者认为"终葵"可能是商汤左相仲虺（仲傀，兼为驱鬼之方相）的讹误②。

其三，植物终葵。清郝懿行义疏《尔雅·释草》"葵葵，繁露"曰："叶圆而剡，上如椎之形，故曰终葵。"③ 并引用了郑注将其与大圭关联起来。宋代高江村《释考工记》注"终葵"曰叶圆圭首④，虽被讥为穿凿附会，然参照下熟悉的秋葵，葵实形同玉锥，葵叶确像圭首。由《诗》可知，葵很早就成为药食同源的百菜之王，尤其是冬葵被称为阳菜。故《尔雅翼》曰："天有十日，葵与之终始，故葵从癸。"⑤ 由此可见神话思维（关联思维）的强大。

三个看似风马牛不相及的义项，通过历代注疏家的钩沉和潜在神话思维，都和《周礼》中最神秘的大圭关联了起来。又因在"三礼"注疏系统中，大圭又名"珽"："王所搢大圭也，或谓之珽，终葵，椎也。为椎于其杼上，明无所屈也。……《玉藻》云：'天子搢珽，方正于天下也'，言珽然无所屈者，皆对诸侯为荼大夫前屈后屈。"⑥ 珽、荼、笏皆为圭笏，因身份不同形制有别而名亦有别。奇妙的是，大圭和珽荼都与中国古老的门户守卫神灵产生了关联。萧兵先生的解释颇具文化通观性：

> 中国最古老的人形门神是神荼、郁垒（见《论衡》所引《山海经》等）……其实，"神荼"最初是冶铸匠师手里神奇的工具。"荼"也写作"瑹"，即"杼"，大致上是一种顶端尖锐的武器或工具。这就好像代表权

---

① 萧兵：《避邪趣谈》，上海古籍出版社，2003 年，第 105 页。
② 王兆祥：《中国神仙传》，山西人民出版社，1992 年，第 358 页。
③ ［清］郝懿行：《尔雅义疏》，齐鲁书社，2010 年，第 3527—3528 页。
④ ［清］赵翼：《陔余丛考》，中华书局，2019 年，第 990 页。
⑤ ［宋］罗愿：《尔雅翼》，黄山书社，2013 年，第 52 页。
⑥ ［清］阮元校刻：《十三经注疏·周礼注疏》，中华书局，2009 年，第 1995 页。"大夫"后应有"为笏"，"前屈后屈"在《玉藻》原文中为"前诎后诎"。

力和地位的"笏",最初也是一种农具。或说,瑑或笏都关连着同样有尖端的"圭"(圭笏),而"圭"……最初也是利器或工具。……"玉圭"被当做祭祀太阳的法器……祭日之圭可以代表太阳驱除"黑暗的力量"。

……"郁垒"一作"郁雷"(见《战国策·赵策》高诱注等),"壘"(垒字繁体)从三"田",跟"雷"字所从一致;而"田"是雷车车轮之形(后来转为"雷鼓");所以怀疑"郁雷"本来是雷神,雷公正是邪恶与鬼魅最害怕的神。所谓"霹雳礰",是雷神的"垂象",是雷电的"物化"形式。南方一阵大雷雨过后,浅埋于地表的"霹雳礰"——其实许多是石器时代遗留的石箭头、石刀、石凿、石斧之类——就暴露出来,老百姓便说这是雷公打雷的器具,能够辟鬼驱邪,治疗怪病。

萧先生认为"终葵首"的大圭源于尖锥状武器或工具的礼器化,并从战国至秦汉时期的宝剑,上溯到夏商周圭璋、良渚玉锥乃至尖锥形手斧[1]。作为目前考古学能提供的最早、影响最广远的人工制品"手斧",的确可以经得起溯源检验。也就是说,从大历史观梳理尖锥状器具(法器或礼器)的源流,其大方向和结论,可谓不易之论。然而,众多出土器物中,有没有和大圭匹配的器物?如果有,具体是哪一种呢?单从大圭形制看,需满足两个条件:长三尺和杼上终葵首。研究者大多从终葵入手考索出土玉器中最接近大圭的器形。不过,在"大圭,杼上终葵首"的注释传统中,还有一种借斑之方正来解释大圭形制的,明显不同于尖锥或棍棒。郑玄注《玉藻》"天子搢斑,方正于天下也"云:

此亦笏也。谓之斑,斑之言斑然无所屈也。或谓之大圭,长三尺,杼上终葵首。终葵首者,于杼上又广其首,方如椎头,是谓无所屈,后则恒直。《相玉书》曰:斑玉六寸,明自焯[2]。

唐贾公彦《周礼注疏》延续郑注,认为大圭又名"斑",与诸侯荼(瑑)

---

① 萧兵:《避邪趣谈》,上海古籍出版社,2003 年,第 100—101 页。
② [汉]郑玄注,王锷点校:《礼记注》,中华书局,2021 年,第 393—394 页。

大夫笏之屈首不同，珽首方正，并更进一步解释了郑注所引《相玉书》：

"珽玉六寸"，谓于三尺圭上除六寸之下两畔杀去之，使已上为椎头。言六寸，据上不杀者而言①。

杼，本指两头尖或圭形的织梭，引申为动词杀剡、削薄，故郑玄注《考工记·轮人》"行泽者欲杼"曰：杼为削薄其践地者。又释《考工记·玉人》"杼上终葵首"曰：杼，锐也。锐，即杀剡而形锐。这是萧兵先生释大圭或终葵为尖锥形器的文字学依据，但所指似乎并非郑玄眼中的大圭之形。

图1　福泉山 M74 出土良渚文化玉纺轮与杼轴，唐启翠摄于上海博物馆

林巳奈夫先生注意到这一点，并进而联想到《礼记·明堂位》"灌用玉瓒大圭"，和宝鸡竹园沟 M13 出土的器物组合：墓主头端东侧二层台漆盘上放置有卣二、斗一、觚形尊一、盂一、爵一、觚一、铜棒一、玉柄形器一。他认为《周礼》《礼记》所载天子所服的大圭或珽，可以对应的是夏商周三代考古最多见、传承性最显著的玉柄形器：

_____

① ［清］阮元校刻：《十三经注疏·周礼注疏》，中华书局，2009 年，第 1995 页。

图 2　海南黎族织梭，采自中央广播电视总台央视新闻《锦绣中华》2023 年 3 月 1 日

　　缩小上部的宽度和厚度再内曲凹入是极符合"杼上"之义的。"杼上"之杼如郑注一般，作"杀"是极适当的，吴大澂引用的，采细长之意也是适当的，《周礼》轮人之注作"削薄"之说也是适当的。在曲凹的上部紧接着的部分，是侧面呈长方形、梯形等变形。侧面长方形的，相当于"终葵首"，梯形的相当于《玉藻》的"诸侯荼"的前"诎"。……自二里头期至西周中期，形式上几乎不变的类型，且出土于不同等级墓葬中，可知是极为普遍被佩戴的。……柄形器作为瓒柄，用于灌礼仪式，而作为贵重之器，给予有参与此一仪式资格的人佩戴，正是大圭的起源①。

　　从形制和功能两方面来看，这一推论是比较有说服力的。虽然关于玉柄形器是大圭、裸圭、神主、瓒柄还是瓒观点尚未统一，然而随着考古出土玉柄形器的增多及对其上文字、文饰的系统研究，玉柄形器与灌礼裸器、祖先信仰相关却渐成共识②。尤其是洛阳北窑西周早期 M115 一件复合体玉柄形器

---

　　① 　［日］林巳奈夫著，杨美莉译：《中国古玉研究》，艺术图书公司，1997 年，第 12—14 页。原文比较长且零碎，引用时，稍作节选。
　　② 　相关研究综述详参唐启翠：《禹赐玄圭：玉圭的中国故事》，上海人民出版社，2020 年，第 103—118 页。

的与漆瓠（同）伴出形态与甲金文的"瓒"字构型高度形似〔即"瓒"字象玉柄形器置于瓠（同）之形〕，而西周内史亳瓠自铭为"祼同"，天津历史博物馆藏小臣𰎱柄形器自铭为"瓒"，甲骨卜辞中有"祼用瓒"，殷周金文和典籍中屡见"瓒""圭瓒""璋瓒"用以祭祀，这些证据不仅强有力地说明了玉柄形器与"祼圭瓒宝"有深层关联，而且可以推知"瓒"字是复合体玉柄形器的象形，玉瓒是祼祭用玉之一①。这一观点的认同者日众，然而作为复合玉柄形器的主体——单体玉柄形器的名称，除了"大圭"，还存在"瓒"②、"主或祖（𬨎𬨏）或示（呂𠀆）"③、"璋（𡎤）"④、"辛（𡴀）"⑤ 等观点之争，其争讼的很大原因在于单体玉柄形器本身形态的多元性，尤其是商周鼎盛期。虽然存在名称上的争论，但在用途上学者却保持着共识：玉柄形器裸祭祖灵的核心礼玉，是祖灵凭依之器，甚至就是祖灵本身的象征。后岗 M3 朱书柄形器和殷墟黑河路 M5 人首柄形器，让邓淑苹先生坚信玉柄形器是由后石家河文化玉神祖面简化而成⑥。叶舒宪先生认为出现于各等级墓葬中的玉柄形器，或光素无纹，或雕琢精美神人兽面纹、竹节纹、花瓣纹甚至祖先祭名，彰显着其神秘的宗教功能和祖灵的强大法力：庇佑与驱邪⑦。

① 李小燕、井中伟：《玉柄形器名"瓒"说——辅证内史亳同与〈尚书·顾命〉"同瑁"问题》，《考古与文物》2012 年第 3 期。
② 李晓燕、井中伟、严志斌等认为无论是单体还是复合体柄形器都可以名曰"瓒"，柄首作梯形或盝顶形的 A、B、D 型或许就是西周金文和典籍中的"圭瓒""璋瓒"。
③ 所谓"主"即祖先牌位，在意义象征和字形构拟上，与祖𬨎𬨏更形似，就是祭祀祖先之时祖先神灵的象征。刘钊先生根据安阳后岗 M3 出土朱书祖先祭名石柄形器，名曰"主"。详参刘钊：《安阳后岗殷墓所出"柄形饰"用途考》，《考古》1995 年第 7 期。唐际根先生认同刘钊先生的解说，但认为其对应的名称和字形应为"示"。
④ 李喜娥：《玉柄形器与玉璋关系研究》，《四川文物》2015 年第 1 期。作者从玉柄形器与大汶口文化出土的獐牙、金沙遗址出土的璋和玉戈的关系以及玉璋定名考证，认为玉柄形器应为璋。
⑤ 丁哲释"辛"为柄形器象形，"商"字所会意的就是柄形器竖置供奉于祭几上进行祖灵祭祀的礼仪。甲骨文"龙""凤"皆以"辛"为冠，象征其承载着祖灵的信息，是其上下天地、通灵达神的能量标志。"仆""妾""童"等字的原型均为巫师等神职人员，头顶"辛"冠表明其有沟通祖灵的本领。详参丁哲：《释"商"：柄形器立祭几上》，《美术研究》2021 年第 3 期。郭沫若先生认为"辛"是刻镂刀具之象形。
⑥ 邓淑苹：《柄形器：一个跨三代的神秘玉类》，中国社会科学院考古研究所等编：《夏商玉器及玉文化学术研讨会论文集》，岭南美术出版社，2018 年，第 38 页。
⑦ 叶舒宪：《竹节与花瓣形玉柄形器的神话学研究——祖灵与玉石的植物化表现》，《民族艺术》2014 年第 1 期。

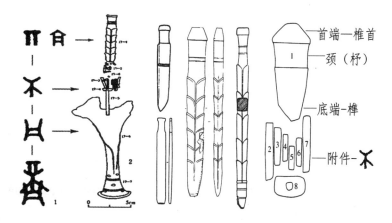

图 3　李小燕构拟"瓒"字构型与商代玉柄形器图示

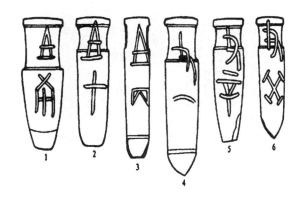

图 4　后岗 M3 朱书祖名柄形器线描图，采自《考古》1995 年第 7 期

图 5　石家河文化玉柄形器，采自湖北省博物馆官网

图 6　福泉山 M144 出土良渚文化神面玉柄形器，唐启翠摄于上海博物馆

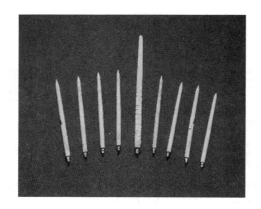

图 7　反山 M20 出土良渚文化锥形器，唐启翠摄于上海博物馆

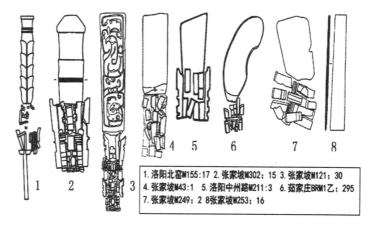

图 8　西周玉柄形器类型图示，采自《考古与文物》2012 年第 3 期

　　显然，作为夏商周三代延续性最显著的玉器，柄形器既非横空出世，又非定于一形。经由石家河文化柄形器的中介，三代玉柄形器可溯源到良渚玉锥形器。良渚、二里头、商周墓葬中玉锥形器/玉柄形器、圆陶片和漆觚等器物的组合统一性，确认了商周裸礼可上溯至良渚文化时期，玉锥形器与玉柄形器在形态上存在递变关系，功能上存在同一性，使用方式上都是榫接于木棒上置于觚中以裸酒①。

　　玉锥形器是良渚文化的典型器之一，其形制上端尖如锥，有长短粗细之别，一般称整体细长者为锥形器，整体粗短者为玉坠。一如玉柄形器，不同等级墓葬均有出土，一般位于头部和腰腹部。故关于其来源与功能，主实用器者有发簪②、锥钻③、砭石或砭针（疗疾除邪）④诸说，主礼用器者有冠饰（类似神徽羽冠上放射状羽饰）⑤、祭祖礼器⑥、男根崇拜礼器化⑦、骨镞的礼器化（权力）、佩饰化（辟邪）⑧、终葵（驱邪）⑨等说。其中"终葵说"的作者通过系统比较，将良渚文化玉锥形器溯源到大汶口文化骨镞·骨锥即齐人终葵的文化传统。

　　综括来看，尽管各家所论不同，然而面对着相同的实物文本（墓葬出土的位置、数量、大小、文饰等），最终还是不约而同地落脚到了趋吉辟邪的法器和权力象征的礼器上来。按照萧兵先生的看法，良渚文化高等级墓葬特有的呈集束状并伴随三叉形器和钺而出的玉锥形器，模拟的就是神徽羽冠——太阳与神面同在，本就是最强大的驱除黑暗鬼魅的神力。萧兵先生所论虽然缺失了玉柄形器一环，然而最终也追溯到了玉锥形器上：

---

　　① 严志斌：《漆觚、圆陶片与柄形器》，《中国国家博物馆馆刊》2020年第1期。
　　② ［日］林巳奈夫：《良渚文化的锥形玉器》，载余杭市政协文史资料委员会等编：《文明的曙光——良渚文化》，浙江人民出版社，1996年，第200—206页。
　　③ 黄宣佩：《上海福泉山良渚文化墓葬》，《文物》1984年第2期。
　　④ 薛理勇：《良渚文化"玉锥形器"的用途、名称考》，《复旦学报》1985年第2期。林华东：《从良渚文化看中国文明的起源》，载余杭市政协文史资料委员会等编：《文明的曙光——良渚文化》，浙江人民出版社，1996年。
　　⑤ 牟永抗：《良渚玉器上神崇拜的探索》，载《庆祝苏秉琦考古五十五年论文集》编辑组编：《庆祝苏秉琦考古五十五年论文集》，文物出版社，1989年，第184—197页。
　　⑥ 黄宣佩：《古玉器》，《上海画报》1984年第3期。
　　⑦ 王正书：《良渚文化玉锥形器研究》，《南方文物》1999年第4期。
　　⑧ 蒋卫东：《试论良渚文化的锥形玉器》，《文物》1997年第7期。
　　⑨ 周晓晶：《良渚文化玉锥形器为"终葵"考》，载《辽宁省博物馆学术论文集》第三辑（1999—2008），辽海出版社，2009年，第215—229页。

《周礼·春官·典瑞》说，王晋（奉）"大圭"，执"镇圭"，以朝"日"——"玉圭"被当做祭祀太阳的法器（根据我们的考证，"圭"本来是测定太阳运动规则的指向工具）……祭日之圭可以代表太阳驱除"黑暗的力量"①。

二 、琰圭与方相氏："三尺"大圭的另一种可能

结合考古实物、甲骨金文文字和文献记载，本文从"终葵首"入手，将大圭的渊源流变及其功能，锁定在从锥形器到柄形器的裸玉祀祖祈吉纳福与巫仪辟邪的脉络中。然而在解释圆满的同时，仍不免使人心生疑惑，就是大圭的另一个条件：长三尺，以战国至秦汉间 1 尺约等于 23.1 厘米计算，即长69.3 厘米。而出土的锥形器和柄形器长度，即使加上附件，也很难达到此标准。那么是否如一些学者所言，这是《周礼》理想化的数列等级，现实中并无如此规格的玉圭呢？商周出土器物中有无可与之匹配的圭形器呢？

在《周礼》中的确记载了不止一种玉圭具有威慑辟邪功能，如《周礼·春官·典瑞》中王执镇圭以安四方，执琰圭以除慝易行，执珍圭以征守、以恤凶荒等。据郑玄注，琰圭上有锋芒，即尖首圭（⌂）或凹首圭（吴大澂、凌纯声等认为🜲为琰圭），珍圭即镇圭，形同琬琰的瑞节，王或王使持之以镇守天下、征讨不义、易恶诛逆、救危扶困、救急凶荒灾疫②。相比史前巫仪中棒、椎等驱邪打鬼法器，大圭、镇圭、琰圭等，无论是从器物上还是从震慑驱逐之"鬼魅"的层级、规模上来说都更大，象征性更强。保持着原始巫仪传统的，当是《周礼·夏官》《礼记·月令》等所载方相氏"执戈扬盾"在傩仪和葬仪中驱除疫鬼、山川精怪的活动："方相氏掌蒙熊皮，黄金四目，玄衣朱裳，执戈扬盾，帅百隶而时难，以索室驱疫。大丧，先柩，及墓，入圹，

---

① 萧兵：《避邪趣谈》，上海古籍出版社，2003 年，第 100—101 页。
② 郑注："珍圭，王使之瑞节。制大小当与琬琰相依。王使人征诸侯，恤凶荒之国，则授之。执以往致王命焉，如今时使者持节矣。"郑司农曰："琰圭有锋芒，伤害、征伐、诛讨之象。"郑玄注："琰圭，琰半以上，又半为瑑饰。诸侯有为不义，使者征之，执以为瑞也。"〔清〕阮元校刻：《十三经注疏·周礼注疏》（清嘉庆刊本），中华书局，2009 年，第 1678—1679 页。

以戈击四隅，驱方良。"① 方相氏头蒙熊皮，戴着神面，执戈扬盾驱疫鬼殴魍魉的形象，与门神神荼郁垒、叔宝敬德和钟馗等非常形似，皆披坚执锐，威颜怒目，区别大概就在手中所执器物：戈、剑、殳、铜、鞭、斧钺、弓矢。现代年画中的叔宝敬德皆全副武装，披坚执锐，尖兵利器尽在手。那么，方相氏的法器"戈"与玉圭有什么关系呢？

通过对甲骨卜辞和保存完好的武丁王妃妇好墓出土器物的对照，我们可以给出比较清晰的答案。妇好墓出土了 750 多件（组）玉器，被视为了解公元前 6000 年至商王武丁时期玉器及玉文化传承发展的宝库②。该墓随葬了 41 件玉柄形器，41 件玉戈（圭）③，以及凿、刀、斧、钺、戚、矛等玉质端刃器族系，还有铜钺、铜戈与无秘之玉钺、玉斧、玉戚等实物，恰与卜辞中的"q（戊）—Ⓨ""Ⓣ（戚）—◨""Ⓨ（戈）—△"等形成对应，有秘曰戊、戚、戈，无秘曰玉/玭、珻、圭④。其中圭（△△）与戈（♯Ⓨ）的关系就是："圭"（△）为"戈"（♯Ⓨ）首，犹如Ⓑ/Ⓑ/Ⓑ之于"瓒"，是部分单体与整体之间的关系⑤。孙庆伟先生认为无秘之戈与圭异名同实，因使用场合不同而名称有别⑥。从文字学和实物来看，二者可谓有无秘或单体与组合体的区别性称呼，当然使用场合和功能应该也是出现区别性称呼的原因：单体圭（△△）多用于祭祀、朝觐、聘问等礼仪场合，用以表征身份、祭献祈福、除慝易行等；复合体戈（♯Ⓨ）用于门户守卫、出行仪仗、军阵杀伐、驱邪逐魅等。

---

① ［清］孙诒让：《周礼正义》，中华书局，1987 年，第 2493—2495 页。
② 朱乃诚：《蛰伏升华 推陈出新——殷墟妇好墓出土玉器概论》，载中国社科院考古研究所等编：《妇好墓玉器》，第 1—60 页。妇好是商王朝后期重振国威、将商朝国力推向鼎盛的商王武丁最宠爱的妻子、宗妇和女将军。妇好墓出土玉器犹如博物馆，包括兴隆洼文化玉玦，红山文化方形玉璧与勾形佩，齐家文化多璜联璧，龙山文化玉钺，石家河文化玉凤、玉笄、玉柄形器，等等，囊括了公元前 6000 年至公元前 1200 年间玉器及其工艺传承近 5000 年所取得的巨大成就。
③ 此为朱乃诚先生的观点，将《殷墟妇好墓》发掘报告中的圭、戈统称为戈，笔者以为改为圭更合适。
④ 陈剑：《说殷墟甲骨文中的"玉戚"》，《"中央研究院"历史语言研究所集刊》第 78 本第 2 分册，2007 年，第 407—427 页。
⑤ 唐启翠：《玉圭如何"重述"中国——"圭命"神话与中国礼制话语建构》，《上海交通大学学报》2019 年第 1 期。
⑥ 孙庆伟：《周代用玉制度研究》，上海古籍出版社，2008 年，第 197 页。

图 9　殷墟妇好墓出土戚（琡）、圭、戈，采自《禹赐玄圭》

　　确认了商周圭与戈的形名用途及其内在关系之后，我们再来看看是否能在此类圭中探寻到"三尺大圭"的踪迹。据不完全数据统计，商周出土的尖首圭比柄形器普遍要长，而且长度与墓葬等级可能是正比例相关。妇好墓出土的 41 件玉圭，其基本形状为长方体三角形锋，最大一件残长 51 厘米；形制完好的较大型玉戈有 56.9 厘米（M5：23）、44.2 厘米（M5：443）、43.5 厘米（M5：922），其他中长者在 30—40 厘米，短的也在 20 厘米左右；而 41 件玉柄形器，几乎没有超出 20 厘米的，体型最大的 M5：563 蝉纹玉柄形饰，也仅长 15.6 厘米。在方国盘龙城遗址，玉戈（圭）、青铜礼器和玉柄形器由主及次地体现贵族身份的重要程度，而高等级贵族墓往往随葬数量更多、体量更大的玉戈，长者可达 70 厘米（PLZM2：14）、94 厘米（PLZM3：14）[①]。西周出土玉圭（戈）体量虽然不及殷商，但在保存相对完好的诸侯王墓如虢国墓地、晋侯墓地出土的玉圭（戈）也有大体量的。尤其是晋侯墓地出土的异形圭（戈）如凤纹圭、凤鸟戴圭、人首神兽纹圭等，极有可能是对"赤乌衔圭降于周社"天命事件的物化呈现。晋穆侯次夫人 M63（晋文侯之母）墓出土的 12 件玉圭（戈），其中最长的达 54.4 厘米，素面无璱；另一件长 36.2 厘米的人首神兽纹圭（戈），人首大耳圆鼻，臣字目，獠牙外露，利爪长尾，与良渚神徽飞鸟纹玉钺、龙山神面或鹰纹圭，颇有异曲同工之妙；还有一件鸟形玉圭（戈）长 15.9 厘米，圭置于鸟首之上，犹如凤鸟戴圭。晋献侯夫人墓 M31 出土的凤鸟纹玉圭，常见于西周复合型柄形器中。因此，若从"三尺大圭"角度考量，这种琰圭可能更契合大圭之名。

图 10　盘龙城 M3 出土商代大戈（圭），采自湖北省博物馆官网

---

　　① 张昌平：《从出土玉戈看盘龙城等城市的高等级贵族》，《江汉考古》2018 年第 5 期。

图 11　晋侯墓地 M63 出土西周人首神兽纹玉圭（戈），采自山西省博物馆官网

　　就迄今所见考古实物而言，此类琰圭之形可以直溯到含山凌家滩文化遗址出土的石戈首、圭形饰和玉版圭画①。而 2022 年凌家滩遗址新出龙首形玉器那鲜明的圆锥首，也体现出辟邪法器之用。

图 12　凌家滩墓葬祭祀坑出土龙首形玉锥，采自《新京报》2022 年 12 月 7 日

图 13　凌家滩 98M29 出土石戈，唐启翠摄于上海博物馆

---

　　①　详参唐启翠：《玉圭如何"重述"中国——"圭命"神话与中国礼制话语建构》，《上海交通大学学报》2019 年第 1 期。

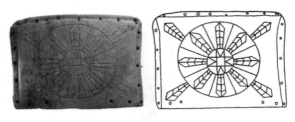

图 14 凌家滩 87M4 出土圭画玉版及线描图，张敬国先生赠图

甲骨卜辞中尖首形的玄圭、白圭，主要用于祭祀商王先祖，这与《周礼》中用裸圭祭祖、圭璧祭日月星辰、青圭礼东方等形成文本对话，也与"禹赐玄圭""赤乌衔圭""方明玄圭""土圭测影""圭碑石函"等形成互文叙事，揭示了玉圭神秘强大的政教功能和圭系玉器形态的前世今生。

三、玉圭辟邪的物质基础与神话基础

一般来说，器物的制作和使用，都与制作者所处的社会文化背景和自然生态相关。史前先民无论是渔猎采集还是游猎农耕，希望借助某些特殊器物，经由仪式祈求神灵祖先庇佑赐福、震慑邪魅、驱除疾疫的心理是相同的。某些物质如玉石、骨角等，某些植物如桃艾、苇蒲、终葵等，某些动物如熊、虎、鹿、鹰、犬、龙、凤等，某些器物如箭矢、斧凿、戈盾、戚钺、圭璋、刀剑等，都可能在某种巫术机制下，被赋予趋吉辟邪的法力。新石器时代的玉石神面，尤其良渚文化、龙山文化、二里头文化至商周时期斧钺刀戚圭璋等玉器上璙琢神人兽面纹等现象，应是社会复杂化和工具、兵器礼器化进程中，神祖信仰与王权合一新表征的物化遗留[①]。随着社会进一步复杂化，甚至跨地域超血缘的广域王权国家出现时，曾经极具标识性的礼器、神徽等，可能被重新整合为新的礼器系统和神徽，礼器系统在变得异常庞大甚至庞杂的同时，也高度抽象化。但因王权神授的强大引力，礼器同时担负着神权与王权的双重功能。这就是"三礼"圭系礼器名头多、功能繁、形难辨的原因所在。归纳辟邪逐鬼法器神话的共性要素，可以发现玉圭辟邪的物质基础和神话基础。

① 邓淑苹：《台北故宫博物院藏新石器时代玉器图录》，台北故宫博物院，1992 年，第 29 页。

图 15　罗马浮雕上的光明神、战神密特拉正从岩石中诞生，采自《世界文化象征辞典》第 409 页

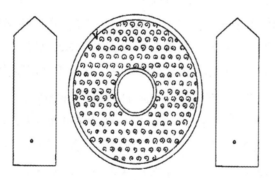

图 16　成山头祭日遗址出土圭璧线描图，唐启翠绘制

　　其一，玉圭的材质即玉石的天然优势。无论是在现实世界还是在神话叙事中，玉为石之美者，是石之精魂；石为玉之根，是孕育玉的母体。石头天然自具的持久性、恒定性、生长性，往往成为稳定、坚韧、永恒、神圣的象征，是大地之骨和生命之种。耶路撒冷圣殿内至圣所下的卵石被视为上帝创造世界的地方，也是世界中心（Omphalos）。石碑或石柱作为男根象征，置于墓前供祖灵凭依。《旧约·诗篇》31：2-3 "求你作我坚固的磐石，拯救我的保障，因为你是我的岩石，我的山寨"，就将上帝比作岩石和庇护所。罗马浮雕光明神、战神密特拉从岩石中诞生，一手持火炬，一手持剑。在共济会中，

粗石象征学徒和潜能，各种"加工"仪式象征潜能变成实际能力的过程①，这在中国叫作"剖璞见玉""琢玉成器"。甲骨卜辞中，⚎也是"吉"（⚎⚎⚎）的意符，表示坚实、坚贞、吉利。在典籍中，玉圭往往被赋予洁净（圭，洁也）、忠信明达（以圭为信）、中正挺拔（圭璋挺秀）、明德而有锋芒（圭角岸然）等意义，这明显是基于玉圭的材质和物理特性引申而来的。刘向《说苑·修文》曰："诸侯以圭为贽。圭者，玉也。薄而不挠，廉而不刿。有瑕于中，必见于外，故诸侯以玉为贽。"② 班固《白虎通·瑞执》曰："故以圭为信，而见万物之始莫不自洁。"③ 曹子建《辨道论》曰："琼蕊玉华，不若玉圭之洁也。"④ 天子大圭用球玉、纯玉，其质地最是温润孚尹，瑕瑜互见，玉圭本身即是洁净鲜明的象征，而"圭"旧作"洁"则显然保留了殷商甲骨文中圭与吉（坚实洁净）的形意关联。这大概是其能辟邪逐鬼的神力所在。

其二，玉圭上锐/圜下方之形的高象征性。玉圭刃锋延续了其祖型端刃器的击刺杀伐性能和强烈的象征性。且随着玉圭的礼器化和仪仗化，其象征性更强，不再局限于驱邪逐鬼，而是在国家安全、社会秩序、天人沟通、人格培育等方面驱除不良、恤荒除慝、安定天下。其实用功能则由"金戈"担负。玉圭之形（⚎）与箭头、宝剑同形，也与世人眼中的日芒同形，具有鲜明的指向性和攻击性。箭矢或箭镞在箭—戈/圭—剑的序列里可能是最古老的。箭通常与太阳、狩猎、爱情、战争、瘟疫、死亡等相关。如大家熟悉的爱神之箭、死神之箭，箭是阿波罗（日神）和阿尔忒弥斯（狄安娜，月神）的武器，也是后羿的武器。印度天气神楼陀罗（Rudra）恶毒时会射出疾病之箭，友善时会放出温暖的阳光。复仇天使射箭则象征大瘟疫来临。远程导弹是现代升级版的箭矢。剑是青铜时代以来近身搏击的箭矢，是男性力量和君权的象征⑤。在中国，不仅有武侠小说里《辟邪剑谱》的传奇，还有镇墓剑、镇宅剑和灭

---

① ［德］汉斯·比德曼著，刘玉红等译：《世界文化象征辞典》，漓江出版社，1999 年，第408—409 页。

② ［汉］刘向：《说苑》，中华书局，2019 年，第1018 页。

③ 陈立：《白虎通疏证》，中华书局，1994 年，第350 页。

④ ［清］严可均辑：《全上古三代秦汉三国六朝文》（二），中华书局，2009 年，第1152 页。

⑤ ［德］汉斯·比德曼著，刘玉红等译：《世界文化象征辞典》，漓江出版社，1999 年，第143—145 页。

魂却邪剑①。由铜剑、铁剑往上溯源，近则为圭笏戈殳戚钺，远则有石器时代兵/工/仪三用的各种斧头。大斧为钺，小斧为斤。《淮南子·齐俗训》的"昔武王执戈秉钺以伐纣胜殷，搢笏杖殳以临朝"，描述的就是周武王以戈钺之兵伐纣克商，开国立朝，以圭笏君临天下，以殳戟护宫卫国、镇恶辟邪扬国威的情景②。《书·牧誓》"王左杖黄钺，右秉白旄以麾"写周武王用黄钺白旄指挥军队，胜利后以黄钺砍商纣王的头，用玄钺砍妲己的头，这里的黄钺玄钺不仅有阴阳之分，还明显具有震慑邪恶的功能。据《事物纪原》载，黄钺始于黄帝，乃玄女所授以战蚩尤，又具有了天命神授之意。在神话中，斧钺通常象征天父之灵、王权之力、初开之权，从史前爱琴海文明双面斧崇拜的化身宙斯③，到古代美索不达米亚火与斧、祭司王的化身吉尔伽美什④，到中国正义、德性与权威化身的圣王，都与斧钺象征之间密切关联⑤。甲骨金文"斧"写作𣪊、𣂼，从斤父声，而"父"写作�，象手持石斧或棍棒之类工具之形。叶舒宪先生认为造字者给斤加父的本义，在于突显一种隐藏的特殊含义——象征生命之源的男性始祖"且"，也即在神话思维的类比认同中，赋予"父""斤""且（且）"三位一体关系。"斧"作为阳性力量和"斧始初开"初凿鸿蒙的利器，具有驱邪镇恶的神性和阴阳匹合化生的德性⑥。玉圭完整地继承了这一功能。随着社会复杂化进程，斧钺逐渐成为军权、王权和神权的象征，如金坛三星村石钺（距今约 6500 年）、良渚文化神徽玉钺以及其他文

----

① 萧兵：《避邪趣谈》，上海古籍出版社，2003 年，第 109—110 页。《世说新语》载盗发王子乔墓，墓内唯见一剑悬圹中，盗墓贼伸手想拿时，剑龙吟虎啸飞上了天。《拾遗记》里载越王勾践采昆吾赤金炼制八剑，剑剑神奇：挟灭魂剑夜行，不逢魑魅；挟却邪剑，妖魅见之则伏；以掩日剑指日，则光昼暗。

② 汉刚卯、严卯铭文皆言"灵殳"，佩戴刚卯严卯，则一切魑魅妖邪疾疫都不敢来侵犯。曾侯墓铜殳和刚卯同出，可见殳作为戈、殳、戟、矛五兵之一，还具有镇邪除恶之用。

③ 宙斯可谓史前爱琴海文明中双面斧崇拜的拟人化形象。作为雷电之神，他常常挥动大斧砍开云天，普施雨露，而其挥斧洒下的黄金雨曾直接使达娜厄怀孕生子。从象征意义上看，宙斯的大斧是阳性生殖力的代表，他本人也是秉承史前首领初开权传统最突出的继承者。

④ 《吉尔伽美什》中男性酋长兼祭司王吉尔伽美什是火与斧的化身，在叙述其行初开义务之前，特别讲述了他的梦境：在拥有广场的乌鲁克的大街上，那儿有斧头一柄，人群将它团团围拢。原来那斧头是什么东西的变形。我心里喜不自禁，像个女人，对它一见钟情。我朝着它弯腰挤进去，把它拿在手中，在我的身边放平。赵乐甡译：《吉尔伽美什》，译林出版社，1999 年，第 14、19 页。

⑤ 详参叶舒宪：《盘古之斧：玉斧钺的故事九千年》，上海人民出版社，2021 年，第 196—224 页。

⑥ 参叶舒宪：《〈诗经〉的文化阐释——中国诗歌的发生研究》，湖北人民出版社，1994 年，第 608—661 页。原文论证详细，此为观点转述。

化遗址中制作精良的玉石斧钺，其持有者已具有指挥号令部众、威慑敌恶、驱镇妖邪鬼怪的权能。陕西神木石峁遗址藏玉（钺、牙璋、环、璜、铲等）石（石雕）于城墙，以人头骨奠基等①，证明在史前4000年，玉石制品依旧与神祇祖先崇拜、辟邪驱疠、威慑敌恶等精神防卫密切相关②。

图17　曾侯乙墓出土铜殳，唐启翠摄于湖北省博物馆

图18　石峁皇城台外瓮城墙出土玉钺，采自《中原文物》2020年第1期

　　其三，玉圭继承了"斧始初开""王权神授"等功能③。斧作为今天可见的最古老的利器，是百万年人类史、万年文化史、五千年文明史和四千年王权博弈史演化变迁的物质见证。将之与倏忽二帝凿混沌、盘古开天等中国式创世神话叙事对读，"斧始初开"是当仁不让的世界之源、人类之源。在今天的民间傩戏中还保留着神话记忆，如抚州地区南丰县的傩戏，多以手持钺斧的《开山》开场，以示开创宇宙人间；继有《纸钱》演示女娲抟土造人，《傩公傩婆》讲

---

① 孙周勇、邵晶、邸楠：《石峁遗址皇城台地点2016～2019年度考古新发现》，《考古与文物》2020年第4期；孙周勇、邵晶、邸楠：《石峁遗址的考古发现与研究综述》，《中原文物》2020年第1期。

② 叶舒宪：《从石峁建筑用玉新发现看夏代的瑶台玉门神话——大传统新知识重解小传统》，《百色学院学报》2013年第4期。

③ 详参唐启翠：《"土圭"命名编码的神话探源》，《民族艺术》2021年第1期。

得子之乐；然后是《雷公》《关公》《双伯郎》驱邪和《钟馗》捉鬼保平安，展现了一幅天地初创、人类繁衍、祈福禳灾保太平的情景①。

百万年前的"手斧"几乎成为所有端刃器斧斤凿镲箭矛等的"祖宗"。新石器时代中期，斧分化出扩大版的钺，龙山文化时代又从钺分化出圭（戈）璋，自此成为天命王权、歃血盟誓的"圭命"载体，既是测影立中之具，亦是祭神祀祖之器、祖灵凭依之器，甚至成为宇宙本身的象征。在中国文化传统中，若说斧钺的礼器化蕴涵着统御智慧从武力征服向威德兼施的转向，那么圭璋则是承载"文德"内涵的直观物化符号，故禹赐玄圭—赤乌衔圭象征天命所在，王朝更替以颁瑞赐圭、土圭测影立中为建国首务，以青圭祭神等，其奥秘皆在中国式创世神话原型"斧始初开"的置换变形。故而，青圭、玄圭在朝觐会盟的"方明"六玉中占据三分之一的权重，琬圭甚至成为道教神话宇宙的"造境"载体。如国博馆藏的元代道教玉符铭册，即以琬圭象征神话宇宙：上圆象征天，朱书风雨云雷电；下方象征地，朱书金木水火土；左右两侧顺时针朱书二十八星宿，正面篆书符箓有玉、日月等字样，符箓下方朱书"敕召万神"，背面是敕书正文（见图 19）。玉是道教至神至灵之物，是召神遣将、驱邪镇魔的法器如玉磬、法剑、法尺、圭笏、令牌的最佳材质②。玉清即道家最高仙境元始天尊所治的"玉清天境"，玉符是元始天尊敕召万神的告盟敕命，大意为：四方尊天，天清临御，日月照辉，皇天降命，玉符告盟，召命三界神鬼精灵，符到速行，敢有违逆，严惩不贷③。

作为中国本土宗教，道教关于法器的演绎可以说把玉圭辟邪神话发挥到了极致。道教中的神官画像往往手执圭笏，举行道场时，高功登坛，双手捧笏，如对天庭，显然是模仿了人间朝堂的执圭朝觐之礼。其中用于召集神灵斩妖除魔的令牌，又称"雷令"或"五雷令"，据《道书援神契》的描述，其造型与国博这件青玉符一模一样：圜首平底木牌，是普通道士差遣神灵的法器，可差遣雷神，能辟邪驱魔。《道书援神契》将令牌溯源到《周礼》的牙璋与汉虎符，不过观此令牌之形，实乃"琬圭"。玉质琬圭象征三界，元始天尊亲发敕命，当

---

① 李祥林：《从性别选择看巴渝地区的圣姥灵娘崇拜》，向宝云主编：《神话研究集刊》第七集，巴蜀书社，2022 年。

② 田诚阳：《道教的法器》，《中国道教》1994 年第 3 期。

③ 详参中国国家博物馆官网。

为皇室所用。而对雷神的特邀，是不是完美呼应了"雷公斧"的电光石火？

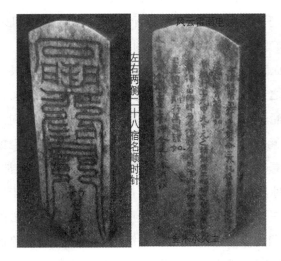

图 19　国博藏元代道教玉符铭册，唐启翠据国博官网重组

Restudy on the myth of jade Gui warding of evil spirits: Salute to Mr. Xiao Bing

Tang Qicui

Abstract: The function of jade Gui to ward off evil is deeply rooted in the sacred physical properties of jade and stone, the ritualistic function of the axe, and the mythological belief that the world was created with an axe. By employing the Quadruple-evidence method of Literary Anthropology, which involves re-examining documents, cultural relics, characters, and folk rituals, it is becomes possible to shed light on the issues surrounding the big jade Gui and Zhong Kui's head controversy. This method also allows for an exploration of the form of big jade gui and the origins of warding off evil, focusing on the two elements of size and shape. And with this, I salute Professor Xiao Bing.

Key words: jade Gui; warding off evil; Zhong Kui

纪念萧兵先生

——兼论楚辞中的香草与玉石意象

上海交通大学人文学院　陈舒凡①

摘　要　楚辞研究专家萧兵先生于 2022 年 9 月 24 日逝世。作为中国文学人类学、神话学研究的早期开拓者之一，萧兵先生的楚辞系列研究方法独特、观点新鲜，并极富前瞻性地关注到其中与华夏文明起源相关的玉石意象。汉赋与楚辞渊源颇深，其玉石意象在运用场景、结构功能及美学内涵上先后承续。本文尝试从萧兵楚辞系列研究出发，分析楚辞玉石意象与其在全汉赋中的异同，并尝试论述前者如何影响后者，以此纪念萧兵先生。

关键词　萧兵；楚辞；汉赋；玉石意象

2022 年 9 月 24 日 21 时，萧兵先生在江苏淮安以 89 岁高龄逝世。作为中国文学人类学的早期开拓者之一，他的《楚辞文化》《楚辞与神话》《楚辞的文化破译——一个微宏观互渗的研究》《楚辞与美学》等楚辞系列研究，方法独特，观点新鲜，在 20 世纪 80 年代轰动学术界，竟有"萧兵现象"之称；

---

① 陈舒凡，上海交通大学人文学院硕士研究生，研究方向为中国古代文学。

而先生却谦称其为自己人类学实验的"终端"："我的实验对象是先秦文化，中国之根。根的深处是神话，是民俗；是民俗视界内的神话，是神话根柢处的民俗。"①

萧兵先生的楚辞研究，受到了 20 世纪闻一多、郭沫若、郑振铎等人的深刻影响。1978 年，他在致中国社会科学院的一封信中就指出，现代学术是"在分析与综合、专精与广博、深入与超越的对立统一中发展"②。萧兵先生的楚辞研究系列秉持了这种学术态度，将传统考据学与文化人类学跨学科、跨文化的比较方法有机融合。如《楚辞新探》《楚辞与神话》等书运用音韵学、训诂学及田野调查、文化人类学知识对楚辞进行具体而微的考订分析，而《楚辞文化》《楚文化与美学》《楚辞与美学》等则把楚辞看成一种文化现象，考察其及楚文化在"环太平洋文化"与"中国上古四大集群文化"背景下的根源结构，并着重分析讨论楚辞的"潜美学"系统及其地位。

在先生日复一日的深耕浇铸下，国内的神话学研究高歌猛进，其与叶舒宪等人共同开创的文学人类学学派也形成气候、日益繁荣。近年来，文学人类学转向关注华夏文明起源等问题，提出了"神话中国""玉石之路""玉教""玉文化先统一中国说"等以玉石信仰为核心的华夏文明起源系列命题。对这些与玉石相关的理论洞见，萧兵先生早有前瞻：《楚辞新探》中的《悬圃：天池景观》《灵琐和瑶圃》《西皇·西海·西极》《献鹄与食玉》等，《楚辞与神话》中的《黄帝为璜玉之神考》《西王母以猿猴为图腾考》《神话昆仑及其原型》，以及《楚辞全译》中对玉石意象的白话文翻译，均是探究玉石如何形塑楚辞文本的尝试，惜其未有系统论述。笔者以汉赋及其玉石意象为研究对象，阅读时深感汉赋与楚辞渊源之深，其玉石意象使用先后承续。斯人已去，但先生之学术遗产、人品学风仍旧山高水长。有鉴于此，因而成篇，以敬前辈。

楚辞中的玉石意象，例如"珵美、瑾瑜、琬琰、珪璋、随和、赤瑾、佩玖、宝璋、玉璧、椒瑛"以及"琼佩、玉珥、琳琅、玉玦、玉佩、宝璐"等名称各异的玉石配饰；"瑶台、玉堂、玉门""玉英、琼浆、玉液""玉女、宓妃""瑶

---

① 萧兵、周游：《萧兵的人类学实验——周游与萧兵的对话》，《社会科学战线》2012 年第 9 期。
② 同上。

光、玉斗、璇玑""瑶华、瑶木"等玉石星象仙境;还有"玉虬、玉鸾、玉驳""瑶象、瑶席、玉镇""三圭"等具有"超凡入圣"功能的玉石意象,无论是具体词汇还是使用场景,都与全汉赋有相当大的重叠。

有学者将这些玉石意象的使用场景分为"游仙类"和"咏怀类"情节两类①。前者以星象仙境场景为主,往往出现在"上下求索"的征程中。主人公"鸣玉鸾之啾啾",驾着飞龙瑶象四方探寻"折琼枝以继佩"、可以"登昆仑兮食玉英"的"春宫";然而"瑶台之偃蹇兮",他最终只能抚摸琼佩,怀念故都。在这一场景中(如《离骚》等),主人公渡流沙、赤水,即使路途偃蹇,他仍要"指西海以为期",孜孜以求的是西极昆仑("遭吾道夫昆仑兮"),这座神秘的玉山似乎成了他的"圣地"。在另一种情况中,楚辞文本中的主人公横绝四方"不可久居"之地,最终复归温柔繁华的故乡:那里装饰着"瑶象、瑶席",供奉的是瑶浆蜜勺,"翡翠珠被""玄玉梁些"的玉石故乡与"流金铄石些""五谷不生"的四方形成了鲜明对比。

对于《楚辞》中"西方"的地理空间与昆仑、西王母等玉石想象的联系,萧兵先生认为,战国人将玉石视为延年益寿的精物,如《天问》"缘鹄饰玉,后帝是飨"、《涉江》"登昆仑兮食玉英,与天地兮同寿,与日月兮同光"、同时代《山海经》中对140多座产玉之山尤其是16座产白玉之山的详细记录即是证明,只是由于时代条件的限制,他们对"西北地理概念比较模糊",但至少从战国时代开始,以玉为宝的华夏民族就产生了对昆仑文化区〔包括玄圃、峚(密)山、钟山、赤水等〕的想象。楚辞中对"西极"向往的根本原因,很大一部分是为了寻玉以求长生不老②,昆仑及其周边在楚辞中就象征着一个充满美玉的幻美仙境。这种对"昆仑玉山"的幻想被汉人继承运用,不过汉代阴阳五行家、服食家、神仙家思想充分发展,所以全汉赋中对获取美玉、食玉升仙的渴望,比楚辞更为功利与狂热。司马相如《大人赋》的"呼吸沆瀣兮餐朝霞,噍咀芝英兮叽琼华",张衡《思玄赋》的"屑瑶蕊以为糇兮,斟白水以为浆",以及全汉赋中多次提到汉武帝访西王母的传说(《甘泉赋》"想西王母欣然而上寿兮"、《武都赋》"超天关兮横汉津,竭西玉

---

① 袁晓聪:《散点透视中国古代诗歌与玉文化》,南京师范大学博士论文,2017 年,第 82 页。
② 萧兵:《楚辞新探》,天津古籍出版社,1988 年,第 122—123 页。

兮徂北根"），都是为了寻求这位"玉女神"的长生不老药。汉代的考古实物，如朝鲜乐浪汉墓出土的一件绘有西王母和代表永生的灵芝形仙山的漆器，南越王墓主棺室内出土的装有"延年益寿"功用的五色药石（包括紫水晶、硫磺、雄黄、赭石、绿松石）①，以及大量包裹尸身的玉璧、玉棺、玉殓葬、玉衣，都是昆仑、西王母等楚地玉石想象在汉代的延续。

　　而"咏怀类"玉石意象，则展现了中国文学中"玉石分判""以玉比德"的美学思想。《怀沙》写道："同糅玉石兮，一概而相量。"在《东皇太一》《大司命》等祭祀歌中，玉石是供飨最高神的不二材质，表明楚辞中已然出现"贵玉贱石""贵玉贱珉"的端倪。《离骚》多有将"美玉"与"香草"并举对比的例子，似乎有意要比一比二者的地位孰高孰低。如"览察草木其犹未得兮，岂珵美之能当"一句，萧译为："彰显草木尚不可望啊，怎能让珠玉焕发辉光？"② 一般认为，楚辞的最高美学象征是香草美人意象系统，即以"兰蕙""杜衡""芳芷"等香草作为最高人品的文学表现形式出现。然而一方面，植物有自然的生长节律，本身就有"寿无金石固"的先天缺陷，无法永久胜任"美"的象征任务，因此楚辞中各种变质萎谢转变成"恶草"的香草并不少见，诗人也追问："时缤纷其变易兮，又何可以淹留？兰芷变而不芳兮，荃蕙化而为茅。何昔日之芳草兮，今直为此萧艾也？"③ 另一方面，香草依附于人，又时刻面临着"君无度而弗察兮，使芳草为薮幽"的被弃命运。（萧译：君王无法可依不分良莠啊，鲜花香草泽畔丢弃④。）因此屈原才感慨："何琼佩之偃蹇兮，众薆然而蔽之。"（萧译：杂佩纷披啊不会损亏，世俗掩蔽啊才失去光辉。）⑤ 如果不是作为内外兼美的最高代表，"琼佩"（玉石）又为何会遭到众人不遗余力的排挤呢？

　　由于周代存在等级分明的佩玉制度，真正的"玉"往往只有周王室畿内及其相邻地区的诸侯国地区可以使用，但楚国贵族却不拘礼制钟情玉石，如战国中晚期江陵、信阳等高等级楚墓，其出土的俑人都佩戴以玉环或璧为絜领，间

---

① 黄允聪：《西汉海昏侯墓与南越王墓比较研究》，广州大学硕士学位论文，2018 年，第 48 页。
② 萧兵译注：《楚辞全译》，江苏古籍出版社，1998 年，第 14 页。
③ 同上，第 15 页。
④ 同上，第 134 页。
⑤ 同上，第 15 页。

有玛瑙等珠、管的装饰；而在湖北江陵九店 M239、M294、M536 等下士、元士或庶人楚墓中，仅有水晶制成的模拟玉组佩的串饰①。楚地还形成了独特的佩玉制度，以玉璧、玉环、玉璜为主的胸腹或腰间条形串饰，与周、晋等中原地区以珠、管组合为主的颈部环形周式串饰区别很大②，并随着春秋中晚期楚国势力的扩张，深刻地改变了周式佩玉形制，奠定了汉代佩玉制度的基础。可见，在楚文化中，玉石的辨别、质量、数量，已成为楚辞中高低尊卑的外显载体，更转化为与"鼎簋"数量一致的、带有秩序象征意味的文化符号。

由此，读者便不难理解玉石意象在汉赋中的表现了。在汉初一系列"拟骚"作品中，东方朔《七谏·谬谏》的"玉与石其同匮兮，贯鱼眼与珠玑"、贾谊《惜誓》的"放山渊之龟玉兮，相与贵夫砾石"、刘向《九叹·愍命》的"藏珉石于金匮兮，捐赤瑾于中庭"，对"玉、石"及其各自代表的品德、等级内涵心照不宣。在之后的汉赋书写中，这种内涵被更清楚地界定：《释诲》"譬犹钟山之玉，泗滨之石"、《显志赋》"冯子以为夫人之德，不碌碌如玉，落落如石"尚存在玉石并提的情况，但《遂初赋》"宝砾石于庙堂兮，面隋和而不视"、班固《答宾戏》"宾又不闻和氏之璧，韫于荆石；隋侯之珠，藏于蚌蛤乎？……先贱而后贵者，和、隋之珍也"已表明了"玉优石劣"的两极价值判断。而崔骃《达旨》"叫呼炫鬻，县旌自表，非随和之宝也"、《释诲》"颜歜抱璞，蓬瑗保生"则发扬了"以玉为宝"的文化传统，直至张衡《思玄赋》"辩贞亮以为磬兮，杂技艺以为珩。昭彩藻与雕琢兮，璜声远而弥长"，不仅称赞美玉本身的色彩、光泽、声音，更关注美玉的形制、技艺、功能，用玉佩之美比喻自身道德之盛，使玉、石的分途彻底固定为品德和等级秩序的物质体系。由此，或许能为以往认为汉赋玉石全然来自儒家"比德于玉""中和之美"的论述提供一些新的视角吧。

当然，对楚辞、楚文化的美学探讨需要多学科、跨文化、超时空的专业素养。先生总其一生孜孜以求，既对文学抒情达志的审美本性进行学术复归，又对诗性、美与想象力深怀质朴信仰。这种"上下而求索"的追寻精神，恰好是他学术与人生志趣一以贯之的真切写照。

---

① 石荣传、陈杰：《〈礼记〉所载佩玉制度的考古学研究》，《文史哲》2012 年第 3 期。
② 同上。

In Memory of Mr. Xiao Bing:
Also discussing the imagery of herbs and jade in Ode of Chu

Chen Shufan

Abstract: Mr. Xiao Bing, an expert in the study of Ode of Chu, passed away on September 24th, 2022. As one of the earliest explorers of Chinese Literary Anthropology and Mythology, Xiao showed a unique methodology and perspective in his series of research on Ode of Chu. He was insightful enough to notice the jade imagery that related to the origin of Chinese civilization inside. The jade imagery in Han Fu are closely related to those in Ode of Chu, in terms of their textual application, structural function, and aesthetic style. This paper builds upon Xiao's research on Ode of Chu and compares the jade imagery within it to those in Han Fu. The aim is to explore the influence of the former on the latter and to commemorate Mr. Xiao.

Key words: Xiao Bing; Ode of Chu; Han Fu; jade imagery

附录：比较神话学运用的丰硕成果

——读萧兵关于太阳英雄神话比较研究的一部新著

四川省社会科学院文学研究所　袁　珂

　　萧兵同志是一位我们并不陌生的中国神话学者。继《楚辞与神话》之后，他的巨著《楚辞新探》以及现在的这部《中国神话的精英》，又一部部地出版了，都是少则三四十万、多则七八十万字的大部头书，真是硕果累累、洋洋壮观。据说这还只是作者计划中要完成的总题为《玄鸟》（中国上古民俗神话传说的综合研究）的一部分，或者说一小部分，其探讨研究的规模之庞大，可想而知。

　　一部巨著，不但撰写它不容易，要花费大量的时间和精力，就是阅读和评介它，也不是轻而易举的事。我前后花了大约半个月的工夫，才将此书断断续续阅读完毕了。在感叹它的雄厚、博大而又相当深刻之际，似乎隐隐存在着一种压迫感，它迫使着我要对此书履行一种评介的责任。然而，临笔却踌躇了。在像我这样一个到了"观后而遗前"的年龄境地（有些人也许不会是这样）的人，要评介这样一部七十多万字的大著，真可谓是谈何容易呢。

　　不过姑且试试看吧。先不要说严格要求的评介，就算是发表一点自己的感想，或者将本书的内容——作者的自叙摘抄一些，且摘抄且作些随感式的漫话，这样来用作我对此书的评介，大约也就可以聊且了我的心愿了。

　　作者在"小引"中自述他作此书的原因和目的是——

　　一、希望着重研究以华夏—汉族为骨干的中华各民族的英雄神话，这些英雄尽管各自独立发生和成长，而不论以何种面目出现，归根到底多为"太阳的子孙"，都是古代中国太阳神文化的承担者和创建者；

二、它们作为整体跟世界英雄神话，尤其是古代希腊与"泛太平洋文化"的英雄神话有相当的类似性或趋同性，可以通过多维时空或区划性的比较，发现其间的异同、长短以及在不同层面和水平上可能的交叉联系、递嬗演变；

三、从而为以太阳神及其族裔为核心的新"光明神话"学说张本（这个学说的核心即是："光明"的崇拜与理想乃是人类自由能动本质的自为实现，也是人类自觉增进负熵、改善生命的积极尝试）。

有了这样一种宏伟的意图，就决定了他要将中国古代神话中在他看来大多数是属于太阳英雄神话的英雄们如黄帝、帝俊、后稷、羿、鲧、禹、李冰、二郎、夸父等的行迹去和各兄弟民族的英雄神话以及在以亚洲东部（包括东北部）和南部为中心的"泛太平洋文化"的英雄神话，加上中国与古代希腊英雄神话"趋同性"的发现上，作广义和狭义的比较。他采取的方法是夹叙夹议，边说边比，且"论"且"史"。而这种比较，是既关源流，又涉比较，因此不能不是一种多时空、多层面和跨学科的综合研究，不能不追求某种"点线面互渗、微宏观结合"的境界。

在具体的做法上，本书更打破了传统的框架，不按照"一人一章""一事多面""从生到死"的老套写法，而是就英雄的某一方面、某段经历、某种特点、某个"因子"进行集中而广泛的比较。这样，作者就将本书一共分为以下五篇，作为它的大的框架——

第1篇　射手英雄：感生与化身

第2篇　弃子英雄：磨炼与考验

第3篇　除害英雄：异禀和勋迹

第4篇　治水英雄：抗灾与救世

第5篇　灵智英雄：建树和牺牲

"射手英雄"主要是揭出世界神话里的射手多属"太阳文化"之精英，而其诞生多与太阳神鸟发生关系，或化鸟形，或曾卵育，带有导论的性质，而以中国东方夷人群的英雄为重点；"弃子英雄"以中国的后稷故事为轴心，除了讨论"履迹生子"的缘由与背景外，还把世界的弃子英雄划分为"山野—物异""河海—飘流"两大类型，并且尽可能按照"文化区"揭示它们可能的交往与联系;"除害英雄"以后羿与赫拉克里斯等为主体,探讨他们那非常相似的初生、婚试和杀怪、除害的神迹;"治水英雄"则以鲧禹及与其有关的中国、美洲水神为重点,分析他们的化身、变形或分合;"灵智英雄"却是拿哈奴曼与孙悟空、夸父与普罗米修斯的比较为缘头,讨论他们的勋业、他们的悲剧和他们的牺牲,多少有收束的意思。

本书诸篇的布局和内容大体就是这样。至于其细枝末节、曲折隐微的地方,就要靠读者亲自去通观全书,才能见到它的宏博和深厚了。本书运用比较神话学的方法,从文学和民俗学的观点,将古今中外的英雄神话,以太阳崇拜这个原始初民最显著的宗教观念为核心,溯源循流,作了细致深入的、既科学而又诗情澎沛的、非常有趣的比较,以见神话原是超越民族界限、国家界限,"走向世界"的东西。作者希望中国神话研究"走向世界",也希望世界神话研究能更多地"走向中国"。作为一个开端和尝试,将近千页的像砖石样的本书以及作者其他一系列有关《楚辞》研究和神话研究的著作,我看基本上已经毫无愧色地让中国神话研究"走向世界"了。比较神话学创新、大量而完整的运用,在中国,应该是从作者开始,他完成这项艰巨复杂的工作,是相当出色、相当成功的。

我过去也作过一些中国神话的研究工作(包括整理),大大小小写了十来本书,但我的研究却是带着封闭式的意味的,目光只是停留在中国的范围以内。在先只是注意到古籍记载的汉民族神话,后来才逐渐把目光扩展到少数民族神话去,然而却因种种原因,研究未深,浅尝辄止。我采取的研究方法,大体上说来,仅仅是一个"纵贯",将古今神话贯串起来,使它成为一个比较统一的整体了事,未遑注意到其他。就这样,我已经看到了神话在时间上继承和发展的不可分割性,因而提出"广义神话"这样一个概念。"神话"这个词儿,实在是含有非常广博的意蕴,在时间上和空间上它都是具有跨越性的,无法用任何僵固的模式去予以绳墨。萧兵同志比较神话学采取的方法主要是"横联",这就大大开拓了神话的视野,恰好弥补了我"纵贯"的不足。从本书中我们可以看到:作者在将中国古代神话和希腊、印度以及东南亚其他各个国家和民族的神话作比较的时候,除了原生态的神话(我称之为狭义神话或古典神话的)而外,就是过渡态、次生态的神话(我称之为广义神话的),也一视同仁地举以为例,容纳了不少,如像书中重点地提到的李冰、二郎、孙悟空等人的英雄业绩都是。他们本来便是神话英雄人物，在神话长河的锁链中，他们和其他神话英雄人物一样，上承下启，都有着千丝万缕的联系。若是要将他们分割开来，弃置不顾，那就简直无法说明神话的互相沟通、"走向世界"的问题。其他各个国家、各个民族的神话与中国神话相较，情况也是一样，他们的神话也是由许多过渡性、次生性的神话人物联系着的，这样才造成相互间的可比性。萧兵同志博见多闻，知道世界神话陈陈相因以及它们彼此间"播化""交流"的关系，故不排斥广义神话之说，而将它纳入过渡性、次生性神话范围之中，以之互作比较，故能触处生机，通达无碍。对于神话的理解和认识，我想正应该具有这样高瞻远瞩的目光和阔大广容的胸怀。萧兵同志在这部书中，既主要是"横联"，而当他论到某一具体人物和具体问题时，为了溯源循流，其间也不乏"纵贯"。真是上天下地，古今中外，东西南北，都成了他议论的话题。他所开拓的神话视野，比我更广阔多了。在这一点上，我们可以说是同调。1987年10月在郑州举行的中国神话学会首届学术研讨会上我曾说，近年来我们神话研究的势头，一直是兴旺发达，现在已进入多学科、多角度、多层次的研究领域，这在萧兵同志的这部书上，可说是体现得相当圆满的。

在本书中，作者运用比较神话学精神所作的比较，正唯打破了旧的框廓，不按照"一人一章""从生到死"那样机械地去进行对比，而是就英雄的某个方面、某段经历、某种特点进行集中而广泛的比较，在这样一种新的布局之下，自然便增加了神话故事的可比性，同时也增加了在比较时候若即若离的游移性。因而展现在我们面前的这幅巨大的画卷，便显得是那样的琳琅满目，丰富多彩：有多少柳暗花明的曲折，峰回壑转的幽隐，平原沙碛的旷放以及高山峻岭的雄奇，等等。作者说，他"历来把工作的重点放在文化因子的考释、'还原'以及源流的探索，同异的比较之上"，正唯他用作比较的是整体中的某个片段，或片段中的某个因子，于是可比者多，相互推移，造成恢弘的境界，给人以汪洋浩瀚之感。这种比较方法，其优点是灵活多样，可比则比，大小不拘，"有话则长，无话则短"，连类而及，易于探幽索隐，因此常常给人以新鲜有意义的启发。而其缺失则不免仍有些旁逸斜出，节外生枝，略嫌繁重和冗蔓，读来比较吃力。作者自己也说，"尽管作了艰难而窘迫的努力，仍然不能避免可厌的重复和分割"，就是缘于这种布局和构思所决定的。

总的说来，这是一部体大思精的著作。作者把中国神话英雄归纳为"太阳英雄"，就是一个新颖而大胆的设想和学术上一个重要的发明。综观全书所作的论证，这种设想大致是可以成立的。虽然我的观点仍趋向于神话中的神和英雄系出多元（即具有自然崇拜、图腾崇拜、祖先崇拜等多种因素），但假如要我就台湾杜而未先生所主张的"太阴神话"和萧兵同志的"太阳英雄神话"之间作出选择，我将毫不犹豫地选择后者，因为后者更具有说服力。

"本书多少属于资料考据性质，为节省读者翻检之劳，许多题同文异的材料有意加以征引，有的材料则属一般读者不甚留心或不易看到的中国少数民族故事传说以及域外神话（特别是海外学者对这些材料的研究成果），所以征引不厌其烦。"——这是作者在"小引"中自我介绍的一段话，可见他在本书中对丰富材料是如何善于掌握运用。据我粗略估计，作者所掌握的神话专著、史学专著以及中外报刊发表的论文当无虑数百种，加上随时备以为用的古籍记载等等，其数可能在千种左右——这真是一个庞大的数字。有了这许多坚实的材料，所以作者就"游刃有余"，有了充分的发言权。他运用这些材料，或是征引其中的某一小段，或是采取片言只语，或只是概略地提到，然而不论巨细，他都将它们安排在这幅画卷框架的最妥善处，所有材料都成了他自己的语言，教人看来，但觉如出胸臆，自然流露，毫无滞塞不化之感。尤其难能可贵的，作者对于某些学者，虽然不一定赞成其谬误的学说（如台湾苏雪林先生的中国神话西来说），但却还是择善而从，取其分体，如此者多，这样兼收并蓄，就成就了他的广大。由于作者对材料非常理解和熟悉，加上他巨大的惊人的组织能力，就好像蜜蜂采集百花酿制蜂蜜一样，将许多杂乱的东西提炼成为精纯了。从书中大量相互推移的比较中，处处使我们看见了神话的丰美，和有关学术探讨方面的有益的启示。

正因书中是英雄的片段事迹或某个"因子"互作比较，又有"射手英雄""弃子英雄"等等的划分，因而在篇章之中，看不出什么明确的结论。其实我们也无需这样的结论。古今中外神话英雄事迹之间，纵有大端上的相同，却也有不少由于民族、历史、地理环境、宗教信仰和风俗习惯的不同而造成的差异，正不必求其全同。只须得到如作者所说的"趋同性"那样的结论也就够了。而在本书中，这种"趋同性"我们是能清楚地看到和深切地感受到的。正如作者在本书开头所写的那样，本书的作意，无非是为"以太阳神及其族裔为核心的新'光明神话'学说张本"；而其终局，也无非是作者在本书末尾所说的那样："英雄是不死的，人类的精英将像太阳和明星那样日日夜夜辉耀在长空，照亮历史，照亮未来，照亮人类自己的心。"读了本书，除了会使我们对英雄神话得到某些具体的、亲切的理解而外，还会使我们对英雄事业产生一种悲壮的、崇高伟大的景仰的信心。在一段时期现实生活里泛起的不正常的蝇营扰攘的龌龊尘埃中，本书的完成，也就真可谓是一种英雄的业迹，战士的颂歌了。

（本文原载《思想战线》1990 年第 4 期）

黄帝"郊雍上帝"神话与西安
杨官寨遗址即黄帝都邑考说

陕西省社会科学院　　胡义成①

摘　要　《史记》的《封禅书》和《孝武本纪》均记载了黄帝"郊雍上帝"的神话。作为中华九州之一的雍州得名在前。其得名源自雍地在西安,而秦都凤翔的雍城取名在后,故"雍"之地名本义首先应指西安。丁山曾引《国语·鲁语》说,远古祭祀主要分为禘、郊、祖、宗、报五种类型,其中焚巫求雨为郊。"郊"字在甲骨文中写作"燄","从火从交,象人交足坐于火上之形。焚人以祭神,乃是'燄'字本义"。这样,黄帝"郊雍上帝"的神话就蕴含着,黄帝在西安黄帝都邑即杨官寨遗址祈雨池不时举行祈雨祭仪,当旱情严重时,甚至焚巫求雨的历史素地。黄帝"郊雍上帝"的神话和杨官寨遗址出土的祈雨池,均是杨官寨遗址系黄帝都邑的证据。

---

① 胡义成,陕西省社会科学院研究员,陕西省有突出贡献的专家,国务院首批特殊津贴获得者。近年主攻中华远古文化研究。

关键词　黄帝；郊雍上帝；杨官寨遗址

　　《史记》的《封禅书》和《孝武本纪》均转述了黄帝"郊雍上帝"或"祀雍上帝"的神话。由石兴邦先生任名誉主编，首先识别出西安杨官寨遗址（以下简称"杨址"）即黄帝都邑的《黄帝铸鼎郊雍考辨与赋象——西安古都史新探》一书，其书名就表达着黄帝"郊雍上帝"的记载证明杨址即黄帝都邑之意①。本文将进一步探讨黄帝"郊雍上帝"神话的历史素地，以及它记录的杨址作为黄帝都邑的往事。

一、"雍"说

　　1. "雍"字初义。《广韵》谓"雍"为"雝"之隶变②，罗振玉则推而广之，视"雍"字为古"灉"字的简变，并提出古"灉"字系对一种特殊地理景观的模拟，其"三滴水旁"模拟水景，整个字显示其地"外为环流，中斯为圜土矣"，且"古辟雍有囿，鸟之所止，故从隹"。由此出发，他解释古代"辟雍"即在这种妙曼地理景观中开辟出的学习环境。陈邦怀、陈梦家大体认同此说。何光岳则综而提出，"雍"字初义指"原始社会的园囿"，它"周围绕以水池，池中有高土丘，汇聚涉禽及短尾鸟等不善于飞翔的鸟类于此，然后在水池之外围以宫墙"；于是，远古"辟雍"就是"人工建造的'禽囿'"③。从记载了若干远古史实的纬书④即有"辟雍"的记载看⑤，以上对"雍"字初义的理解，应较准确可信。

　　2. 雍地与黄帝族的关系。《尚书·禹贡》之九州含雍州："黑水西河惟雍州。"《尔雅·释地》则说，黄河之"河西曰雍州"。《尚书》研究专家刘起釪

---

　　① 石兴邦名誉主编，胡义成等主编：《黄帝铸鼎郊雍考辨与赋象——西安古都史新探》，西安出版社，2011年。其中所收胡义成相关论文，首次识别出2004年出土的西安杨官寨遗址即最早的黄帝都邑。

　　② 转引自石兴邦名誉主编，胡义成等主编：《黄帝铸鼎郊雍考辨与赋象——西安古都史新探》，第61页。

　　③ 参见何光岳：《炎黄源流史》，江西教育出版社，1992年，第806—809页。

　　④ 参见胡义成：《河南"河洛古国"考古新发现和"有熊国"新探》，《中原文化研究》2020年第5期。

　　⑤ 参见［清］赵在翰辑：《七纬》，中华书局，2012年，第682页，第283页。

说，黑水指今甘肃河西走廊某一河水①，故知雍州指黄河晋陕峡谷之西岸的地方，"州境包括今秦岭以北的陕西境和宁夏、甘肃、新疆全境和青海的一部分"②。而《山海经·海内经》则记载着黄帝族就在"流沙之东，黑水之西"，比照《尚书·禹贡》的记载，可知《山海经·海内经》之记，实指当年的黄帝族就生活在雍州③。这就迫使本文不能不深思雍地与黄帝族的关系问题。其一，《世本》记载，黄帝的臣子雍父发明了杵和臼等加工粮食的工具④；注《世本》的宋衷，甚至说雍父即"黄帝字"⑤，这至少显示着，黄帝族群里有一支以雍为名的氏族，他们发明了杵和臼等加工粮食的工具。何光岳的《炎黄源流史》则专设一章《雍国的来源和迁徙》，详细说明黄帝族群里的雍人及其后裔的迁徙历史⑥。根据远古先民往往以居地地名为氏的习惯，由此可推知，黄帝族所在的雍州确有一个地方曾经名雍。果不其然，《晋太康地志》说，"雍州西北之位，阳所不及，阴气壅遏，故以为名"⑦，可知雍地应即在"雍州西北之位"。杨东晨则直指，"今西安西北"一带古称雍⑧；三国时期魏国置雍州，治所即设在今西安西北，至唐代西安才改称京兆府⑨。这就意味着，作为黄帝族群里的氏族之一，雍人最早即生活在今西安西北一带的雍地，遂称雍人。其二，可能鉴于杨址即最早的黄帝都邑，且黄帝族与雍地关系密切，有论者还根据前述罗振玉对古"灉"字的解释提出，"灉"字实际是对杨址地理景观环境的模拟⑩。由于黄帝时期只能出现一些简单的模拟性汉字，如考古学家苏秉琦谓"酉"字即对黄帝时期小口尖底瓶之模拟⑪，故此假设论及复杂的"灉"字，未必能完全成立，但应有一定的合理性，因为中国汉

① 转引自顾颉刚、刘起釪：《〈尚书〉校释译论》，中华书局，2005年，第738页。
② 同上，第739页。
③ 胡义成：《西安杨官寨遗址是确定黄陵祭祀为国家公祭的考古学主证——论黄陵墓主即西安黄帝都邑杨官寨遗址族群初期的首领》，收入陕西省黄陵祭祀工作办公室编：《黄帝陵是中华民族的精神标识》，陕西人民出版社，2016年。
④ ［东汉］宋衷注：《世本》，时代文艺出版社，2009年，第57页。
⑤ 转引自顾颉刚：《中国上古史研究讲义》，中华书局，1998年，第158页。
⑥ 参见何光岳：《炎黄源流史》，江西教育出版社，1992年，第804—812页。
⑦ 转引自顾颉刚、刘起釪：《〈尚书〉校释译论》，中华书局，2005年，第739页。
⑧ 杨东晨：《中华文明探源》，三秦出版社，2017年，第335页。
⑨ 参见《辞海》，上海辞书出版社，1980年，第360页。
⑩ 见石兴邦名誉主编、胡义成等主编：《黄帝铸鼎郊雍考辨与赋象——西安古都史新探》，西安出版社，2011年，第61—62页。
⑪ 苏秉琦：《中国文明起源研究》，辽宁人民出版社，2011年，第104页。

字构形原理显示，历史上的重大事件往往通过某些汉字的构形而被保留下来，"灉"字的构形未必不是先民对作为黄帝都邑的杨址一带特殊地理景观环境的某种回忆式模拟，它启发我们加深对黄帝"郊雍上帝"的具体地点应在杨址祈雨池（见后述）的理解。

3. "周秦文化斗争"背景下的"雍"称巨变。周人迁至关中后，对作为黄帝故土的雍州之"雍"称，很是在意。《诗经》中的周诗，在褒义上使用"雍"字的情形不少①。已有论者根据《诗经·周颂·潜》诗开头一句"猗与漆沮"所显示的地理特征，认为该诗为周人在今杨址所在荆山一带（漆、沮两河流域）祭祀周族远古先祖黄帝的作品②。而《诗经》中紧接着《潜》诗的《雍》诗，开头一句是"有来雍雍，至止肃肃"，不排除其中的"雍"字表现着自认黄帝后裔的周人在模糊记忆中，对作为"雍"字对应者的杨址即黄帝都邑加以致敬的内涵。《〈诗〉小序》谓《雍》诗主旨是"禘大祖"③，这个特称"大祖"，可指黄帝。《论语·八佾》记载，"三家者以《雍》彻。子曰：'相维辟公，天子穆穆'，奚取于三家之堂?"从鲁国当政的"三家"作为周公裔传也都自认是黄帝后裔来看，《论语·八佾》的这段记载，表现出孔子对《雍》诗十分看重，不仅证明《雍》诗确应是祭祀黄帝的作品，故"三家"用以结束祭祖典礼以显隆重，而且也反映出，《雍》诗确是周人祭祖诗中追祭最远祖宗的一首诗，而这位最远祖宗非黄帝莫属。以上种种均呈现出周人对模糊记忆中的黄帝都邑所在之雍地的崇敬，以及周人对自己作为黄帝后裔的一种自夸。

秦人近祖即西周初年的"商奄之民"，因参加了反周的叛乱，被成王和周公强令合族从海岸西迁至今甘肃甘谷县西南④，后为周人养马，艰辛备尝，故秦人对周文化深存仇恨逆悖心理，建国后的掌权者更甚，"周秦文化斗争"节目遂一一呈现。其中包括窜改京畿地区重要地名，像如今秦岭原名华山⑤，秦人改称"秦岭"，借以突显秦文化。秦人从其第五个都邑迁出后，还故意逆悖

---

① 参见《中华大字典》（1915 年编），中华书局，1978 年，第 2656 页。

② 刘宏涛：《中华原》，陕西人民出版社，2015 年，第 292 页。

③ 转引自姚际恒：《〈诗经〉通论》，中华书局，1958 年，第 340 页。

④ 李学勤：《初识清华简》，中西书局，2013 年，第 141—144 页。

⑤ 徐旭生：《中国古史的传说时代》，文物出版社，1985 年，第 41 页，见《山海经·西山经》。

周人独占雍地西安的优越感，把第六个都邑即今关中凤翔县一带命名为"雍"，在此立都290余年，期间还把凤翔一带之山水命名为"雍山""雍水"①，借以强占"雍"称。

秦人对关中京畿地名的修改，一方面确实强化了秦人的文化实力，有利于他们以关中为基地建国立业；另一方面也给后人理解研究关中相关时段历史、地理造成了不小障碍，包括后人往往把雍地西安与雍地凤翔相混淆。西汉初期继承秦制，所以汉初之人也会随着秦文化起舞，包括误解黄帝"郊雍上帝"的地点，一方面把祭天的"血池"设在凤翔②，另一方面则是汉武帝等皆须仿照黄帝，亲至雍地凤翔祭天。处此时段的司马迁，看来也把黄帝乃至晚周王室"郊雍上帝"的地点，理解为雍地凤翔了，《史记》相关记载即如此③。其中《封禅书》还说："或曰：'自古以雍州积高，神明之隩，故立畤郊上帝，诸神祠皆聚云。盖黄帝时尝用事，虽晚周亦郊焉。'其语不经见，缙绅者不道。"这段话表明，司马迁一方面确有此误解，并认为原因是凤翔一带由于"积高"而成为天神喜欢光顾之地；另一方面也表现出，司马迁不相信黄帝"郊雍上帝"之类传说是史实。在这种倾向影响下，古今文人错置雍地西安与雍地凤翔者比比皆是；不相信黄帝"郊雍上帝"之类传说是史实者，也代不乏人。连顾颉刚和刘起釪师生也用"秦都于雍"解释《尚书·禹贡》之雍州得名之源④。其错明显，因为连刘自己都说，《禹贡》"其写成所据资料不晚于春秋时期"；"据当今考古学者研究，认为'九州实为黄河长江流域公元前第三千年间龙山时期即已形成，后历三代变迁仍继续存在的一种人文地理区系'"⑤。关于其作者，"现在可知唯一比较接近真实的，则是辛树帜先生和邵望平先生所说的西周史官"⑥，而秦国定国都于雍城，是已至春秋时期的公元前677年⑦，显然，作为中华九州之一的雍州得名在前，秦都取名

---

① 参见何光岳：《炎黄源流史》，江西教育出版社，1992年，第804页。
② 陕西省考古研究院等：《陕西凤翔雍山秦汉祭祀遗址考古调查与发掘简报》，见《考古陕西网》2021年4月18日。
③ 《史记·孝武本纪》。
④ 转引自顾颉刚、刘起釪：《〈尚书〉校释译论》，中华书局，2005年，第739页。
⑤ 同上，第521—522页。
⑥ 转引自顾颉刚、刘起釪：《〈尚书〉校释译论》，中华书局，2005年，第842页。
⑦ 林剑鸣：《秦史稿》，上海人民出版社，1981年，第450页。

"雍"之事在后，不可能出现雍州得名源自秦都为雍之事。何光岳也以凤翔一带的雍山雍水作为黄帝族中雍人得名源头①。提出"雍（灉）"字即对杨址景观地理之模拟的论调者，也不顾己说，认为埋葬大鸿的雍地就在凤翔一带②，均属倒果为因。

这样，我们就可以认为，《史记》的《封禅书》和《孝武本纪》转述的黄帝"郊雍上帝"，因其事发生在秦置雍都之前很久，故其具体地点，肯定不在雍地凤翔，而在较早的雍地西安。

二、"郊"说

与今人把"郊"字首先理解为"郊区"不同，"郊"字最早指一种祭天仪式，董仲舒所谓"古之畏敬天而重'天郊'"③，说的就是此义。由于后来郊礼均在郊区实施，如《史记·封禅书》就说，《周官》规定"祀天于南郊"，故才逐渐形成后人把"郊"字仅理解为在郊区祭天乃至就指郊区的情况。《史记·封禅书》载汉武帝麾下有官员认为，天子"祀上帝于郊，故曰郊"，显然是倒果为因，不足为凭。

丁山曾引《国语·鲁语》说，远古祭祀主要分为禘、郊、祖、宗、报五类，此外还分禋祀、实柴、血祭等祭仪，"大概是按照神的性质不同而举行各种不同的仪式"。其中"焚巫求雨为'郊'"，"郊"字在甲骨文中写作"焱"，"从火从交，象人交足坐于火上之形。焚人以祭神，乃是'焱'字本义"。此即"古代人焚女巫以求雨的祭典"，直至殷商时期，甲骨文中还有大批关于"焚那种跤脚的巫"以实施郊仪的记载。现在看，丁论立基于对"郊"（"焱"）字初义的考古，可信。"郊"义后扩且变，本文不论。

《山海经·大荒北经》载："蚩尤作兵伐黄帝，黄帝乃令应龙攻之冀州之野。应龙畜水，蚩尤请风伯雨师纵大风雨。黄帝乃下天女曰魃，雨止，遂杀蚩

---

① 参见何光岳：《炎黄源流史》，江西教育出版社，1992年，第804页。
② 见石兴邦名誉主编、胡义成等主编：《黄帝铸鼎郊雍考辨与赋象——西安古都史新探》，西安出版社，2011年，第64页。
③ ［汉］董仲舒：《春秋繁露·郊祭》。

尤。"丁山认为这个神话与涿鹿大战相关①，并特别说明它表现了"焚女巫以求雨"的远古求雨祭仪②，显示了郊祭的情形。拙文《西安杨官寨遗址中心广场蓄水池即祈雨池解读——兼议河南灵宝西坡遗址为黄帝族"副都邑"》③，从丁先生这一思路出发，对此神话再作解读，认为黄帝此次郊祭即在都邑祈雨池旁举行；《山海经·大荒北经》所留神话，记载的是黄帝伐蚩尤前夕，在杨址祈雨池旁举行的一次祭仪，其主持者即黄帝本人，仪式兼具战争动员和求雨祭仪意图。现在看，由于这一仪式焚死"天女曰魃"，再现了"炆"事原型，应是在杨址祈雨池旁举行的郊仪当中最惨烈者之一（笔者获准参观杨址祈雨池时，曾看到祈雨池附近土坡似出土有小孩陶葬。其是否"女魃"遗痕，有待完整考古报告公布和研究深入）。由此可以设想，黄帝"郊雍上帝"只能在杨址实施，因为，迄今在全国考古发现的黄帝时期祈雨池，仅限杨址和河南灵宝遗址④，而灵宝西坡不属雍地。杨址祈雨池，即黄帝"郊雍上帝"的物证。它也佐证了杨址即黄帝都邑。以前，杨址及其祈雨池未出土，古今学界对作为黄帝都邑重要礼仪构筑物的祈雨池一直不知晓，迄今也无人专论杨址和灵宝西坡遗址祈雨池作为黄帝都邑及副都邑重要礼仪构筑物的文化内涵。现在杨址和河南灵宝遗址祈雨池已经出土，当然应予补认补论。

三、黄帝"郊雍上帝"与"神权古国"祭天礼仪的区别

厘清"雍"字和"郊"字初义后，黄帝"郊雍上帝"神话所蕴含的文化意义也就不说自明了。它表明祈雨是远古身处黄土高坡的黄帝族的合族大事，当雍地农业旱情相当严重时，先民还会在杨址祈雨池以女巫献祭上天求雨。其中的"上帝"，本义指天神，因为五六千年前的黄帝族先民们尚不知兴修水利，遇到旱情，只好祈求天神降雨解旱。

黄帝"郊雍上帝"在文化上并非无源之水，它应源自内蒙古中南部至宁夏

---

①　[汉]董仲舒：《春秋繁露·郊祭》，第415页。

②　同上，第499页。

③　胡义成：《西安杨官寨遗址中心广场蓄水池即祈雨池解读——兼议河南灵宝西坡遗址为黄帝族"副都邑"》，《浙江树人大学学报》2019年第5期。

④　同上。

一带人面岩画中①已呈现出的"拜日文化"。今仍留在那里的人面岩画，其中许多表达的就是黄帝族先辈对太阳天神的祭拜，如桌子山岩画就以崇拜太阳神而著名。其中有的岩画刻画了先民双手合十向天上太阳跪拜的场面，有的岩画则描画了似人脸的太阳神光芒四射的形象，芒线成为这些人面岩画最显著的构图特征②。它们默示，在该地的黄帝族先辈即"拜日"者。后来其后裔面对气候恶化，沿清水河、泾河和北洛河等河谷南迁至黄土高原时③，一方面会继承乃祖拜日祭天的信仰，另一方面又会针对黄土高坡不时干旱缺雨的实际，以拜日祭天仪式为基础，新发明了在祈雨池旁的郊祭求雨仪式。这种求雨的郊祭仪式，与原有的拜日祭天仪式的最大不同，是面对干旱少雨，面临饥饿威胁，先民们除了被动拜祭天神之外，还向"老天爷"提出了赐雨要求；而且当旱情严重时，为表达对天神的诚心和急切，先民们甚至不惜献祭女巫，逼求上帝赐雨解困。这个差异，显示出黄帝族在迈进文明阶段之初，就改变了原来只会被动向天膜拜的传统，开始展现人的能动性，迅速把纯粹祭天的仪式纳入为生计服务的轨道。

李伯谦曾提出，中华文明诞生时，存在着"王权古国"模式与"神权古国"模式之间持续的较量：以辽西红山文化为代表，"神权古国"里的原始宗教权力高于王权，视虔诚敬神为第一要务，居民生活质量则颇低，而以黄帝族群为代表的"王权古国"正好相反④。对中华人面岩画传播的研究也显示，与黄帝族先辈在内蒙古至宁夏一带留存的人面岩画一样，红山文化区的人面岩画，也显示出该区先民曾不断举行纯粹拜日祭天的仪式，那里至今留存着的许多似人面的太阳神就是证明⑤。问题在于，既有的考古发现也显示出，红山文化区的先民似乎一直未能把被动的拜日祭天仪式提升到为生计服务的层面，因为，该

---

①　石兴邦名誉主编，胡义成等主编：《黄帝铸鼎郊雍考辨与赋象——西安古都史新探》，西安出版社，2011年，第30页。

②　朱利峰：《环太平洋视域下的中国北方人面岩画》，中国社会科学出版社，2017年，第162—164页。

③　石兴邦名誉主编，胡义成等主编：《黄帝铸鼎郊雍考辨与赋象——西安古都史新探》，西安出版社，2011年，第30页。

④　李伯谦：《中国古代文明演进的两种模式——红山、良渚、仰韶大墓随葬玉器观察随想》，《文物》2009年第3期。

⑤　朱利峰：《环太平洋视域下的中国北方人面岩画》，中国社会科学出版社，2017年，第162—164页。

文化区迄今未出土为生计服务的祭仪遗痕，包括郊祭遗物。

　　红山文化区与杨址大体同时①。其坛、庙、冢一体化祭天仪式的遗存，集中在今辽西喀左县境内大凌河北岸的东山嘴祭祀中心。有论者说，东山嘴遗址"几座先后出现的圆形祭坛分布于遗址的南侧，一座方形祭坛位于遗址的北侧"，是"具有郊祭性质的史前大型公共祭祀中心遗址。这项重要的考古新发现表明我国古代以祭祀天地为核心内容的郊社之礼，早在红山文化时期就已经率先出现在北方的辽海地区"②。现在从郊祭初义看，上述论断起码是对郊祭初义的一种误解。因为，作为红山文化礼仪中心，东山嘴虽设有三层圆坛而显示其为祭天之所，但却暴露出其祭仪仍沿袭被动祭天的传统，并未在其中加进求雨等生计内容，并非初义上的郊祭。而红山文化区除畜牧业外，当时也属北方粟黍作物地区，干旱缺雨也必然困扰着红山先民③。但是，出土情况显示，红山文化区的治理者对困扰着先民的干旱缺雨却并无大的反应。当然，红山文化区并非黄土高坡，故其治理者即使关心缺水干旱问题，也并非一定要修建适用于黄土高原的祈雨池，而是可以采用其他形式。但人们迄今并未在红山文化区发现针对农业缺水干旱问题的任何遗存。这正是"神权古国"模式与黄帝族"王权古国"模式的一大区别，难怪红山文化主人蚩尤与黄帝之间会发生涿鹿大战，因为，两者各自代表着中华文明起源期社会治理的不同模式，当彼此间的文化矛盾随着气候恶化而激化时，大战必然发生④。

　　① 杨利平：《试论杨官寨遗址墓地的年代》，《考古与文物》2018 年第 4 期；郭大顺：《红山文化》，文物出版社，2005 年，第 29 页。
　　② 田野：《红山文化时期农业发展与祀天之礼的起源》，《光明日报》2014 年 12 月 24 日。
　　③ 滕海健《试论红山文化经济形态及其相关问题》，收于赤峰学院红山文化国际研究中心编《红山文化研究》，文物出版社 2006 年版第 182—188 页。
　　④ 胡义成：《华毓对决——涿鹿大战研究（上，下）》，赵逵夫主编：《先秦文学与文化》第八辑，上海古籍出版社，2020 年。

Myth about the Yellow Emperor sacrifice the God at the Yong and the Yangguanzhai site in Xi'an is the capital of the Yellow Emperor

Hu Yicheng

Abstract: The *Fengshan Book* and *Xiaowu Benji* in the *Records of the Grand Historian* both recorded the myth about the Yellow Emperor sacrifice the God at the Yong. As one of the nine provinces in China, Yongzhou is named first. It originated from the Yongzhou region of Xi'an, while the name Yongcheng in Fengxiang, the capital of Qin, was named later. Therefore, the original meaning of the place named Yong should first refer to Xi'an. Ding Shan once quoted the *Guo Yu Lu Yu* as saying that ancient sacrifices were mainly divided into five types: Di, Jiao, Zu, Zong and Bao. Among them, burning witches and seeking rain is called Jiao. This term is written in oracle bone inscriptions, where it is depicted as a person sitting on a fire, burning a man as an offering to worship the gods. Thus, the word Jiao originally represented the concept of friendship. In this way, the myth of the Yellow Emperor's sacrifice the God at the Yong implies that the Yellow Emperor occasionally holds a rain praying ceremony in the Yang site, the capital of the Yellow Emperor in Xi'an; When the drought is severe, even the history of burning witches for rain is called plain land. The myth of the Yellow Emperor's sacrifice the God at the Yong and the discovery of a rain praying pond at Yang site are both evidence that Yang site is the capital of the Yellow Emperor.

Key words: the Yellow Emperor; sacrifice the God at the Yong; the Yangguanzhai site

唐诗中的大禹文化类型及神话研究①

成都锦城学院文学与传媒学院　谢天开②　冉昊月③

摘　要　本文通过对涉及大禹文化的唐诗进行分时段、分类型的统计梳理，解析其中代表性诗人的诗作，以期在神话诗学视域下观察大禹神话传说在唐诗中的生成与变异。

关键词　唐诗；大禹文化类型；神话的诗学

在唐诗的创作中，大禹文化是不少诗人时有涉及的主题。概而论之，大禹文化类型一般可分为大禹遗迹类、大禹治水类、大禹立国类、大禹祭祀类和大禹崇拜类五个方面④。笔者以《全唐诗》为文本，分别梳理统计初唐、盛唐、中唐、晚唐四段与大禹文化类型相关的代表诗人诗作，并在此基础上就唐诗与大禹神话传说的关联、"四唐"代表性诗人的观念倾向及其神话诗学风格进行分析。

德国哲学家恩斯特·卡西尔指出："神话兼有一个理论的要素和一个艺术创造的要素。我们首先得到的印象就是它与诗歌的近亲关系。"⑤他还认为："神

---

①　[基金项目] 本文为四川省社会科学重点研究基地四川大禹研究中心 2021 年度课题一般项目"唐诗中的大禹文化研究"（项目编号：DYYJ202101）成果。

②　谢天开，成都锦城学院文学与传媒学院教授，研究方向为中国古典文学。

③　冉昊月，成都锦城学院文学与传媒学院讲师，研究方向为中国古典文学。

④　参考刘训华主编：《大禹文化学概论》，武汉大学出版社，2012 年；刘家思主编：《大禹文化学导论》，安徽文艺出版社，2020 年。

⑤　[德] 恩斯特·卡西尔著，甘阳译：《人论》，上海译文出版社，1985 年，第 96 页。

话的真正基质不是思维的基质而是情感的基质。神话和原始宗教决不是完全无条理性的，它们并不是没有道理或没有原因的。但是它们的条理性更多地依赖于情感的统一性而不是依赖于逻辑的法则。"① 笔者在研究中发现：当大禹神话传说进入唐诗创作场域后，唐代诗人一方面将大禹的理想与精神作为族群的"想象共同体"加以宣扬，另一方面则是将神话的情感基质作为诗歌与大禹神话传说的联系，从而呈现出各自不同的神话的诗学风格。

一、"四唐"诗中的"大禹文化"类型

"四唐"诗中的大禹文化类型主要可分为大禹遗迹类、大禹治水类、大禹立国类、大禹祭祀类、大禹崇拜类等五项。

（一）初唐时期

据笔者统计，初唐（高祖武德元年［618］—玄宗先天元年［712］）时期涉及大禹文化主题的诗人有 20 位，诗作合计 33 首，以沈佺期、宋之问最具代表性。

1. 大禹遗迹类

沈佺期《过蜀龙门》："龙门非禹凿，诡怪乃天功。西南出巴峡，不与众山同。"② 这两句既写出了诗人过蜀时领略到的"天功"所创造的新奇风光，同时也辨析了蜀地广元北的龙门山并非黄河边的龙门山，不为大禹所开凿。

宋之问有《谒禹庙》一诗，该诗为其被贬为越州长史时所作，诗中所谒禹庙为越州会稽禹庙。与此诗同时而作的还有《祭禹庙文》，起首即为"维大唐景龙三年岁次己酉月日，越州长史宋之问，谨以清酌之奠，敢昭告于夏后之灵"③。另有《游禹穴回出若邪》。

2. 大禹祭祀类

沈佺期《陪幸韦嗣立山庄》有句云："水堂开禹膳，山阁献尧钟。"④ 此处

① ［德］恩斯特·卡西尔著，甘阳译：《人论》，上海译文出版社，1985 年，第 104 页。
② ［唐］沈佺期、宋之问撰，陶敏、易淑琼校注：《沈佺期宋之问集校注》，中华书局，2001 年，第 200 页。
③ 同上，第 747 页。
④ 同上，第 160 页。

的禹膳、尧钟均指如帝王饮食般奢华的酒宴。相传禹饮食节俭，见《论语·泰伯》；世云尧饮酒一日千钟，见《抱朴子·酒戒》。梁代庾肩吾《奉使北徐州参丞御诗》曾道"千金登禹膳，万寿献尧钟"①，初唐程行谌《奉和圣制送张说上集贤学士赐宴（赋得回字)》亦有"尧尊承帝泽，禹膳自天来"句②。可见，"禹膳"一词在一定程度上已慢慢从早期节俭的表意演变为了后来豪奢的代名词或一种饮食祭祀。

（二）盛唐时期

盛唐（玄宗开元元年［713］—代宗永泰元年［765］）时期诗中涉及大禹文化主题的诗人有 15 位，诗作合计 41 首，其中最有代表性的诗人有孟浩然、李白和杜甫。

1. 大禹遗迹类

孟浩然《与崔二十一游镜湖寄包贺二公》有句云："将探夏禹穴，稍背越王城。"③ 这位善交游、喜游历的盛唐老诗人在诗中提及了"禹穴"。

李白《送纪秀才游越》有句云："禹穴寻溪入，云门隔岭深。"④

杜甫《秦州杂诗二十首》其二十："藏书闻禹穴，读记忆仇池。"此诗为"乾元二年秋至秦州后作"⑤。禹穴，大禹藏书之所。由于此诗识于杜甫入蜀途中，故"而公所闻，乃蜀之石纽，禹生处也。知公适秦之初，已有入蜀之意"⑥。

杜甫《禹庙》："禹庙空山里，秋风落日斜。"禹庙，"钱笺：《方舆胜览》：禹祠在忠州临江县，南过岷江二里"⑦，属于大禹古迹类。"此诗当是永泰元年秋在渝忠间作。"⑧ 此诗由禹庙溯禹功，结句为"早知乘四载，疏凿控三巴"，《唐诗直解》言其"意气荒愁，结追念禹功得体"⑨。此诗杜甫写于由成都奔渝

① ［唐］沈佺期、宋之问撰，陶敏、易淑琼校注：《沈佺期宋之问集校注》，中华书局，2001 年，第 162 页。
② 丁远、鲁越校正：《康熙御定全唐诗》（上），国际文化出版公司，1993 年，第 321 页。
③ 徐鹏校注：《孟浩然集校注》，人民文学出版社，1989 年，第 106 页。
④ ［清］王琦注：《李太白全集》，中华书局，2011 年，第 704 页。
⑤ ［清］仇兆鳌：《杜诗详注》，中华书局，2013 年，第 572 页。
⑥ 同上，第 589 页。
⑦ 同上，第 1225 页。
⑧ 同上。
⑨ 陈伯海主编，孙菊园、刘初棠副主编：《唐诗汇评》（增订本）三，上海古籍出版社，2015 年，第 1826 页。

州、忠州时期，将本为巍巍乎的禹功描述得空山秋风，意气荒愁，实为其心境之投射。

2. 大禹治水类

孟浩然《入峡寄弟》："往来行旅弊，开凿禹功存。"①

李白《公无渡河》："大禹理百川，儿啼不窥家。"②

杜甫《寄薛三郎中璩》："我未下瞿塘，空念禹功勤。"③

杜甫《移居夔州作》："禹功饶断石，且就土微平。"④

杜甫《天池》："直对巫山出，兼疑夏禹功。""此当是大历二年秋瀼西作。《全蜀总志》：天池，在夔州府治东，巫山县治亦有之。天池，山顶上有池也。"⑤杜甫当时人在夔州，心系家国，故颂扬大禹治水之功而为互文之注。

3. 大禹立国类

李白《远别离》"尧舜当之亦禅禹"⑥，以神话传说叙述禹的立国。

杜甫《行次昭陵》："天属尊《尧典》，神功协《禹谟》。"仇兆鳌《杜诗详注》："此记贞观致治之盛。《尧典》，《尚书》篇名。高祖谥神尧，禅位太宗，故曰'尊《尧典》'。《禹谟》言九功惟叙，太宗乐名九功舞，故曰'协《禹谟》'。"⑦

杜甫《诸将五首》其三："沧海未全归禹贡，蓟门何处尽尧封。"此诗"据末章云'巫峡清秋'，当是大历元年秋在夔州作"⑧。"禹贡"与"尧封"，在此处皆代指唐之疆域。

4. 大禹崇拜类

杜甫《壮游》："禹功亦命子，涿鹿亲戎行。"此诗"当是大历元年秋作"⑨，为杜甫回忆往游之自传诗作，属于大禹崇拜类。此句典故对举：一为《左传》："刘子曰：'美哉禹功，明德远矣。'命子，即传子也"；一为"《帝王世纪》：黄

① 徐鹏：《孟浩然集校注》，人民文学出版社，1989年，第65页。
② ［清］王琦注：《李太白全集》，中华书局，2011年，第141页。
③ ［清］仇兆鳌：《杜诗详注》，中华书局，2013年，第1620页。
④ 同上，第1265页。
⑤ 同上，第1740页。
⑥ ［清］王琦注：《李太白全集》，中华书局，2011年，第139页。
⑦ ［清］仇兆鳌：《杜诗详注》，中华书局，2013年，第408页。
⑧ 同上，第1363页。
⑨ 同上，第1438页。

帝与蚩尤战于涿鹿之野。《诗》：'以启戎行。'"①，借以抒发杜甫作为"少陵野老"的感遇情怀。

杜甫《柴门》："禹功翊造化，疏凿就欹斜。"此为歌颂大禹治水的"禹功"之作。"此当是大历二年夏，自东屯往瀼西作"②，创作时间稍早于《天池》，属于大禹崇拜类。

（三）中唐时期

中唐（代宗大历元年［766］—穆宗长庆末［824］）时期涉及大禹文化主题的诗人有 34 位，诗作合计 73 首；代表性诗人有元稹、白居易、刘禹锡、韩愈等。

1. 大禹遗迹类

元稹《送王十一郎游剡中》："百里油盆镜湖水，千峰钿朵会稽山。军城楼阁随高下，禹庙烟霞自往还。"会稽山：在今浙江绍兴东南，相传大禹曾大会诸侯于此计功，故名。禹庙，在今浙江绍兴市禹陵右侧，相传夏启与少康均曾立禹庙③。

元稹《春分投简阳明洞天作》："禹庙才离郭，陈庄恰半途。"④

白居易《酬微之夸镜湖》："军门郡阁曾闲否，禹穴耶溪得到无。"⑤

白居易《答微之见寄》："禹庙未胜天竺寺，钱湖不羡若耶溪。"⑥

韩愈《此日足可惜赠张籍》："东野窥禹穴，李翱观涛江。"《史记·太史公自序》："上会稽，探禹穴。"⑦

韩愈《送惠师》："常闻禹穴奇，东去窥瓯闽。"⑧

韩愈《刘生诗》："遂凌大江极东陬，洪涛春天禹穴幽。"⑨

2. 大禹治水类

刘禹锡《送华阴尉张苕赴邕府使幕》："分野穷禹画，人烟过虞巡。"禹

---

① ［清］仇兆鳌：《杜诗详注》，中华书局，2013 年，第 1445 页。

② 同上，第 1643 页。

③ 周相录：《元稹集校注》，上海古籍出版社，2011 年，第 558 页。

④ 同上，第 1588 页。

⑤ 朱金城笺校：《白居易集笺校》（全八册），上海古籍出版社，2020 年，第 1511 页。

⑥ 同上，第 1517 页。

⑦ ［清］方世举撰，郝润华、丁俊丽整理：《韩昌黎诗集编年笺注》，中华书局，2017 年，第 37 页。

⑧ 同上，第 97 页。

⑨ 同上，第 111 页。

画，夏禹治水所经历规治之地。《左传·襄公四年》："茫茫禹迹，画为九州。"①

白居易《自蜀江至洞庭湖口有感而作》一诗，作于长庆二年（822）诗人五十一岁自长安至杭州途中。

3. 大禹立国类

韩愈《杂诗》："下视禹九州，一尘集毫端。"大禹划定九州的传说由来已久，此处方世举注引邹衍曰："中国名曰赤县神州，内自有九州，禹之序九州是也。"②

韩愈《秋雨联句》："忧鱼思舟楫，感禹勤畎浍。"《尚书·益稷》："予决九川，距四海，浚畎浍距川。"

韩愈《远游联句》："昌言拜舜禹，举帆凌斗牛。"③

4. 大禹崇拜类

元稹《和乐天赠樊著作》："羲黄眇云远，载籍无遗文。煌煌二帝道，铺设在典坟。尧心惟舜会，因著为话言。皋夔益稷禹，粗得无间然。"④

元稹《谕宝二首》："舜禹无尧陶，名随腐草灭。……禹功九州理，舜德天下悦。"⑤

元稹《开元观闲居，酬吴士矩侍御三十韵》："禹步星纲动，焚符灶鬼詹。"⑥

韩愈《元和圣德诗》："皇帝神圣，通达今古。听聪视明，一似尧禹。"方世举注引《韩诗外传》曰："修身自强，则名配尧禹。"⑦

（四）晚唐时期

晚唐（敬宗宝历初［825］—唐末五代）时期涉及大禹文化主题的诗人有 32 位，诗作合计 62 首；代表性诗人以杜牧、李商隐、贯休为典例。

---

① 陶敏、陶红雨：《刘禹锡全集编年校注》，中华书局，2019 年，第 264 页。
② ［清］方世举撰，郝润华、丁俊丽整理：《韩昌黎诗集编年笺注》，中华书局，2017 年，第 247 页。
③ 同上，第 344 页。
④ 周相录：《元稹集校注》，上海古籍出版社，2011 年，第 48 页。
⑤ 同上，第 52 页。
⑥ 同上，第 294 页。
⑦ ［清］方世举撰，郝润华、丁俊丽整理：《韩昌黎诗集编年笺注》，中华书局，2017 年，第 327 页。

1. 大禹立国类

杜牧《分司东都寓居履道叻承川尹刘侍郎大夫恩知上四十韵》："禹谟推掌诰，汤网属司刑。"

李商隐《井泥四十韵》："禹竟代舜立，其父吁咈哉。""禹竟"二句言禹终代舜而立，然其父鲧则为尧所不喜。尧问四方诸侯：谁可治洪水？诸侯举禹父鲧。尧曰："吁，咈哉！"《尚书·尧典》："帝曰：'吁，咈哉！方命圮族。'"孔《传》："凡言'吁'者，皆非帝意。咈，戾；圮，毁；族，类也。言鲧性很戾，好此方名，命而行事，辄毁败善类。"按，今之言则为"唉！（此人）违背众意，不服命令，将危害族类"①。

李商隐《送从翁东川弘农尚书幕》："刊木方隆禹，陛陋始创殷。"②

贯休《怀张为周朴》："人传禹力不到处，河声流向西。"③

2. 大禹崇拜类

杜牧《郡斋独酌》："出语无近俗，尧舜禹武汤。"④

杜牧《池州送孟迟先辈》："月于何处去？日于何处来？跳丸相趁走不住，尧舜禹汤文武周孔皆为灰。""尧舜"句，冯注："《北齐书·和士开传》：自古帝王，尽为灰烬，尧、舜、桀、纣，竟复何异？"⑤

杜牧《华清宫三十韵》："几席延尧舜，轩墀立禹汤。"⑥

李商隐《寄太原卢司空三十韵》："禹贡思金鼎，尧图忆土铏。""金鼎：禹收九牧（九州之长）之金而铸九鼎，以象九州；于金鼎上铸万物，使民知何物为善，何物为恶，而民安居乐业，天下太平。《左传·宣公三年》：昔夏之方有德也，远方图物，贡金九牧，铸鼎象物。百物而为之备，使民知神、奸。故民入川泽山林，不逢不若。螭魅罔两，莫能逢之。'"⑦

贯休《杜侯行》："恭闻吾皇似尧禹，搜索贤良皆面睹。"⑧

① 黄世中：《类纂李商隐诗笺注疏解》（第一册），黄山书社，2009 年，第 1407 页。
② ［唐］李商隐著，［清］冯浩笺注，蒋凡标点：《玉谿生诗集笺注》，上海古籍出版社，1979 年，第 758 页。
③ 陆永峰：《禅月集校注》，巴蜀书社，2012 年，第 48 页。
④ 吴在庆：《杜牧集系年校注》，中华书局，2008 年，第 65 页。
⑤ 同上，第 129 页。
⑥ 同上，第 161 页。
⑦ 黄世中：《类纂李商隐诗笺注疏解》（第四册），黄山书社，2009 年，第 3032 页。
⑧ 陆永峰：《禅月集校注》，巴蜀书社，2012 年，第 9 页。

3. 大禹祭祀类

贯休《大蜀高祖潜龙日献陈情偈颂》："揭日月行，符汤禹出。"①

贯休《寿春节进》："多于汤土地，还有禹胼胝。"②

从"四唐"大禹诗的历时性观察，中唐与晚唐有关大禹的诗歌数量明显高于初唐与盛唐。这一现象除了侧面地反映出"安史之乱"后诗人们的治平思想外，还与中唐文学思想出现了尚实、尚俗、务尽的诗歌倾向③及晚唐诗人们拥有的怀古、咏史倾向相关④。

表1 "四唐"大禹诗简表（笔者统计制作）

"四唐"分期	相关大禹文化主题诗人	诗作	主要代表性诗人
初唐（高祖武德元年［618］—玄宗先天元年［712］）及初盛唐之际	20人	33首	沈佺期、宋之问、陈子昂、张说
盛唐（玄宗开元元年［713］—代宗永泰元年［765］）	15人	41首	孟浩然、李白、王维、杜甫
中唐（代宗大历元年［766］—穆宗长庆末［824］）	34人	73首	元稹、白居易、刘禹锡、韩愈
晚唐（敬宗宝历初［825］—唐末五代）时期	32人	62首	杜牧、李商隐、贯休、陆龟蒙

备注：
　　另有生平无考者3人（成嵎、郭邕、李子昂），诗作各一首，共3首；作者不详的郊庙歌辞4首。

通过对文献的梳理统计，可知唐诗中有关大禹文化主题的创作涉及104位诗人，共216首诗作。

---

① 同上，第98页。

② 同上，第330页。

③ 罗宗强：《隋唐五代文学思想史》，上海古籍出版社，1986年，第294页。

④ 同上，第347页。

表 2 "四唐"主要代表性诗人的大禹诗（笔者统计制作）

初唐及初盛唐之际	**沈佺期 2 首** 《过蜀龙门》《陪幸韦嗣立山庄》	**宋之问 4 首** 《洞庭湖》《谒禹庙》《游禹穴回出若邪》《游云门寺》	**陈子昂 3 首** 《感遇诗三十八首》其十六、《感遇诗三十八首》其十七、《白帝城怀古》	**张说 2 首** 《奉和圣制赐诸州刺史应制以题坐右》《喜度岭》
盛唐	**孟浩然 5 首** 《入峡寄弟》《送谢录事之越》《与杭州薛司户登樟亭楼作》《题大禹寺义公禅房》《与崔二十一游镜湖寄包贺二公》	**李白 7 首** 《远别离》《公无渡河》《送纪秀才游越》《送二季之江东》《越中秋怀》《万愤词投魏郎中》《题嵩山逸人元丹丘山居》	**王维 1 首** 《燕子龛禅师》	**杜甫 12 首** 《送孔巢父谢病归游江东兼呈李白》《石砚》《柴门》《壮游》《寄薛三郎中璩》《行次昭陵》《秦州杂诗二十首》《禹庙》《移居夔州作》《天池》《诸将五首》《舍弟观赴蓝田取妻子到江陵，喜寄三首》
中唐	**元稹 6 首** 《和乐天赠樊著作》《谕宝二首》《开元观闲居，酬吴士矩侍御三十韵》《送王十一郎游剡中》《有酒十章》《春分投简阳明洞天作》	**白居易 5 首** 《自蜀江至洞庭湖口有感而作》《酬微之夸镜湖》《答微之见寄》《和微之春日投简阳明洞天五十韵》《想东游五十韵》	**韩愈 10 首** 《调张籍》《元和圣德诗》《此日足可惜赠张籍》《送惠师》《峋嵝山》《刘生诗》《东都遇春》《杂诗》《秋雨联句》《远游联句》	**刘禹锡 6 首** 《送华阴尉张苕赴邕府使幕》《送李策秀才还湖南，因寄幕中亲故兼简衡州吕八郎中》《寄陕州姚中丞》《九华山歌》《文宗元圣昭献孝皇帝挽歌三首》《酬浙东李侍郎越州春晚即事长句》
晚唐五代	**杜牧 4 首** 《郡斋独酌》《池州送孟迟先辈》《华清宫三十韵》《分司东都寓居履道叻承川尹刘侍郎大夫恩知上四十韵》	**李商隐 3 首** 《井泥四十韵》《送从翁东川弘农尚书幕》《寄太原卢司空三十韵》	**陆龟蒙 5 首** 《奉和袭美初夏游楞伽精舍次韵》《袭美见题郊居十首，因次韵酬之以伸荣谢》《京口与友生话别》《寄怀华阳道士》《彼农二章》	**贯休 5 首** 《长安道》《怀张为周朴》《大蜀高祖潜龙日献陈情偈颂》《杜侯行》《寿春节进》

二、代表诗人诗歌与神话的诗学

（一）具有儒家思想倾向的代表诗人

1. 杜甫

杜甫有关大禹文化的诗作计 12 首，其中有 9 首诗皆作于大历元年至大历二年其暂居夔州时期，大多因由夔州地域所传禹功、所存禹迹而作。

杜甫"一生只在儒家界内"，其思想观念具有明显的儒家倾向。杜甫有关"大禹文化"的诗作，多以宣扬大禹治水、大禹立国、大禹崇拜等儒家事功为主题。但值得注意的是，其《送孔巢父谢病归游江东兼呈李白》与《石砚》两首诗作的主题却颇具道家文化意味，这在以儒家思想为主流意识的诗圣杜甫笔下是比较罕见的。

《送孔巢父谢病归游江东兼呈李白》，创作时间为天宝年间，地点在长安。

> 巢父掉头不肯住，东将入海随烟雾。诗卷长留天地间，钓竿欲拂珊瑚树。深山大泽龙蛇远，春寒野阴风景暮。蓬莱织女回云车，指点虚无是征路。自是君身有仙骨，世人那得知其故。惜君只欲苦死留，富贵何如草头露？蔡侯静者意有余，清夜置酒临前除。罢琴惆怅月照席，几岁寄我空中书？南寻禹穴见李白，道甫问讯今何如[①]。

此诗将"禹穴"嵌入归隐主题之中，呈现出飘飘欲仙的境界，为杜甫大禹诗系列中所罕见。《杜诗镜铨》中邵云说此诗"写景杳冥，迥非人境"，张上若云此诗"烟波无尽"。此诗中的禹穴成了一种隐逸的象征，在神话诗学上这是一种神话叙事的变形，即将主要情节次要化、次要情节主要化。如此的叙事变形是与巢父、李白那样的诗性人物性格呈互文方式相映成趣的，以达到一种新的建构：将禹穴诠释为隐逸文化的象征。在当时的文化语境中，杜甫此诗逸出了儒家文化倾向，而偏向于道家文化的出世精神与情感。

与《送孔巢父谢病归游江东兼呈李白》诗学风格相近的，还有《秦州杂

---

① ［清］仇兆鳌：《杜诗详注》，中华书局，1979 年，第 54 页。

诗二十首》其二十，作于乾元二年秋诗人流寓秦州之时。

> 唐尧真自圣，野老复何知。
> 晒药能无妇，应门幸有儿。
> 藏书闻禹穴，读记忆仇池。
> 为报鸳行旧，鹪鹩在一枝①。

此诗中前有"唐尧"，后举"禹穴"，为诗人读书报国却壮志难酬之隐喻。《杜诗镜铨》称其"末章慨世不见用，而羁栖异地也"②。

亦有《禹庙》一诗：

> 禹庙空山里，秋风落日斜。
> 荒庭垂橘柚，古屋画龙蛇。
> 云气嘘青壁，江声走白沙。
> 早知乘四载，疏凿控三巴③。

《禹庙》创作时间为永泰元年秋，地点在忠州临江县。《唐诗直解》称此诗"意气荒愁，结追念禹功得体"④。诗言大禹治水事功在万古。

杜甫《石砚》："巨璞禹凿余，异状君独见。"此诗中的"禹凿"属于衍生态神话，比喻石砚来历之神奇，因为诗中的石砚来自长江三峡，杜甫便自然将其与大禹凿开三峡治水的事迹联系起来了。

杜甫有关大禹文化的诗作，因多为其寓居夔州期间所作，属于杜甫后期诗歌。从神话诗学视域观察，此时期其有关大禹文化的诗歌不似雅颂，而多呈现悲凉顿挫的氛围。

---

① ［清］仇兆鳌：《杜诗详注》，中华书局，1979年，第588页。
② 陈伯海主编，孙菊园、刘初棠副主编：《唐诗汇评》（增订本）三，上海古籍出版社，2015年，第1702页。
③ ［清］仇兆鳌：《杜诗详注》，中华书局，1979年，第1225页。
④ 陈伯海主编，孙菊园、刘初棠副主编：《唐诗汇评》（增订本）三，上海古籍出版社，2015年，第1826页。

2. 元稹

元稹有关大禹文化的诗歌计 6 首，除了《送王十一郎游剡中》《春分投简阳明洞天作》两首游禹庙诗外，其余 4 首均为歌颂禹功、崇拜大禹的诗歌。

元稹《和乐天赠樊著作》："羲黄眇云远，载籍无遗文。煌煌二帝道，铺设在典坟。尧心惟舜会，因著为话言。皋夔益稷禹，粗得无间然。"羲黄，伏羲氏与黄帝之并称。伏羲氏即古帝太昊。典坟，《三坟》《五典》之省称。此泛指各种古代典籍。皋，即皋陶，虞舜之司法官。夔，虞之典乐官。益，即伯益，佐禹治水有功，禹欲让位于益，益避居箕山之北。稷，后稷，虞舜时之农官。禹，虞舜之治水官①。

元稹《谕宝二首》："舜禹无尧陶，名随腐草灭。……禹功九州理，舜德天下悦。"②

元稹有强烈的政治意愿，最高官至中书舍人，其思想倾向总体偏重于儒家。因此，在元稹的相关大禹诗中，在神话诗学上，大禹的形象多为制序化统治权力的象征。

在元稹有关大禹文化的诗歌中，描写大禹身体行动的诗值得关注。元稹《开元观闲居，酬吴士矩侍御三十韵》："禹步星纲动，焚符灶鬼詹。"禹步，即跛行。相传大禹治水，积劳成疾，身病偏枯，行走艰难，故称。晋葛洪《抱朴子·登涉》："禹步法：正立，右足在前，左足在后，次复前右足，以左足并，是一步也。次复前右，次前左足，以右足从左足并，是二步也。次复前右足，以左足从右足并，是三步也。如此，禹步之道毕矣。"星纲，谓星之行列。灶鬼，即灶神，旧说灶神于农历腊月二十三日至除夕，上天陈报人家善恶。唐陆龟蒙《祀灶解》："灶鬼以时录人功过，上白于天。"詹，至。《方言》卷一："詹，至也。詹，楚语也。"③ 禹步与灶鬼并举，说明禹步在道家那里具有符咒性。此诗在神话诗学上颇有民间叙事的神巫文化意味，如此神巫文化与楚地神巫文化相连，与元稹曾左迁于江陵的经历有关。

3. 刘禹锡

刘禹锡有关大禹文化的诗歌计 6 首。作为中唐哲学家，刘禹锡的思想既

---

① 周相录：《元稹集校注》，上海古籍出版社，2011 年，第 50 页。
② 同上，第 52 页。
③ 同上，第 296 页。

有儒家倾向，亦有道家倾向，还与释家相联系。

刘禹锡《文宗元圣昭献孝皇帝挽歌三首》其一："禹功留海内，殷历付天伦。"禹功，大禹平水土之功。文宗大和初曾平沧州李同捷叛乱。殷历，殷代历法，此指帝位。天伦，兄弟。《穀梁传·隐公元年》："兄弟，天伦也。"范宁注："兄先弟后，天之伦次。"殷制兄终弟及。敬宗李湛为穆宗长子，文宗为穆宗次子，武宗李瀍为穆宗第五子，兄弟相继为帝，故云①。此诗在神话诗学上彰显了儒家的宗法思想。

4. 白居易

白居易有关大禹文化的诗歌计 5 首。

如《自蜀江至洞庭湖口有感而作》："不尔民为鱼，大哉禹之绩。……我今尚嗟叹，禹岂不爱惜！……安得禹复生，为唐水官伯。……"全诗以大禹治水为中心，议论猜想洞庭湖的水患是因当年苗人不用功之故（"疑此苗人顽，恃险不终役"），并发出"安得禹复生，为唐水官伯"的呼唤，幻想最终治理好洞庭湖，"龙宫变闾里，水府生禾麦"。此诗作于长庆二年（822）白居易五十一岁自长安至杭州途中。《唐宋诗醇》卷二十一："议论奇辟，笔力亦浑劲与题称。集中此种绝少，颇近昌黎，其源亦从杜甫《剑门》一篇脱胎。"② 此诗是白居易最集中歌颂大禹的诗篇，也寄寓了白居易作为水利专家的官员情怀。此诗中的观念与白居易偏于儒家思想的倾向是一致的。

白居易关于大禹的诗在神话诗学上，亦有"中隐"闲适的诗性。如《和微之春日投简阳明洞天五十韵》："耶溪岸回合，禹庙径盘纡。"此诗"作于大和三年（829），五十八岁，长安，刑部侍郎"③。与此诗意思相似的还有《想东游五十韵并序》："镜湖期远泛，禹穴约冥搜。"此诗序为："大和三年春，予病免官后，忆游浙右数郡，兼思到越一访微之。故两浙之间，一物已上，想皆在目，吟且成篇，不能自休，盈五百字，亦犹孙兴公想天台山而赋之也。"④ 从对禹功的赞颂效法到对禹迹的寻访游览，白居易大禹诗的变化亦为诗人心路历程的变化。白居易在元和十年被贬为江州司马以后，他的诗歌

---

① 陶敏、陶红雨：《刘禹锡全集编年校注》，中华书局，2019 年，第 1250 页。
② 朱金城：《白居易集笺校》（全八册），上海古籍出版社，2020 年，第 444 页。
③ 同上，第 1780 页。
④ 同上，第 1828 页。

从为君、为臣、为民、为事而作，即所谓“文章合为时而其著，歌诗合为事而作”，变化至无论在创作实践上还是在理论提倡上，都早已抛开讽喻、寄兴原则，而浸淫于闲适之中了①。

5. 韩愈

韩愈有关大禹文化的诗歌计 10 首。

如《元和圣德诗》：“皇帝神圣，通达今古。听聪视明，一似尧禹。”尧禹，《韩诗外传》：“修身自强，则名配尧禹。”② 在此诗中，大禹作为想象的共同体，在神话诗学上充满了诗性政治的理想色彩，并与韩愈有关大禹的文章形成互文关系。在《原道》中，韩愈将大禹列入“尧、舜、禹、汤、文、武、周公”③ 的儒家道统序列。在《三器论》中，韩愈通过“天子坐于明堂，执传国玺，列九鼎，使万方之来者，惕然知天下之人意有所归，而太平之阶具矣。……子不谓九鼎帝王之所谓神器邪？夏禹铸之，周文迁之而为宝，美矣”④ 的描写，赞扬大禹铸鼎确立天下政治秩序的伟迹。

又如《调张籍》：“徒观斧凿痕，不瞩治水航。”此诗运用类比的方式来称颂李、杜文章，如此的转喻、隐喻，在神话诗学上具有象征意义。

《岣嵝山》：

> 岣嵝山尖神禹碑，字青石赤形摹奇。科斗拳身薤倒披，鸾飘凤泊拏龙螭。事严迹秘鬼莫窥，道人独上偶见之。我来咨嗟涕涟洏，千搜万索何处有？森森绿树猿猱悲⑤。

此诗描述神禹碑的神奇，在神话诗学上“引起极端震惊，为着要达到所预期的目的”⑥，从而引发对大禹的偶像崇拜。

---

① 罗宗强：《隋唐五代文学思想史》，上海古籍出版社，1986 年，第 302 页。

② ［清］方世举撰，郝润华、丁俊丽整理：《韩昌黎诗集编年笺注》，中华书局，2017 年，第 327 页。

③ 刘真伦、岳珍：《韩愈文集汇校笺注》，中华书局，2017 年，第 1 页。

④ 同上，第 3064 页。

⑤ ［清］方世举撰，郝润华、丁俊丽整理：《韩昌黎诗集编年笺注》，中华书局，2017 年，第 147 页。

⑥ ［意］维柯著，朱光潜译：《新科学》，人民文学出版社，2008 年，第 159 页。

（二）具有道家思想倾向的代表诗人

1. 孟浩然

孟浩然有关大禹文化的诗歌计 5 首。

王士源《孟浩然集序》称："（浩然）骨貌淑清，风神散朗。……学不为儒，务掇菁藻；文不按古，匠心独妙。五言诗天下称其尽美矣。"①

《入峡寄弟》：

> 吾昔与尔辈，读书常闭门。未尝冒湍险，岂顾垂堂言。自此历江湖，辛勤难具论。往来行旅弊，开凿禹功存。壁立千峰峻，溪流万壑奔。我来凡几宿，无夕不闻猿。浦上摇归恋，舟中失梦魂。泪沾明月峡，心断鹡鸰原。离阔星难聚，秋深露已繁。因君下南楚，书此示乡园②。

孟浩然作为一位以隐士终老的诗人，虽说其思想兼顾儒道释三家，却是主要倾向于道家乃至道教的③。孟浩然的大禹诗，总体充满隐逸之味，或写禹功，或抒发禹寺禅风，而无儒家诗性政治的理想精神。

孟然浩还有大禹诗《与崔二十一游镜湖寄包贺二公》，其中有句"将探夏禹穴，稍背越王城"，也是将禹迹当作游览之地，作为诗歌叙事抒情的烘托，让诗味醇厚，亦如《唐诗别裁》所评："襄阳诗从静悟得之，故语淡而味终不薄，此诗品也。"④ 从神话诗学视域观察：在这些有关大禹的诗中，孟浩然是将大禹的神话传说作为一种情感基质，从而投射与寄托自己强烈的隐逸思想与情感。

2. 李白

李白有关大禹文化的诗计 7 首。如《公无渡河》：

---

① 陈伯海主编，孙菊园、刘初棠副主编：《唐诗汇评》（增订本）二，上海古籍出版社，2015年，第786页。

② 徐鹏：《孟浩然集校注》，人民文学出版社，1989年，第64页。

③ 朱佩弦：《孟浩然道教信仰探微——从孟浩然坚持"举荐入仕"说起》，《浙江师范大学学报》2018年第3期。

④ 陈伯海主编，孙菊园、刘初棠副主编：《唐诗汇评》（增订本）二，上海古籍出版社，2015年，第789页。

黄河西来决昆仑，咆哮万里触龙门。波滔天，尧咨嗟。大禹理百川，儿啼不窥家。杀湍堙洪水，九州始蚕麻。其害乃去，茫然风沙。披发之叟狂而痴，清晨径流欲奚为？旁人不惜妻止之，公无渡河苦渡之。虎可搏，河难冯，公果溺死流海湄。有长鲸白齿若雪山，公乎公乎挂罥于其间。箜篌所悲竟不还！①

此诗通篇以大禹治水为起兴，来嗟叹"公无渡河"。《分类补注李太白诗》萧士赟注："诗谓洪水滔天，下民昏垫，天之作孽，不可违也。当地平天成，上下相安之时，乃无故冯河而死，是则所谓自作孽者，其亦可哀而不足惜也矣。"②

李白虽因李璘叛乱一事牵连获罪长流夜郎，但最终还是遇赦放还，《公无渡河》即为李白悲痛追惜永王李璘起兵不成最终被诛的诗作。该诗借用神话传说来喻明理义，以"大禹理百川，儿啼不窥家"来隐喻唐肃宗在安史之乱后重新平复天下的决心与手段。整首诗的表现形式是古乐府歌行体，呈现出强烈的情感性，一如既往地保持着"太白歌行，窈冥恍惚，漫衍纵横，极才人之致……此皆变化不测而入于神者也"（《诗源辩体》）③ 的诗学风格。

从神话诗学视域观察，《公无渡河》是采用了隐喻象征的诗性智慧来表现"却浑身是强旺的感觉力和生动的想象力"④ 的诗性情感基质，借用大禹治水的神话传说制造崇高神圣的震撼力，以此传达出诗人在永王璘事件中的悲怆与压抑，并极致地发挥了想象力。这实际上是借用大禹治水的神话传说，以诗性逻辑来替换、转喻、隐喻、解释李白作为"他者"在永王璘事件中难以言说的处境。

又如《远别离》，其中有句"尧舜当之亦禅禹"；《万愤词投魏郎中》，其中有句："舜昔授禹，伯成耕犁。德自此衰，吾将安栖？"二者都是借古喻今，表达自己强烈的政治诉求。

---

① ［清］王琦注：《李太白全集》，中华书局，2011 年，第 141 页。

② 陈伯海主编，孙菊园、刘初棠副主编：《唐诗汇评》（增订本）二，上海古籍出版社，2015年，第 869 页。

③ 同上，第 845 页。

④ ［意］维柯著，朱光潜译：《新科学》，人民文学出版社，2008 年，第 158 页。

由此观察可以发现，李白的大禹文化诗，情感多于义理，入世重于出世。作为唐诗中描写大禹文化的代表诗人，李白虽然主要倾向于道家思想观念，然而他的相关诗歌却常常借用禹功与禹迹，以隐喻与转义的方式委婉地表达他对现实的愤怼与不满。

3. 刘禹锡

刘禹锡有关大禹文化的诗计 6 首。作为中唐哲学家，刘禹锡的大禹文化诗中亦有道家逍遥归隐的倾向。如他分司东都洛阳时所写的《寄陕州姚中丞》："禹迹想前事，汉台余故丘。"在神话诗学上亦如何焯所评："平平叙致，自多感慨。"①

（三）具有释家文化倾向的代表诗人

1. 王维

王维有关大禹文化的诗计 1 首。

《燕子龛禅师》："伯禹访未知，五丁愁不凿。"伯禹即夏禹，句谓伯禹寻访而不知有燕子龛之路。据《史记·夏本纪》载，禹治水时尝巡行九州，故云②。此诗是借用大禹巡行九州道路的艰险来比喻燕子龛山路的险峭，并与五丁凿路对举，在神话诗学上渲染了雄奇苍郁的氛围。

2. 贯休

诗僧贯休有关大禹文化的诗计 5 首，如《杜侯行》《寿春节进》等充满了世俗倾向，实为干谒诗、颂圣诗。从神话诗学视域观察，此类诗歌是承续了《诗经》的雅颂之风的，反映出贯休的诗风在玄远清冷与清雅流丽之外，还有倾恋政治功名的世俗特征及与释儒思想合流的复杂性。又如《大蜀高祖潜龙日献陈情偈颂》是有关祭祀的，折射出在神话诗学背后的统治权力，这一现象值得研究。

三、结论

通过对文献的梳理统计，可知唐诗中有关大禹文化主题的创作涉及 104

---

① 陶敏、陶红雨：《刘禹锡全集编年校注》，中华书局，2019 年，第 1241 页。
② 陈铁民：《王维集校注》（上），中华书局，2019 年，第 536 页。

位诗人，共216首诗作。唐诗中的大禹文化作品，从统计学视域观察主要分布在盛唐、中唐与晚唐时期，并且其类型多为大禹遗迹类与大禹崇拜类。从"四唐"大禹诗的共时性观察，儒、道、释三方面不同思想倾向的诗人，对于大禹诗的创作在分别从属于各自思想倾向的同时，随着自身境遇的变化，也呈现出观念与情感的转向，如既有从儒向道的转向，亦有从释向儒的转向。从神话诗学视域观察，有关大禹文化的唐诗可分为两大类：一类主要偏向于儒家文化倾向，在神话诗学上生成为制序权力的政治文化；一类主要偏向于道家文化倾向，在神话诗学上变异为隐逸文化。

A study on the types of Yu the Great culture and the myth of Yu the Great in the Tang poetry

Xie Tiankai, Ran Haoyue

Abstract: This article conducts a statistical analysis of Tang poetry related to the culture of Yu the Great by time periods and types, and analyzes the poems of representative poets in order to observe the generation and variation of Yu the Great's mythological legends in the Tang poetry from the perspective of mythological poetics.

Key words: Tang poetry; the types of Yu the Great culture; mythological poetics

《山海经》"人名"解诂①

成都大学文学与新闻传播学院　　曾　思②

南京师范大学古典文献研究中心　　萧　旭③

摘　要　郭璞在注解《山海经》时，对于其中一部分名物词的得名之由，已经做出了正确的解释。郭璞以后，也有一些论著关注过《山海经》的名物词，不过仍然留下了很多名物词尚待考释。本文考证《山海经》中的神名、鬼名、人名十二条，力求对其名义作出比较确切的解释。

关键词　《山海经》；人名；得名之由；语源

　　章太炎云："诸言语皆有根。（例略）……故物名必有由起。"④ 黄侃说："名物须求训诂，训诂须求其根。字之本义既明，又探其声义之由来，于是求语根之事尚焉……盖万物得名，各有其故。"⑤ 章、黄二氏说的"语根"，亦称作"名义""得名之由"。想要探清名物的得名之由，唯有训诂一途，凿破

---

　　① ［基金项目］本文为 2023 年度成都大学基金课题"《山海经》名物训诂"（项目编号：2023XJJ02）的阶段性成果。

　　② 曾思，成都大学文学与新闻传播学院讲师，博士，研究方向为训诂学、诗歌语言。

　　③ 萧旭，南京师范大学古典文献研究中心客座研究员，曾任常州大学兼职教授。

　　④ 章太炎：《语言缘起说》，见《章太炎全集》（五），上海人民出版社，2018 年，第 200—201 页。

　　⑤ 黄侃：《求训诂之次序》，收入《文字声韵训诂笔记》，上海古籍出版社，1983 年，第 197 页。

形体，探其语源。郭璞在注解《山海经》时，对于其中一部分名物词的得名之由，已经做出了正确的解释。郭璞以后，也有一些论著关注过《山海经》的名物词，不过仍然留下了很多名物词尚待考释。今将《山海经》中的神名、鬼名、人名统称作"人名"，旨在集中考证这类名物词的名义，以就正于方家。

（1）北望诸毗，槐鬼离仑居之。（《西山经》）

郭璞注："离仑，其神名。"邵瑞彭曰："'离仑'疑即'泠沦'，离、泠声近。《管子》与《史记·齐世家》'离支''令支'互称，可证。又疑即'离俞'，别有说。"①

按：邵说"离仑"疑即"泠沦"是也。"泠沦"（《汉书·古今人表》）本黄帝乐官，此作神名。《吕氏春秋·古乐》作"伶伦"，《汉书·律历志》作"泠纶"，《路史》卷二九作"泠伦"。

（2）有天神焉，其状如牛，而八足二首马尾，其音如勃皇，见则其邑有兵。（《西山经》）

郭璞注："'勃皇'未详。"郝懿行云："'勃皇'即'发皇'也。《考工记》'以翼鸣者'，郑注云：'翼鸣，发皇属。'发皇，《尔雅》作'蚾蟥'，声近字通。"②徐显之曰："'勃皇'疑即'勃豀'。'谿''豀'形近，'豀''皇'音近。勃豀（引者按：据其说，'豀'当作'谿'），争吵声。《庄子·外物》：'室无空虚，则妇姑勃豀。'"③

按：徐说无据。张龙甲亦说"勃皇"即"蚾蟥""发皇"④，盖即本郝说。此虫俗称作金龟子。《说文·虫部》："蟥，蟥蟥也。蟥，蟥蟥也。蚾，蟥蝗⑤，以翼鸣者。""蟥"喻母术部，"蚾"并母月部，喻母、并母可通⑥，术部、月部旁转迭韵。"蟥蟥"音转作"蚾蟥"，复音转作"发皇""勃皇"。沈涛曰：

---

① 邵瑞彭：《山海经余义》，《国学丛编》1931 年第 1 卷第 1 期。
② ［清］郝懿行撰，栾保群点校：《山海经笺疏》，中华书局，2019 年，第 58 页。
③ 徐显之：《山海经探原》，武汉出版社，1991 年，第 335 页。
④ ［清］张龙甲：《重修彭县志》卷三，光绪刻本，第 41 页。
⑤ 《系传》作"蟥蟥"，《太平御览》卷九五一、《集韵》"蚾"字条引同。
⑥ 参见黄焯：《古今声类通转表》，上海古籍出版社，1983 年，第 160 页。

"蠵、蚍声相近。"① 朱珔曰："盖发、蚍声近，皇、蟥字通。《释文》：'蚍，谢音弗，沈符结反。' 符结之音，与'蠵'亦相转，则通借矣。"②

（3）是炎帝之少女，名曰女娃……常衔西山之木石，以堙于东海。（《北山经》）

郭璞注："堙，塞也。音因。娃，恶佳反，语误或作'阶'。"

按："娃"是"佳"分别字，指美女，因用作赤帝之女的名字。娃、阶一声之转。《魏都赋》李善注、《类聚》卷九二、《慧琳音义》卷四、《法苑珠林》卷三二、《御览》卷八八七引"女娃"同，《御览》注误作"恶住切"。《御览》卷九二五引此经"女娃"误作"嬶"，又引《博物志》误作"女媱"（今本挩），《太平广记》卷四六三引《博物志》误作"女婬"。

（4）共工之臣曰相柳氏，九首，以食于九山……相柳者，九首人面，蛇身而青。（《海外北经》）

郭璞注："头各自食一山之物，言贪暴难餍。"徐显之云："'相柳'当作'相泖'。泖音卯，意思是水面平静的湖塘。"③

按：《大荒北经》："共工之臣名曰相繇，九首蛇身，自环，食于九土。"郭璞注："相繇，相柳也，语声转耳。"《广雅》："北方有民焉，九首蛇身，其名曰相繇。""柳"从丣（酉）得声，喻母字转读作来母。柳、繇喻母双声之转，韵部则幽、宵通转。《说文·系部》："繇，随从也。"臣名"相繇"得义于九首相随从于其身也。《御览》卷九〇八引《（汲冢）琐语》："子产曰：'昔共工之卿曰浮游，既败于颛顼，自没（投）沉淮之渊。'""繇"音转作"游"，因臆改作成词"浮游"。王宁认为："'相'皆'栢'字之形讹。'栢'同'伯'。'伯柳'后音变为'浮游'。"④ 其实非是，《山海经》与《广雅》不得俱误，而《琐语》独是。《御览》卷六四七引此经下"相柳"同。《御览》卷三六四引此经作"相仰"，《玉篇残卷》"欯"字条引此经下"相柳"作"相栁"。"仰""栁"为"柳"形误，而"相"字不误。可知徐显之是臆

① ［清］沈涛：《说文古本考》"蚍"字条，收入《续修四库全书》第 222 册，上海古籍出版社，2002 年，第 470 页。

② ［清］朱珔：《说文假借义证》"蚍"字条，黄山书社，1997 年，第 726—727 页。

③ 徐显之：《山海经探原》，第 39 页。

④ 王宁：《〈海经〉新笺》（上），《古籍整理研究学刊》1998 年第 2 期。

说，"泖"是唐宋俗字，且其说置异文"相糅"于不顾。

（5）帝命竖亥步，自东极至于西极，五亿十选九千八百步。（《海外东经》）

郭璞注："竖亥，健行人。选，万也。"吴任臣曰："罗泌作'竖竑'，《吴越春秋》作'孺亥'。"① 郝懿行曰："《广韵》作'坚竑，神人'，疑字形之异。"② 袁珂引失名云："'竖亥'，《吴越春秋·越王无余外传》《玉海》作'孺亥'。"③

按：明刻本《吴越春秋·越王无余外传》作"竖亥"。《集韵·海韵》："竑，竖竑，神人也，通作亥。"《广韵》"坚"即"竖"之形讹④。"竑"涉"竖"而加"立"旁，乃"亥"增旁俗字。竖之言孺也，指童子未冠者。亥（竑）之言孩，与"竖（孺）"同义连文。《周髀算经》卷上《音义》引《淮南子·地形训》作"孺亥"（景宋本、道藏本《淮南子》作"竖亥"，《御览》卷三六引同）；《玉海》卷一七引《山海经》作"孺亥"，又引《后汉·郡国志》注引《山海经》亦作"孺亥"（今本《后汉书·郡国志》刘昭注引作"竖亥"），并加小字注指出亦见《淮南子·地形训》。赵氏、王氏径改作本字"孺"。"竖亥""孺亥"犹言孩童。陈梦家指出："'竖亥'之'竖'即《天问》所说王亥为有易之牧竖。《说文》：'垓，兼该八极地也。'亥之所以有步南北的神话，乃由'垓'义而引申。"⑤ 陈梦家说其名义不同，可以参考。吴晓东说"亥又名竖，也可以合称'竖亥'"⑥，言之无据。

（6）有人曰张弘，在海上捕鱼。海中有张弘之国，食鱼，使四鸟。（《大荒南经》）

郭璞注："或曰即奇肱人，疑非。"汪绂曰："'张'当作'长'，'弘'当作'肱'。即长臂之国也。"⑦ 郝懿行曰："《海外西经》'奇肱之国'，郭注

---

① ［清］吴任臣：《山海经广注》，见《景印文渊阁四库全书》第 1042 册，台湾商务印书馆，1986 年，第 192 页。

② ［清］郝懿行：《山海经笺疏》，第 268 页。

③ 袁珂：《山海经校注》，北京联合出版公司，2014 年，第 229 页。

④ 参见赵少咸：《广韵疏证》，巴蜀书社，2010 年，第 1817 页。谓"竖"字之讹，稍隔。

⑤ 陈梦家：《殷虚卜辞综述》，中华书局，1988 年，第 338 页。

⑥ 吴晓东：《〈山海经〉语境重建与神话解读》，中国社会科学出版社，2013 年，第 119 页。

⑦ ［清］汪绂：《山海经存》，见《山海经穆天子传集成》第 2 册，上海交通大学出版社，2009 年，第 114 页。

云'肱或作弘',是'张弘'即'奇肱'矣。'弘''肱'声同,古字通用。此注又疑其非,何也?又案'张弘'或即'长肱',见《穆天子传》,郭注云:'即长臂人也。'见《海外南经》。"①

按:郭说是,郝说"张弘即奇肱"非也。《海外西经》说"奇肱之国,其人一臂",其人一臂,是为"奇肱"也。且奇肱之国方位在西,此张弘之国方位在南,断不相同。汪绂及郝氏后说"张弘"即《海外南经》"长臂人"则是也,其人臂长,故国名"张弘"。《穆天子传》卷二"天子乃封长肱于黑水之西河",此西方之长肱,与此经同名。

(7)稷之弟曰台玺,生叔均。叔均是代其父及稷播百谷,始作耕。(《大荒西经》)

郭璞注:"台,音胎。"俞樾曰:"后稷封于邰。'台'即'邰'字。曰'台玺'者,台其国,玺其名也。"②

按:道藏本、吴任臣本、毕沅本、四库本亦作"台玺",宋刊本、明刊本作"台壐",王崇庆本作"台尔"。《路史》卷三五亦作"台壐",又卷十八作"藜壐"。"藜"当作"釐",同"邰"。"尔""玺"当作"壐"。后稷播殖百谷,始封于邰,以农开国,其后人壐亦以农事得名也。

(8)有神焉,人首蛇身,长如辕,左右有首,衣紫衣,冠旃冠,名曰延维,人主得而飨食之,伯天下。(《海内经》)

郭璞注:"延维,委蛇。齐桓公出田于大泽见之,遂霸诸侯。亦见庄周,作'朱冠'。"汪绂曰:"延维,此泽神也,《管子》《庄子》俱作'委蛇'。"③郝懿行云:"《庄子·达生》:'委蛇,其大如毂,其长如辕,紫衣而朱冠。其为物也,恶闻雷车之声,则捧其首而立。见之者殆乎霸也。'"④王宁曰:"《大荒南经》岳山亦有'延维'。'延'字皆'逶'字草书之形讹。'延维'即'逶维''委蛇'。"又云:"'维''蛇'古音同余母双声,微歌旁对转迭韵,音近而假。当以'委蛇'为正。委,曲也。言其委曲似蛇之状,故曰

① [清]郝懿行:《山海经笺疏》,第344页。
② [清]俞樾:《读山海经》,见《山海经穆天子传集成》第3册,上海交通大学出版社,2009年,第250页。
③ [清]汪绂:《山海经存》,第127页。
④ [清]郝懿行:《山海经笺疏》,第385页。

'委蛇'。其它典籍所用，义皆由此引申。"①

按：《大荒南经》苍梧之野有"委维"，郭璞注："委维，即委蛇也。"则"延维"即是"委维"，迭韵连语，语源是"委随"，下垂貌，引申为长貌②。蛇称作"延维""委维"或"委蛇"，得名于蛇体形长，毕沅说"'逶蛇'以其长名之"③ 是也。"延"以母元部，"委"影母歌部。影母以母古通，歌部元部对转。"维"以母微部，转作邪母歌部的"随"，亦转作船母歌部的"蛇"。"委维"即是"委随"，亦即《庄子》《博物志》卷三之"委蛇"。《续汉书·礼仪志中》有十二恶神，其一云"委随食观"，神名"委随"，亦即"委蛇"。王宁说"委曲似蛇"，望文生义。

（9）北海之内，有反缚盗械、带戈常倍之佐，名曰相顾之尸。（《海内经》）

郭璞注："亦贰负臣危之类。"汪绂曰："文法古拗，不可解。"④ 王宁曰："'相顾'当作'柏顾'，即'伯顾'，人名。"⑤

按：王宁改字无据。倍，读为陪，犹言辅助。《海内西经》："贰负之臣曰危。"负亦读为陪，"贰负"即"陪贰"，同义复词。《左传》昭公三十二年："物生有两，有三有五，有陪贰。"《书钞》卷四九引作"倍贰"。《诗·大雅·荡》"尔德不明，以无陪无卿"，郑玄笺："无陪贰也，无卿士也。"顾，犹言顾念、照料。臣名"相顾"得义于相照应君主，亦即辅佐之义。

（10）帝俊生禺号，禺号生淫梁，淫梁生番禺，是始为舟。（《海内经》）

郝懿行曰："《书钞》卷一三七引此经'淫'作'经'。《大荒东经》言'黄帝生禺䝞'，即禺号也；'禺号生禺京'，即淫梁也。'禺京''淫梁'声相近。"⑥ 袁珂、栾保群取其说。张澍曰："'禺京'与'禺强'各自一人。然谓'禺京'即'禺强'尚可，以'京'与'强'通，如'鲸鱼'作'鳠鱼'

① 王宁：《〈海经〉新笺》（下），《古籍整理研究学刊》2001 年第 2 期。
② 参见萧旭：《〈说文〉"委，委随也"义疏》，收入《群书校补》，广陵书社，2011 年，第1413—1418 页。
③ ［清］毕沅：《山海经新校正》，见《山海经穆天子传集成》第 2 册，上海交通大学出版社，2009 年，第 198 页。
④ ［清］汪绂：《山海经存》，第 127 页。
⑤ 王宁：《〈海经〉新笺》（下），《古籍整理研究学刊》2001 年第 2 期。
⑥ ［清］郝懿行：《山海经笺疏》，第 390 页。

也。"① 王宁曰："郝说'淫梁即禺京'是也，但说'禺京、淫梁声相近'则不确。'淫'字当从《书钞》所引作'经'，与'禺'音近假借。"②

按：淫梁，宋刊本、道藏本、明刊本作"滛梁"，《路史》卷十四作"傜梁"。"滛"是"淫"俗讹字，复误作"傜"。郝懿行说"禺京""淫梁"声近牵强，张澍后说是。"禺京"又声转作"禺强"（《海外北经》）、"隅强"（《淮南子·地形训》）③，是"御强""衙强"声转，御亦强也。神名"禺强"，取强而多力为义④。楚帛书《四时令》丙篇"荃司冬"⑤，"荃"是北方神名，即是"禺"借音字。《书钞》"淫"作"经"，"淫"当作"泾"，形近致讹。清华简"淫"误作"悭"⑥，是其比。泾、经读为劲，强也。梁读为惊、勍，亦强也⑦。"禺强"与"劲梁"同义，故为异文。《大荒北经》："有神衔蛇、操蛇，其状虎首、人身、四蹄、长肘，名曰强良。"良、梁古音同，亦读为惊、勍。神名"强良"，亦取强而多力为义。《续汉书·礼仪志中》有十二恶神，有云"强梁、祖明共食磔死寄生"，神名"强梁"亦是得名于"强惊"。袁珂说"禺强（京）"是鳢（鲸）鱼⑧，不足取信。如是鳢（鲸）鱼，其上附加"禺（隅）"字，又作何解？吴晓东不知"禺京"与"禺强"是声转，说是"一人两名"⑨，非是。

（11）炎帝之妻，赤水之子听䄯生炎居。（《海内经》）

吴任臣曰："《路史》：'炎帝来生炎居，母桑水氏曰听䄯。'……《史记补》云：'神农纳奔水氏之女曰听䄯为妃，生帝哀。'语多不同，当以罗氏为断。《太平御览》曰：'䄯音妖。生常林女子。'宜有趺音，或作谈、作䣄，转失也。"⑩ 郝懿行曰："《史记索隐》：'《补三皇本纪》云"神农纳奔水氏之

① ［清］张澍：《与郝兰皋户部书》，《养素堂文集》，见《续修四库全书》第1506册，上海古籍出版社，2002年，第597页。
② 王宁：《〈海经〉新笺》（下），《古籍整理研究学刊》2001年第2期。
③ 参见朱起凤：《辞通》，上海古籍出版社，1982年，第902页。
④ 参见萧旭：《文子校补》，见《道家文献校补》，花木兰文化事业有限公司，2021年，第285—286页。
⑤ 李零：《子弹库帛书》（下编），文物出版社，2017年，第76页。
⑥ 参见白于蓝：《简帛古书通假字大系》，福建人民出版社，2017年，第1368页。
⑦ 参见［清］朱骏声：《说文通训定声》，武汉市古籍书店，1983年，第901页。
⑧ 袁珂：《山海经校注》，第223页。
⑨ 吴晓东：《〈山海经〉语境重建与神话解读》，中国社会科学出版社，2013年，第111页。
⑩ ［清］吴任臣：《山海经广注》，第242页。

女曰听䛏为妃，生帝哀"云云'。证以此经，'听訞'作'听䛏'。司马贞自注云：'见《帝王世纪》及《古史考》。'今案二书盖亦本此经为说，其名字不同，或当别有依据，然古典逸亡，今无可考矣。'訞'与'妖'同。䛏音拔。"① 王宁曰："朱芳圃以为当作'听䛏'，亦即'女妭'。其说是也。'赤水之子听䛏'即《大荒北经》'赤水女子献'，吴承志以为'献'乃'魃'字之误，说甚是。'女''听'古音为旁纽双声字，'䛏'与'魃'音同，故'听䛏'即'女妭（魃）'也。"②

按：吴任臣引罗氏说见《路史》卷十三罗苹注。訞，《易·系辞下》孔疏引《帝王世纪》又作"谈"（一本作"䛏"）。《御览》卷一三五引《帝王世纪》作"炎帝……娶奔水氏女曰听訞（音妖），生帝临女子"，有注音"音妖"。"訞""谈"是"䛏"形误。《诗·大雅·云汉》"旱魃为虐"，毛传："魃，旱神也。"孔疏引《神异经》："南方有人，长二三尺，袒身，而目在顶上，走行如风，名曰魃。所见之国大旱，赤地千里，一名旱母，〔一名狢〕。遇者得之，投溷中即死，旱灾消。"③　《类聚》卷一百引韦曜《毛诗问》："……不审旱气生魃奈何？答曰：'魃鬼人形，眼在顶上。天生此物，则将旱也。'"《玉篇》引《文字指归》曰："女妭，秃无发，所居之处，天不雨也。"则"魃（妭）"是秃头无发的女鬼，故称作"女妭"。又魃目在顶上，故称作"听䛏"。听、顶一声之转。王宁说"女""听"声转，非是。

（12）后土生噎鸣，噎鸣生岁十有二。（《海内经》）

按：噎鸣，吴任臣本作"噎鸣"是也。"噎鸣"取义于"咽鸣"或"鸣咽"，都是影母双声连语。《大荒西经》："有神，人面无臂，两足反属于头山，名曰嘘。颛顼生老童，老童生重及黎，帝令重献上天，令黎邛（抑）下地，下地是生噎，处于西极，以行日月星辰之行次。"郭璞注："嘘，言嘘嚏也。"④　单言曰"噎"，复言曰"噎鸣"，又称作"嘘"，取义都相同。"嘘"即"歔"，呜咽唏嘘之义。《淮南子·览冥篇》："孟尝君为之增欷歔唈，流涕

①　［清］郝懿行：《山海经笺疏》，第392页。
②　王宁：《〈海经〉新笺（下）》，《古籍整理研究学刊》2001年第2期。所引吴承志说见《山海经地理今释》，收入《山海经穆天子传集成》第3册，第188页。
③　"一名狢"三字据《艺文类聚》卷一百、《太平御览》卷八八三引补。
④　王念孙改注"言"作"音"。王睿说："怀祖先生改'言'为'音'，未详何据。"此二说为范祥雍过录。范祥雍：《山海经笺疏补校》，上海古籍出版社，2013年，第364页。

狼戾不可止。"《文选·谢朓〈拜中军记室辞隋王笺〉》李善注引"歔唈"作
"呜唈",《论衡·感虚》作"於邑",都是"呜咽"音转。《淮南子》"歔唈
(咽)"正与"增欷"连文,是其义相比也。《隶释》卷六《北海相景君铭》
"歔歔哀哉",《隋书·虞世基传》"因歔欷呜咽",亦是其例。郝懿行疑"噎"
是"噎呜"阙脱①,孙诒让、徐显之、王宁说"嘘"是"噎"形误②,非是。
江林昌认为:"'羲'即'曦',日光羲微之义,正是太阳初升时的情状……
而'嘘噎'亦'羲'之同音近义词。"③ 江氏滥说音转不可取,其说无法解释
复音词"噎呜"。

Interpretation of gods, ghosts and personal names in
The Classic of Mountains and Seas

Zeng Si, Xiao Xu

Abstract: When Guo Pu annotated the book of *Classic of Mountains and Seas*, he had already provided accurate explanations for the origins of certain the nouns. After Guo Pu, there were also some works that focused on interpreting the names and lyrics of the book. However, there are still many nouns that need to be explained. This article focuses on textual research on the names of gods, ghosts, and humans in the book of *Classic of Mountains and Seas*, *which is* aimed at providing more accurate explanations of their names.

Key words: *Classic of Mountains and Seas*; personal names; the reason for the name; Etymology

---

① [清] 郝懿行:《山海经笺疏》,第 355、464 页。
② [清] 孙诒让:《札迻》,中华书局,1989 年,第 96 页。徐显之:《山海经探原》,第 360 页。
王宁:《〈海经〉新笺》(中),《古籍整理研究学刊》2000 年第 2 期。
③ 江林昌:《考古发现与文史新证》,中华书局,2011 年,第 363 页。

太阳巫仪：《天问》"一蛇吞象"试解①

安徽师范大学历史学院　王少林②

摘　要　《天问》中的"一蛇吞象"与《山海经·海内南经》中的"巴蛇食象"具有文本关联性和共同文化背景。基于世俗维度的研究视角，先行研究主要从"巴""蛇"二字的指涉出发，以巴陵、巴国为解，探寻生物世界吞象大蛇存在的可能性。而象征维度视角下的研究，以历史派、社会派为主，其中社会派之图腾学说影响尤大，将"巴蛇"与"象"视作不同部族的象征，而勾连蛇、象二部族的复杂关系，但这一社会学性质的解读缺乏更确切的证据。王逸注《天问》呵壁题图说为象征维度的研究视角提供了文献基础，蛇、象具有象征意义。《淮南子》的"羿断修蛇"与《江源记》的"羿屠巴蛇"具有神话同源关系。基于后羿的太阳神格，巴蛇实为上古太阳神话中吞没落日之大河之象征。建立在顺势巫术理论上的太阳巫术仪式中不断重现大河吞日之形象，这便是《天问》中"一蛇

---

　　① ［基金项目］本文为 2022 年度安徽省哲学社会科学规划青年项目"新出材料与安徽古史研究"（项目编号：AHSKQ2022D201）阶段性成果。
　　② 王少林，安徽师范大学历史学院讲师，历史学博士，研究方向为先秦史、出土文献、早期国家与古史传说。

吞象"的来源。此种巫术仪式后来渐趋没落，战国之时已为世人所不知，故而屈原在《天问》中设问，以发其疑。

关键词 《天问》；巴蛇食象；巫术仪式；太阳神话

《天问》一文，因其多载奇谲之事，而号为难解。历代学者亦对《天问》兴趣盎然，游国恩《天问纂义》援引诸家之文达数十种，诚为对历代《天问》研究学术成果之呈现①。近代以来，随着新见资料的增多与理论方法的出新，《天问》中昔日不明所以的语句渐有可释读通达的可能，如王国维以甲骨文王亥解"该秉季德"，以重建先商历史②；闻一多、孙作云、苏雪林以比较神话学、文化人类学解《天问》，皆于《天问》学术史有大贡献③。

然《天问》一文设问一百七十余，于学术而言，每一问都值得深入讨论。本文所论，即对《天问》"一蛇吞象，厥大何如"句再做新解，认为其实为对远古时期太阳巫术仪式中之一环节的象征性描述，其本质乃是对太阳神话中北方大河吞没太阳的呈现。

一

关于《天问》之"一蛇吞象，厥大何如"，多数学者认为该语句与《山海经·海内南经》所载"巴蛇食象"之事具有关联性④。《山海经·海内南经》云：

> 巴蛇食象，三岁而出其骨，君子服之，无心腹之疾……旄马，其状如马，四节有毛。在巴蛇西北，高山南⑤。

① 游国恩：《天问纂义》，中华书局，1982年。
② 王国维：《殷卜辞中所见先公先王考》，《观堂集林》（附别集）卷九，中华书局，1959年，第409—436页。
③ 闻一多：《古典新义·天问释天》，上海人民出版社、上海书店出版社，2020年。孙作云：《孙作云文集·〈楚辞〉研究》，河南大学出版社，2003年；苏雪林：《天问正简》，武汉大学出版社，2007年。
④ 游国恩：《天问纂义》，中华书局，1982年，第160—161页。
⑤ ［清］郝懿行：《山海经笺疏》，中华书局，2019年，第281—282页。

　　从《天问》《海内南经》文本的比照来看，主张"一蛇吞象"与"巴蛇食象"具有关联性的观点是可以成立的。除去文本语句的相似性，我们似可进一步申论：《天问》楚辞类文本是根植于深厚的楚文化根基而产生的具有集聚性质的文本丛书，而《山海经》的楚文化性质也为多数学者所认识。资深的《山海经》研究者、中国神话学专家袁珂先生就主张今传本《山海经》文本的各个构成部分——含《荒经》四篇、《海内经》一篇、《五藏山经》《海外经》四篇与《海内经》四篇——都是楚国或楚地之人所作①。吕子方先生更是主张屈原的作品材料直接取自《山海经》，其中尤以《大荒经》为主②，更是直接表明了《山海经》与楚文化之间的亲缘关系。晚近以来，随着出土文献的增多，利用地下文献比对传世文献的研究方法为证成先前的传世文献研究拓展了新的研究路径，如刘钊比较楚简与《山海经》的文本，也得出了《山海经》与楚国、楚人有密切关系的结论③。这些观点都为《山海经》的楚文化色彩增添了注脚。

　　故而，《天问》"一蛇吞象"与《山海经》"巴蛇食象"记载的关联性，不仅建立在文本章句的相似性上，还有楚文化作为共同的知识背景。我们认为，《天问》"一蛇吞象"与《山海经》"巴蛇食象"二者共同源于一个流传已久的历史记忆，属于同源异文的性质。二者文本上的差异，是由于传播过程中不同系统记载的侧重点差异而导致的。

　　在先行的研究中，考量《天问》《山海经》流传过程中的文本差异是重要的工作，既包含《天问》异本的差异，也包括与《山海经》的差异。熊贤品检录历代文献的校雠研究较详，兹总结其要点如下：

　　（1）《天问》"一蛇吞象"早期版本异文频出。今传本为"一蛇吞象"，王逸注本为"灵蛇吞象"，郭璞注《山海经》所引《天问》本作"有蛇吞象"。

　　（2）游国恩认为，"一蛇吞象"当为"巴蛇吞象"之误，"巴"误写为"乙"，进而误为"一"。

---

①　袁珂：《〈山海经〉写作的时地及篇目考》，见袁珂《神话论文集》，上海古籍出版社，1982年，第1—25页。

②　吕子方：《读〈山海经〉杂记》，《中国科学技术史论文集》（下册），四川人民出版社，1984年，第102—115页。

③　刘钊：《出土文献与〈山海经〉新证》，《中国社会科学》2021年第1期。

（3）丛药汀比较汉代简牍文字，认为"一蛇"乃"巴蛇"之误。

（4）邹浚智比较楚简文字，认为"巴蛇食象"为"巴蛇食兔"之误。

在此基础上，熊贤品结合早期古文字系统，进而推论"巴蛇"之"巴"早期当写成"䣍"，或写为"甫"，汉人改为"巴"①。

按：以上学者对文本差异的解读，实际上建立在一个默认的原则之上："一蛇吞象"与"巴蛇食象"有一个统一的原始祖本，后世的文本差异是流传过程中讹误的结果。

然而，将任一文本章句的书写情况视为祖本的观点很可能是不能成立的。李零研究古书体例，归纳了八种古文献书写特征，其中第八条为："古人著书之义强调'意'胜于'言'，'言'胜于'笔'。"②这个观点诚为卓识，古人著书更强调义理的表达，孟子"事·文·义"的三分法可谓是上古文本书写形态区分最为典范的模型，"文"之表达的意旨在于"义"，故而上古文献重义轻文是一大特征。

由此，我们来观察《天问》"一蛇吞象"的种种异文，可得出新的认识。换言之，先行研究中认为"有蛇"之异文"灵蛇""一蛇""巴蛇"虽然存在着讹写的可能性，但更多的是不同传播系统侧重点不同的结果。其中，"一蛇""有蛇"强调"蛇吞象"这一形象存在；"灵蛇"之"灵"，当可解为"灵性"，以强调"蛇"之神异；"巴蛇"之"巴"，解释最为繁复，歧说纷出，令人不知所从，但"巴"字当为"蛇"之限定词可知。故《天问》"一蛇吞象"之相关异文，在表达"蛇吞象"这一意象时是共同的，"蛇"字之前置词只起到修饰"蛇"的功能。因此，考察《天问》"一蛇吞象"的重心应当是"蛇吞象"的意涵，而非"蛇"前限定语词的含义。

二

此前，学者关于《天问》《山海经》所见"蛇吞象"意象的认识主要有两个方向：现实维度与象征维度。其中现实维度的视角将"蛇吞象"中之

① 熊贤品：《〈山海经〉"巴蛇食象"的文本解读及其演绎》，《三峡论坛》2020年第1期。

② 李零：《出土发现与古书年代的再认识》，《李零自选集》，广西师范大学出版社，1998年，第22—57页。

"蛇"与"象"都看成是现实中存在的动物，进而此种解释视角下的核心工作变成了寻求现实之中可能存在的吞象之蛇，以及此种蛇类生存的地域及其相关内容；而象征维度的视角则预先将"蛇"与"象"看成非现实的存在物，或认为是某种现实存在的神异象征，或认为其本身为神异之物。为了充分理解这两种研究视角下关于"巴蛇吞象"的研究历程，我们分述如下。

（一）现实维度研究视角下的"巴蛇吞象"

现实维度研究视角下对"巴蛇吞象"的研究有两个方向：其一是将蛇、象均视为现实中存在着的动物。

郭璞《山海经·海内南经》注云：

> 今南方蚺蛇吞鹿，鹿已烂，自绞于树腹中，骨皆穿鳞甲间出，此其类也。《楚辞》曰："有蛇吞象，厥大何如？"说者云长千寻①。

郭璞提到的"蚺蛇吞鹿"这种自然现象，颇为中古时人所重。除郭璞外，郦道元在《水经注》中也提到：

> （交州）山多大蛇，名曰髯蛇，长十丈，围七八尺，常在树上伺鹿兽。鹿兽过，便低头绕之，有顷，鹿死，先濡令湿讫，便吞，头角骨皆钻皮出。山夷始见蛇不动时，便以大竹签签蛇头至尾，杀而食之，以为珍异。故杨氏《南裔异物志》曰：髯惟大蛇，既洪且长。采色驳荦，其文锦章。食豕吞鹿，腴成养创。宾享嘉宴，是豆是觞②。

郭璞为治《山海经》大家，其说颇为后人所重视。故而中古以降，言及"巴蛇吞象"者，也多与"蚺蛇吞鹿"比类而观，以此为据，证"巴蛇吞象"为世间真实存在之事。如《太平广记》引《玉堂闲话》云：

> 有人游于瞿塘峡，时冬月，草木干枯……见一物圆如大囷……细而

---

① ［清］郝懿行：《山海经笺疏》，中华书局，2019年，第281页。
② ［北魏］郦道元注，［清］杨守敬、熊会贞疏：《水经注疏》卷三十七，江苏古籍出版社，1989年，第3044—3045页。

看之，乃是一蛇也。遂剖而验之，乃蛇吞一鹿在于腹内，野火烧燃，堕于山下。所谓巴蛇吞象，信而有之①。

此后，巴蛇蚺蛇说成为一种典范的说法，被郝懿行写入《山海经笺疏》中②。这种说法也影响到近代学人对"巴蛇吞象"的理解。今人任乃强主张的巴蛇蟒蛇说，其实为巴蛇蚺蛇说的近代变形③。

按：巴蛇蚺蛇说或蟒蛇说，其实质是一样的，即将"巴蛇吞象"之"蛇"理解为一种大蛇，出发点在于突出"蛇"之大，以表明大蛇有吞象之可能。其依据多为古代中国四方民族志的材料，特别是以南方少数民族生活地区所能见到的大蛇吞鹿现象，来比类"巴蛇吞象"，从而证明吞象之蛇在现实世界确实存在。

但对巴蛇蚺蛇说，历代皆有怀疑者。朱熹认为以"蚺蛇吞鹿"比类"巴蛇吞象"，"似若迂诞"④。近人吴稚晖亦有怀疑，认为此种类比推断为武断之词⑤。

现实维度研究视角下对"巴蛇吞象"研究的第二个方向是追寻"巴蛇吞象"之发生地，从而与现实中的地域联系起来。这种认识又包含两大类型：大地名与小地名。

其中大地名采用比较模糊的态度，将"巴蛇吞象"之发生地域与南方地区联系起来，如王逸认为在南方，洪兴祖认为在南海⑥。这两种说法的依据都是《山海经》。前揭大蛇出没之地也为南方，故其与《山海经》相互参证，得出"巴蛇吞象"出于南方的观点。

小地名说则将"巴蛇吞象"之"巴"视为巴地。此说建立在两个证据之上：一是语词训诂的理据，"巴"有地名的义项；二是历史上西南地区的确存在着一个巴国与巴族，巴族所生活的区域称为巴，以及后世存在的巴陵。故而小地名说可分为以下两种：

---

① ［宋］李昉等编：《太平广记》卷四百五十九，中华书局，1961年，第3760页。

② ［清］郝懿行：《山海经笺疏》，中华书局，2019年，第281页。

③ 任乃强：《四川上古史新探》，四川人民出版社，1986年，第236页。

④ ［宋］朱熹：《楚辞集注·楚辞辩证》，上海古籍出版社，2015年，第245页。

⑤ 吴稚晖：《避巴小记（巴蜀考）》，见《吴稚晖全集》（卷十一），九州出版社，2013年，第433页。

⑥ 游国恩：《天问纂义》，中华书局，1982年，第160页。

（1）巴国说

这种观点的文献依据主要在于古文献之间的相互勾连。《山海经·海内经》记载有巴国，其文云：

> 西南有巴国。太皞生咸鸟，咸鸟生乘厘，乘厘生后照，后照是始为巴人。

郭璞注云："巴，巴蛇也。"① 又《山海经·海内经》云：

> 西南有巴国，又有朱卷之国，有黑蛇，青首，食象。

郭璞注："即巴蛇也。"② 《山海经》的这个记载在后世的演绎下更为丰富。宋代罗泌《路史·后纪》记载："伏羲生咸鸟；咸鸟生乘厘，是司水土，生后照；后照生顾相，降处于巴，是生巴人。"③ 更为重要的是在《左传》昭公九年中，通过詹桓伯之口追忆了西周时周之四土方国的分布情况，其中就有巴国。其文云：

> 我自夏以后稷，魏、骀、芮、岐、毕，吾西土也。及武王克商，蒲姑、商奄，吾东土也；巴、濮、楚、邓，吾南土也；肃慎、燕、亳，吾北土也。④

从中我们可以看到，巴国作为南土方国，历史久远。此外，晚出的《华阳国志》中有《巴志》，将巴人视为武王克商的援助之师⑤，增补于《书·牧誓》八国援兵之外。因《尚书》《左传》文本的典范性，进而与之相关的巴国文献记载的信实度便大大提升了，巴国、巴地、巴人等称谓遂散布开来。

---

① ［清］郝懿行：《山海经笺疏》，中华书局，2019 年，第 384 页。
② 同上。
③ ［宋］罗泌：《路史·后纪一》，王彦坤撰：《路史校注》卷一，中华书局，2023 年，第 31 页。
④ ［晋］杜预：《春秋左传集解》昭公九年，上海人民出版社，1977 年，第 1320 页。
⑤ ［晋］常璩著，任乃强校注：《华阳国志校补图注》，上海古籍出版社，1987 年，第 4 页。

后人或认为"巴蛇吞象"之"巴"即巴国之巴①。

（2）巴陵说

后世见《山海经》载"巴蛇吞象"，遂将"巴蛇"与"巴"相关地名联系起来，其中更为流行的看法是将"巴蛇"之"巴"解释为湖南岳阳地区的巴陵，这种看法至少从六朝时期就开始出现，影响后世深远②。这一说法的文本依据有一个不断层累的过程，其演化逻辑如下：

西汉时，《淮南子·本经训》有"羿断修蛇于洞庭"的记载③，六朝时《江源记》遂将《淮南子》的这一记载开始与巴陵联系起来，"羿屠巴蛇于洞庭，其骨若陵，曰巴陵也"④。之后，这一说法日渐流行，唐宋之时的文献中多沿用该说，明清以下不绝⑤。

按："巴蛇"之"巴"地名说是建立在"巴"地名义项训诂的基础之上的，有望文生义之嫌。其将《山海经·海内经》"西南有巴国……又有朱卷之国，有黑蛇，青首，食象"一段文字作为巴蛇"巴地之蛇说"的文献依据。但已有学者指出，该段文字为文本断删引用，"食象"与前文"西南有巴国"并不存在文本逻辑上的联系，本为两处不同的文字⑥。故而，无论是巴国说或巴陵说，都无切实的根据，先行研究中段渝、熊贤品已辨其非⑦，我们认为其意见是可以信从的。

（二）象征维度研究视角下的"巴蛇吞象"

象征维度视角下的"巴蛇吞象"研究则将语句中的"蛇""象"视为他物之象征，而非实指。这一视角下的"巴蛇吞象"解释可大致分为如下两种：

其一，历史派。历史派学者将"蛇吞象"与历史上发生的国家间的兼并领土联系起来，具体而言，以"蛇"喻秦，而以"象"喻楚，"蛇吞象"即

① 潘光旦：《湘西北的"土家"与古代的巴人》，中央民族学院研究部编：《中国民族问题研究集刊》第4辑，1955年，第30页。

② 段渝：《巴人来源的传说与史实》，《历史研究》2006年第6期。

③ 刘文典：《淮南鸿烈集解》，中华书局，1989年，第306页。

④ ［宋］李昉等：《太平御览》卷一七一，中华书局，1960年，第834页。

⑤ 熊贤品：《〈山海经〉"巴蛇食象"的文本解读及其演绎》，《三峡论坛》2020年第1期。

⑥ 吴法乾：《"巴蛇"辩》，《湖北民族学院学报》（社会科学版）1992年第2期。

⑦ 段渝：《巴人来源的传说与史实》，《历史研究》2006年第6期；熊贤品：《〈山海经〉"巴蛇食象"的文本解读及其演绎》，《三峡论坛》2020年第1期。

战国后期秦人日益吞并楚国之象征。该说代表为王闿运、蒋天枢①。

其二，社会派。社会派学者将"巴蛇吞象"视为某种社会现象的象征，具体来说，又可分为图腾说与婚姻说两种。

（1）图腾说。图腾说派学者将"巴蛇吞象"之"蛇""象"视为不同部落的图腾，"巴蛇吞象"即"蛇"部落吞并了"象"部落，但对于"蛇"部落与"象"部落在历史上的具体所指仍存在分歧。如彭适凡以"蛇"部落为三苗，以"象"部落为象氏族②；杨华以"蛇"部落为巴族，以"象"为某种崇象部落③。

（2）婚姻说。婚姻说派学者将"巴蛇吞象"之"吞"视为性爱的象征，"巴蛇吞象"即"蛇"与"象"部族之婚姻④。

按：象征维度视角的研究极具启发性。基于对现实维度视角下吞象之蛇存在的怀疑性，象征维度派的学者们多认为"巴蛇吞象"不可能存在，以象征视角进而讨论"巴蛇吞象"无疑是正确的方向。先行研究中历史派、社会派学者都对"巴蛇吞象"的象征意义进行了充分的讨论，其中又以图腾说流行最广。但持否定意见的学者对图腾说进行了检讨，包含两个方面的内容：一是对部落与蛇、象图腾的对应关系存在疑问。学者认为目前所见记载与考古发现尚不能支持这一看法，如孙华即认为巴族蛇图腾说并无理据⑤。二是对图腾说的研究方法进行了批判，认为这一出发点似嫌薄弱⑥。我们认为，不管是历史派还是社会派的图腾说、婚姻说，在具体的解释上，都存在上述问题，但象征维度的研究视角仍是解决"巴蛇吞象"问题的正确研究路径。

---

① ［清］王闿运：《楚辞释》，岳麓书社，2013 年，第 61 页；蒋天枢：《楚辞校释》，上海古籍出版社，1989 年，第 198 页。

② 龚维英：《〈天问〉"一蛇吞象"新解》，《昆明师院学报》1982 年第 1 期；彭适凡：《中国南方古代印纹陶》，文物出版社，1987 年，第 340 页。

③ 杨华：《"巴蛇食象"新释》，《四川文物》1996 年第 6 期。

④ 余云华：《巴蛇食象：被曲解的婚姻神话》，《四川大学学报》2006 年第 5 期。

⑤ 孙华：《四川盆地的青铜时代》，科学出版社，2000 年，第 361—362 页。

⑥ 邹濬智：《"巴蛇食象，三岁而出其骨"新诠》，《〈山海经〉疑难字句新诠——以楚文字为主要视角的一种考察》，花木兰文化出版社，2012 年，第 112 页；熊贤品：《〈山海经〉"巴蛇食象"的文本解读及其演绎》，《三峡论坛》2020 年第 1 期。

三

在详细罗列和评议先行研究中各家对"一蛇吞象"的解释之后，我们仍主张以象征维度的视角来理解"一蛇吞象"这一意象。与前揭历史派与社会派的图腾说、婚姻说不同，我们认为当回归到先秦时期神话、巫术浓烈的具体历史场景中来，进而勾连已有文献之间的关系，从中发现"一蛇吞象"的真实意义。我们从如下几个方面逐步阐述。

其一，象征维度视角的可行性。汉代的王逸在给《楚辞》作注时说："屈原放逐，忧心愁悴，彷徨山泽，经历陵陆，嗟号昊旻，仰天叹息。见楚有先王之庙及公卿祠堂，图画天地山川神灵，琦玮僪佹，及古贤圣怪物行事。周流罢倦，休息其下。仰见图画，因书其壁，呵而问之，以渫愤懑，舒泻愁思。楚人哀惜屈原，因共论述，故其文义不次序云尔。"① 此即《天问》呵壁题图说。该说流传久远，张萱、贺贻孙、陈本礼、丁晏等皆主此说②。王夫之力主《天问》呵壁题图说不能成立③。但王逸所说"楚有先王之庙及公卿祠堂，图画天地山川神灵，琦玮僪佹"仍不可废，《天问》语句涉及神话中的鬼神者颇多，又多能与《山海经》《淮南子》等文献相互参证，王逸该说必有所据，楚王宗庙壁上当有鬼神壁画，题材当为神话内容。故今人如游国恩者，也认为《天问》"纪异物珍怪……巴蛇食象……种种奇谈，不可究诘"④。正是这种《天问》"纪异物珍怪""不可究诘"的特性，让世俗主义视角的研究始终处于可信度不高的境地，从而让象征维度视角下的研究更具学理性。

其二，巴蛇意象的普遍性。《淮南子·本经训》有"羿断修蛇于洞庭"之记载。修，长也。修蛇，即长蛇、大蛇⑤。后世将《淮南子》这一记载中的"修蛇"与"巴蛇"联系起来，言"修蛇"即"巴蛇"⑥。《路史·后纪

① 黄灵庚疏证：《楚辞章句疏证》（增订本），上海古籍出版社，2018年，第1099—1103页。
② 游国恩：《天问纂义》，中华书局，1982年，第2、3、6、7页。
③ ［清］王夫之：《楚辞通释》，上海古籍出版社，2018年，第75—76页。
④ 游国恩：《先秦文学·中国文学史讲义》，商务印书馆，2015年，第141页。
⑤ 刘文典：《淮南鸿烈集解》，中华书局，1989年，第306页。
⑥ ［宋］李昉等：《太平御览》卷一七一，中华书局，1960年，第834页。

十》以"修蛇"作"长它"。它，即蛇。罗苹注说："长它，即所谓巴蛇。"①
在更早期的文献如《左传》中，曾将吞并小国的大国比喻为长蛇。《左传》
定公四年，申包胥如秦乞师，就曾在秦廷对秦公言："吴为封豕长蛇，以荐食
上国，虐始于楚。"② 西汉时，刘向《新序·节士》里也载："吴为无道，行
封豕长蛇，蚕食天下"，或作"长蛇封豕"③。考虑修蛇、长蛇、巴蛇在训诂
学上的通用性，我们可以推断，至少在春秋晚期，"长蛇""巴蛇"已经成为
贪婪的代名词。吕祖谦在《左氏传续读》中，将《左传》"吴为封豕长蛇"
与《山海经》中的"巴蛇"视为同物异词，足见卓识④。

其三，太阳神话背景下的大蛇意象。

为了说明大蛇意象的神话意义，我们需要先从太阳神话说起。第一，今天
的学者们已经发现了中国上古存在着以一日四时"朝、昼、昏、夜"为基础的
上古神话。这一说法的完全态的文本出现在《淮南子·天文训》中，其文云：

> 日出于旸谷，浴于咸池，拂于扶桑，是谓晨明。登于扶桑，爰始将
> 行，是谓朏明。至于曲阿，是谓旦明。至于曾泉，是谓蚤食。至于桑野，
> 是谓晏食。至于衡阳，是谓隅中。至于昆吾，是谓正中。至于鸟次，是
> 谓小还。至于悲谷，是谓铺时。至于女纪，是谓大还。至于渊虞，时谓
> 高舂。至于连石，是谓下舂。至于悲泉，爰止其女，爰息其马，是谓县
> 车。至于虞渊，是谓黄昏。至于蒙谷，是谓定昏。日入于虞渊之汜，曙
> 于蒙谷之浦，行九州七舍，有五亿万七千三百九里。禹以为朝、昼、
> 昏、夜。⑤

《淮南子·天文训》的这段话出现较晚，但其中所包含的"日出于旸谷，
浴于咸池""日入于虞渊之汜"等记载则并见于《山海经》《楚辞》等文献
中。这种以描述太阳运行等自然现象为基础的太阳神话，今天的学者已经发

---

① ［宋］罗泌：《路史·后纪十一》，王彦坤撰：《路史校注》卷三，中华书局，2023 年，第
1009 页。
② ［晋］杜预：《春秋左传集解》，上海人民出版社，1977 年，第 1630 页。
③ ［汉］刘向编著，石光英校释：《新序校释》，中华书局，2017 年，第 894 页。
④ ［宋］吕祖谦：《左氏传续说》，《吕祖谦全集》，浙江古籍出版社，2008 年，第 335 页。
⑤ 刘文典：《淮南鸿烈集解》，中华书局，1989 年，第 129—131 页。

现了其中的基本结构①，如江林昌就发现了《天问》文本中存在着这种太阳东升西落的神话结构②。这是我们解释《天问》"一蛇吞象"意象的大前提，从属于上古流行在楚地的以太阳神话为基础的大的文化背景。

第二，太阳神话与太阳巫术是并行的，其中最为重要的是浴日巫术。"浴日"即上揭《淮南子·天文训》之"日出于旸谷，浴于咸池"，这个记载并见于《山海经》诸篇。如《山海经·海外东经》曰："下有汤谷。汤谷上有扶桑，十日所浴，在黑齿北。"③《山海经·大荒南经》："东南海之外，甘水之间，有羲和之国。有女子名曰羲和，方日浴于甘渊。"④《山海经·大荒东经》，其文曰："有甘山者，甘水出焉，生甘渊。"⑤

袁珂云："所谓甘渊、汤谷（扶桑）、穷桑，盖一地也。"⑥袁珂的这个观点是值得重视的，甘渊、汤谷、穷桑都是太阳神话中的地名，盖因异本传抄，地名不一，但表达的意义却是很明确的。故《淮南子·天文训》的"日出于旸谷，浴于咸池"，《海外东经》的"十日所浴"，《大荒南经》的"方日浴于甘渊"的说法其实是对同一事件的异写。郭璞注云，此为"作日月之象而掌之，沐浴运转之于甘水中，以效其出入旸谷虞渊也"⑦。对于郭注，后世学者多沿用而不作解释。赵世超先生引入现代人类学家的巫术理论来解释郭璞的这段注解。他说：

> 所谓的生日、导日，竟是把一个日的模型——象，从水中托起来，沉下去；沉下去，再托起来；循环往复，用逼真的模拟来仿效太阳的升起。
>
> 生日、导日都有一定的动作来表现，具体的办法是反复将太阳的模型——象，从水中托起来。目的在于通过感应将一种看不见的力传导给自然界中真正的太阳，以便让它顺利地离开海面，升上天空。这种生日、

①　萧兵：《中国文化的精英——太阳英雄神话比较研究》，上海文艺出版社，1989年；叶舒宪：《英雄与太阳——中国上古史诗的原型重构》，上海社会科学院出版社，1991年。

②　江林昌：《楚辞与上古历史文化研究——中国古代太阳循环文化揭秘》，齐鲁书社，1998年，第36—42页。

③　[清] 郝懿行：《山海经笺疏》，中华书局，2019年，第269—270页。

④　同上，第345页。

⑤　同上，第325页。

⑥　袁珂：《山海经校注》，上海古籍出版社，1980年，第340页。

⑦　[清] 郝懿行：《山海经笺疏》，中华书局，2019年，第345页。

导日的仪式看上去像是在给太阳洗澡，实际是在给太阳的模型洗澡，故被叫做浴日①。

赵先生这个解释的依据有两个：一是郭璞注，二是近代的顺势巫术理论。郭璞作为《山海经》学问大家，自身又是当时最著名的风水师，其说对于《山海经》的研究尤其有价值。近代顺势巫术理论最主要的贡献者是英国的弗雷泽爵士，他在《金枝——巫术与宗教之研究》一书中把巫术形式区分为接触巫术与顺势巫术两种。他说：

> 如果我们分析巫术赖以建立的思想原则，便会发现它们可以归结为两个方面：第一是"同类相生"或果必同因；第二是"物体一经互相接触，在中断实体接触后还会继续远距离的互相作用"。前者可称之为"相似律"，后者可称作"接触律"或"触染律"。……基于相似律的法术叫做"顺势巫术"或"模拟巫术"。基于接触律或触染律的法术叫做"接触巫术"②。

从郭璞的注解来看，赵先生以太阳顺势巫术来解释"浴日"可谓精妙之极，真是发覆千古，一朝得解。上古之时，先民生活在神道设教、天命鬼神的氛围之中，连五帝三王在古文献记载中都有作为巫师的职能，如《尧典》载帝尧"历象日月星辰"③，《五帝本纪》记载颛顼"载时以象天"，帝喾"历日月而迎送之，明鬼神而敬事之"④，《国语·鲁语上》载帝喾"序三辰"⑤，这些都表明了五帝三皇这些远古的部族首领有维护日月星辰运转的巫术职能。

综合而言，浴日巫术当是部族巫师太阳巫术的重要组成部分。赵世超先

---

① 赵世超：《浴日和御日》，《历史研究》2003 年第 3 期。
② ［英］J. G. 弗雷泽著，汪培基、徐育新、张泽石译：《金枝——巫术与宗教之研究》，商务印书馆，2015 年，第 25 页。
③ 《尚书·尧典》，《十三经注疏》整理委员会整理：《十三经注疏·尚书正义》，北京大学出版社，2000 年，第 33 页。
④ ［汉］司马迁：《史记·五帝本纪》，中华书局，1959 年，第 11、13 页。
⑤ 徐元诰：《国语集解》（修订本），中华书局，2002 年，第 156 页。

生所描述的浴日巫仪主要针对的是太阳东升与白天运行的场景。我们进而可以推论，以顺势巫术模拟太阳在天上运行的循环性的动作行为是持续不断的，既有太阳东升、白天运行的场景，也有太阳西沉的场景。前揭帝喾"历日月而迎送之"中的"送日"应该就是对应太阳西落的场景，而《淮南子·天文训》中傍晚时分"日入于虞渊之汜"，这种场景必然也出现在太阳巫仪之中。我们推断，负责太阳巫术的大巫师"羲和"手托象征太阳的"象"落入到象征"虞渊"的水中，太阳之象为大水吞没。大水吞没太阳之象的情景，很可能就是"一蛇吞象"意象的真实来源。

第三，大水的大蛇象征。为了证成太阳巫仪中太阳之象落入大水之中为"一蛇吞象"意象的来源，我们还需要补充最后一个证据，那就是大水的大蛇象征。

《淮南子·本经训》中记载："逮至尧之时，十日并出，焦禾稼，杀草木，而民无所食。猰貐、凿齿、九婴、大风、封豨、修蛇皆为民害。尧乃使羿诛凿齿于畴华之野，杀九婴于凶水之上，缴大风于青丘之泽，上射十日而下杀猰貐，断修蛇于洞庭，擒封豨于桑林。"[1] 《本经训》罗列大神后羿的功绩，将"修蛇"与"猰貐、凿齿、九婴、大风、封豨"并列。其中"封豨"又见于《天问》的"封豨是射"[2]，而"封豨"又与"修蛇"是最常见的搭配。

我们认为，封豨、修蛇都是北方吞没太阳之"天豕"的象征。北方星空有两种与"豕"相关的星宿：奎宿与室宿。《史记·天官书》云："奎为封豕。"张守节《正义》云："奎，一曰天豕，亦曰封豕。"[3] 今天学者以为奎宿十六星组成的图形正好是一个对称的猪形，也就是《山海经》中"并封"的来源[4]。《山海经·海外西经》云："并封在巫咸东，其状如彘，前后皆有首，黑。"[5] 又，室宿，又名营室，《礼记·月令》曰："孟春之月，日在营室。"[6]《广雅》云："营室谓之豕韦。"[7] 豕韦之名当出现得很早，其与"豕"相关联

① 刘文典：《淮南鸿烈集解》，中华书局，1989年，第305—306页。
② 黄灵庚疏证：《楚辞章句疏证》（增订本），上海古籍出版社，2018年，第2208页。
③ ［汉］司马迁：《史记·天官书》，中华书局，1959年，第1305页。
④ 吴晓东：《山海经语境重建与神话解读》，中国社会科学文献出版社，2013年，第250—251页。
⑤ ［清］郝懿行：《山海经笺疏》，中华书局，2019年，第250页。
⑥ ［清］孙希旦：《礼记集解》，中华书局，1989年，第400页。
⑦ ［清］王念孙：《广雅疏证》，上海古籍出版社，2016年，第1441页。

的关系清晰可见。

故而，在西北至北方的星空上，奎宿与室宿就形成了两种具有"天豕"意义的星象。我们认为其是头双头猪，实际上是北方星空奎宿或室宿的动物象征。太阳自西北落下，经北方，第二天在东方升起，这头双头猪就变成了吞噬落日的象征。

后羿的太阳神格已经为今天的神话学家所揭示①。故而我们认为，《淮南子·本经训》中后羿功绩中的"诛凿齿""杀猰貐""擒封豨"本质上都是落日之灵冲破"双头猪"的吞噬，战胜黑夜，日灵重生的象征。而"杀九婴""缴大风""断修蛇"具有相同的意义。如果说"凿齿""猰貐""封豨"是獠牙猛兽象征系统下对吞噬落日客体的异写，那么"九婴""大风""修蛇"则属于獠牙猛兽系统之外的神兽象征系统，其中又以"修蛇"类的大蛇最为著名。

《淮南子·天文训》中的"日入于虞渊之汜"是对太阳西沉最典型的神话表达。甲骨学家认为甲骨文的"昔"字"象日在浩漫大水之下，示太阳已沉落西下"②，这是很正确的认识。太阳西沉被上古先民认为是太阳沉入水下，是太阳的死亡。而在多数的神话系统中，大蛇往往都是大河的象征。如《管子·水地》直接说"涸水之精名蟡，一头而两身，其状如蛇"③，言"其状如蛇"，其实说的就是蛇为水精。因此，修蛇与封豨的神格一样，都是吞没太阳的神兽。

综上，楚王宗庙的壁画当是《天问》神话世界的一个重要的蓝本凭借，有着深厚的楚文化背景。"一蛇吞象"的象征特征是很明显的。结合《山海经》《淮南子》等文本与当时的文化背景，我们从顺势巫术理论，通过对文本的比勘，特别是对太阳神话与巫术书写的不同版本的对比，得出"一蛇吞象"最有可能指涉的是太阳巫术之中太阳之象被大水吞没的意象这一结论。

---

① 叶舒宪：《英雄与太阳——中国上古史诗的原型重构》，上海社会科学院出版社，1991年，第67—85页。

② 温少峰：《殷墟卜辞研究——科学技术篇》，四川社会科学院出版社，1983年，第6—7页。

③ ［清］黎翔凤：《管子校注》，中华书局，2004年，第827—828页。

The sun witchcraft ritual:
An explanation of a snake swallows an elephant in *Tian Wen*

Wang Shaolin

Abstract: A snake swallows an elephant in *Tian Wen* has textual relevance and a common cultural background with a Ba snake eating an elephant in the *Southern Classic of Hai Nei of Classic of Mountains and Seas*. Based on a secular research perspective, the initial study primarily focuses on the words Ba and snake. It examines Ba Ling and Ba State as the plausibility of the existence of elephant-eating serpents in the biological realm. The research under the perspective of symbolism is primarily led by the historical school and the social school. Among these, the totem doctrine of the social school holds significant influence. It considers the Ba snake and the elephant as symbols of different tribes and explores the intricate relationship between the snake and the image of the two tribes. However, this sociological interpretation lacks more precise evidence. Wang Yi's commentary on *Tian Wen* provides a documentary basis for the study of symbolism, specifically the symbolism of snakes and elephants. Yi breaks the snake in *Huai Nan Zi* and Yi slaughters the Ba snake in *Jiang Yuan Ji* share a mythological homology. Based on the attributes of the Sun God of Hou Yi, the Ba snake is actually a symbol of the ancient sun myth, symbolizing the great river that sets the sun. The solar witchcraft ritual rooted in the concept of homoeopathic sorcery, constantly recreates the great river swallowing the sun in the rituals. This is the source of A snake swallows an elephant in *Tian Wen*. This type of sorcery ritual was gradually fading away, and by the time of the Warring States Period, it had become unknown to the world. Therefore, Qu Yuan posed a question in *Tian Wen* to express his doubts.

Key words: *Tian Wen*; a snake swallows an elephant; witchcraft rituals; sun myths

出土文献中的"武夷"神话新探^①

湖南工商大学数字传媒与人文学院　谭　梅^②

摘　要　在《清华简》《九店楚简》及马王堆《太一避兵图》中有一个共同的神名"武夷",过去许多观点认为他与福建武夷山山神有关。然而根据传世文献和出土资料,从"武夷"名字的音韵以及他的神职和祭祀方法等方面看,其应即水神冯夷。"武夷"不仅在简帛文献中有记录,也出现在汉代以降的镇墓文及买地券中。武夷的神职在不同时期的文献中产生了转变。楚简中武夷的主要职能是司水和管理亡魂。汉代以后的镇墓文及买地券中,武夷司水的职能逐渐剥离,管理亡魂的神职得到延续,且增添了买地主神格。《九店楚简·告武夷》中以"某"之妻嫁与武夷,这可能与楚地所流传的河伯娶妇神话有关。通过与传世文献中的河伯娶妇神话对比,可以发现河伯娶妇神话的母本至少产生了两种分化。

关键词　"武夷";冯夷;河伯神话

———————————

①　[基金项目]本文为2022年湖南省社科评审委项目"楚系金文集释与研究"(项目编号:XSP22YBZ184)、楚地出土简帛中的神话资料研究(项目编号:22B0615)阶段性成果。

②　谭梅,女,湖南麻阳人,博士,毕业于清华大学出土文献中心。湖南工商大学数字传媒与人文学院中文系讲师。研究方向:出土文献、先秦文学。

一、楚系简帛中的武夷、五夷和水神冯夷

在楚系简帛中，有一个重复出现的神名"武夷"，《清华简·祝辞》《九店楚简·告武夷》以及马王堆《太一避兵图》中对此均有记载。如：

《告武夷》：〔皋〕！敢告□繢之子武夷：尔居复山之基，不周之野。帝谓尔无事，命尔司兵死者。今日某将欲食，某敢告以其妻□妻汝，〔聂〕币、芳粮以量犊某于武夷之所：君昔受某之聂币、芳粮，思某来归食如故①。

《祝辞》：救火，乃左执土以祝曰："皋！诣五夷，麗皿冥冥，兹我赢。"既祝，乃投以土②。

《太一避兵图》：武夷子③。

清华简整理者认为"五夷"与"武夷"及马王堆《太一避兵图》中的武夷子是同一个神④。在对"武夷"展开考释前，我们有必要对此前有关其神名释读的观点进行简单梳理。关于武夷到底是什么神，主要有如下一些观点：

1. 认为武夷是司死兵者之神。例如：

李家浩："武夷是管'兵死者'之神，这是没有问题的。"⑤

夏德安："武夷在不周和复这两山中所处的巫术地位是去安置那些兵死者在神灵世界中的位置。"⑥

李零："所告武夷即《史记·封禅书》所见'武夷君'，是'司兵死者'

---

① 湖北省文物考古研究所、北京大学中文系：《九店楚简》，中华书局，2000年，第50页。

② 李学勤主编：《清华大学藏战国竹简》（叁），中西书局，2012年，第164页。

③ 《太一避兵图》写作"武弟子"，李家浩认为"弟""夷"二字古本相通，"武弟子"即"武夷子"，与"武夷"为同一个神（参见李家浩：《九店楚简"告武夷"研究》）。

④ 李学勤主编：《清华大学藏战国竹简》（叁），中西书局，2012年，第165页。

⑤ 李家浩：《九店楚简"告武夷"研究》，见李家浩：《著名中年语言学家自选集·李家浩卷》，安徽教育出版社，2002年，第328页。

⑥ 夏德安：《战国时代兵死者的祷辞》，中国社会科学院简帛研究中心编：《简帛研究译丛》（第2辑），湖南人民出版社，1998年，第31页。

之神（似与《楚辞·九歌》的"国殇"有关）。"①

　　陈魏俊："东汉前，武夷作为战死者之神，民间和官方都祭祀崇拜他。《九店楚简·告武夷》明文武夷被天帝任命管理兵死者，时人为摆脱兵死者作祟，对其有专门祭祀。"②

　　2. 认为武夷与武夷山神有关。例如：

　　饶宗颐："据九店楚简所述，武夷君乃天帝命之司死兵者。《九歌·国殇》：'身既死兮神以灵，子魂魄兮为鬼雄。'乃主死而为国殇之神，武即取威武、武事之义……福建武夷山即奉祀武夷君为山神，一向相传以为武夷君之所宅居，史言祀以干鱼，不知为何神。今得九店楚简，知其神本司兵死者。"③

　　周凤五："'武夷'主管兵死者，与战争杀伐有关，其地位可能较高……关于'武夷'的来历，有学者据《列仙传》指出当与'武夷山'有关。"④

　　江林昌："'武夷'，当指武夷山之神。《史记·封禅书》：'古者，祠黄帝……武夷君用干鱼。'明吴栻《武夷杂记》引秦人《异仙录》：'始皇二年，有神仙降此山，曰：余为武夷君，统录群仙。'……这则巫咒之辞的大意是：……请武夷山神前来熄灭大火，为我取胜。"⑤

　　刘昭瑞："考古材料中所见到的武夷神，最早当属湖北江陵九店五十六号楚墓出土竹简所载……关于该神的职掌，简文说为'司兵死者'，这是文献所不记的……武夷神什么时候和福建建安武夷山发生了关系……现据已知的出土材料，如饶宗颐先生所说，可大致认定是山因神名……"⑥

　　李春利："五夷，即武夷，见于马王堆帛书以及九店楚简，与'武夷君'（见于《史记·封禅书》）、'武夷王'（见于湖北武昌出土齐永明三年刘颙买地券）、'武弟子'（见于马王堆汉墓帛书《太一避兵图》）是同一个神。武夷君为司兵死者之神，《史记·封禅书》：'祠黄帝用一枭、破镜……武夷君用干

① 李零：《读九店楚简日书》，见李零：《中国方术续考》，东方出版社，2000年，第423页。
② 陈魏俊：《武夷神示考》，中国古文字研究会编：《古文字研究》（第30辑），中华书局，2014年，第586页。
③ 饶宗颐：《说九店楚简之武夷君与复山》，《文物》1997年第6期。
④ 周凤五：《九店楚简〈告武夷〉重探》，"中央研究院"历史语言研究所编：《"中央研究院"历史语言研究所集刊》（第72本），"中央研究院"历史语言研究所，2001年，第943—944页。
⑤ 江林昌：《清华简〈祝辞〉与先秦巫术咒语诗》，《深圳大学学报》2014年第2期。
⑥ 刘昭瑞：《安都丞与武夷君》，《文史》2002年第2期。

鱼。'《索隐》引顾氏曰：'《地理志》云建安有武夷山，溪有仙人葬处，即《汉书》所谓武夷君。是时既用越巫勇之，疑即此神。'简文中记载救火时向武夷君祝祷。"①

以上观点比较一致地认为武夷的神职主要是管理兵死者，也有不少人认为武夷和福建地区的武夷山有比较紧密的联系，甚至认为武夷就是武夷山神。

但是，如果我们对比《告武夷》《祝辞》两则材料，就会发现以上说法存在许多问题。首先，武夷的神职不仅仅是"司死兵者"，《祝辞》所记"救火"也是他的职能之一。其次，楚简中的武夷神和武夷山还没有产生关系。《告武夷》中说得很清楚，他"居复山之基，不周之野"。《山海经·西次三经》载："西次三经之首，曰崇吾之山……又西北三百七十里，曰不周之山。"②《大荒西经》载："西北海之外，大荒之隅，有山而不合，名曰不周负子。有两黄兽守之，有水曰寒暑之水，水西有湿山，水东有幕山，有禹攻共工国山。有国名曰淑士，颛顼之子。有神十人，名曰女娲之肠，化为神……"③《离骚》："路不周以左转兮，指西海以为期。"王逸注曰："不周，山名，在昆仑西北。"④ 以上材料都可证明不周山位处西北，而武夷山在东南沿海的福建，两者相距甚远。将简文中的武夷和武夷山神联系在一起是十分牵强的。故夏德安说："武夷在《史记》中出现过，它在汉武帝时是与太一神联系在一起的。在福建北部有一座武夷山，司马贞（公元 8 世纪初）在其《史记集注》中确认这座山就是以《史记》中提到的武夷神而命名的……但我仍有点怀疑。武夷山在西汉或汉代文献中没有记载，而且，在唐代，武夷山是作为一座仙山来注解的，直到较晚的传说记载中，这座山名还与彭祖的两个儿子联系在一起……毫无疑问，直到唐代，在《史记》中所说武夷神和福建的这座武夷山之间本身都是一种假说。"⑤ 这种怀疑不无道理，至少唐以前的传世文献和出土的简帛资料都没有证据显示武夷就是武夷山神。

那么，楚简中的武夷到底是什么神，其具体神职又究竟如何？参考简帛

---

① 李春利：《〈清华大学藏战国竹简·祝辞〉研究》，《中国国家博物馆刊》2017 年第 5 期。
② ［晋］郭璞注，［清］毕沅校：《山海经》，上海古籍出版社，1989 年，第 24 页。
③ 同上，第 110 页。
④ ［宋］洪兴祖：《楚辞补注》，中华书局，1983 年，第 45 页。
⑤ 夏德安：《战国时代兵死者的祷辞》，中国社会科学院简帛研究中心编：《简帛研究译丛》（第 2 辑），湖南人民出版社，1998 年，第 35 页。

资料，结合传世文献，我们认为，武夷应即水神冯夷。其理由如下：

从音韵上看，武夷和水神冯夷是相通的。冯夷在传世文献中有几种写法：

《庄子·大宗师》："夫道，有情有信……日月得之，终古不息；堪坏得之，以袭昆仑；冯夷得之，以游大川……"①

《山海经·海内北经》："昆仑虚南所有氾林方三百里。从极之渊深三百仞，维冰夷恒都焉。"郭璞注："冰夷，冯夷也。《淮南》云：'冯夷得道，以潜大川。'即河伯也。"②

《穆天子传》："丙午，天子饮于河水之阿，天子属六师之人于鄗邦之南，渗泽之上……河伯无夷之所都居……"郭璞注："无夷，冯夷也。《山海经》云冰夷。"③

"冯夷""冰夷""无夷"是水神河伯名字的几种写法，而《穆天子传》中的"无夷"和《告武夷》《祝辞》中的"武夷""五夷"，"武""无"是鱼部明母字，"五"是鱼部疑母字④，本身在音韵上相通。从语音上看，"五夷""武夷"实则就是水神冯夷的名字。

"武夷""五夷"在神职和祭祀方法上和水神有十分明显的关联性。首先，从神职上看。在清华简《祝辞》中的五夷是人们在救火时求告的神。《祝辞》曰："救火，乃左执土以祝曰：'皋！诣五夷，屬厭冥冥，兹我赢。'"人们之所以在救火时向五夷求告正是因为他本身是一个水神。而杨宽认为鲧、共工、玄冥、冯夷神话不论是在各神所经历的事件、所居住的地理位置、拥有的能力以及他们的神名上都具有极大的相似性。他说："鲧、共工、玄冥、冯夷等皆殷人东夷河伯神话之分化。"⑤ 杨宽的观点非常有前瞻性，玄冥和冯夷实际上是同一个神，所以《左传·昭公二十九年》载"水正曰玄冥"杜预

① ［战国］庄子著，［晋］郭象注：《庄子》，上海古籍出版社，1989年，第39页。
② ［晋］郭璞注，［清］毕沅校：《山海经》，上海古籍出版社，1989年，第95页。
③ ［晋］郭璞注：《穆天子传》，上海古籍出版社1990年，第3页。
④ 唐作藩：《上古音手册》，中华书局，2013年，第164页。
⑤ 杨宽：《中国上古史导论》，吕思勉、童书业主编：《古史辨》（七），上海古籍出版社，1982年，第329—344页。

注："水阴而幽冥。"①《左传·昭公十八年》载："郑之未灾也，里析告子产曰：将有大祥……火作，子产辞晋公子、公孙于东门……郊人助祝史于国北，禳火于玄冥、回禄，祈于四鄘。"杜预注："北为阴，就大阴禳火也。玄冥，水神。回禄，火神。"孔颖达正义云："《月令》冬云'其神玄冥'，知玄冥水神也……祭水神欲令水抑火。"②清华简《祝辞》中救火求助五夷，而《左传》中郑国的祝史也在失火时向水神玄冥求助。

而且，玄冥和武夷又在所居地理位置上十分一致。《告武夷》中说武夷"居复山之基，不周之野"，而《淮南子》载："西北方曰不周之山，曰幽都之门。"高诱注云："幽，阖也；都，聚也；玄冥将始用事，阴顺而聚，故曰幽都之门。"③则玄冥和武夷所居的地点都在不周山附近。这种巧合当然不是偶然造成的，这恰恰印证了杨宽神话分化说的理论，武夷、五夷、玄冥、冯夷应该就是水神河伯的一神分化。

《告武夷》中武夷能够管理兵死者，也和他原本的神职及居住的位置有关。武夷所处的不周山，在《淮南子》中被称为"幽都之门"，幽都即幽暗所聚之处。《楚辞·招魂》又载："魂兮归来！君无上天些……魂兮归来！君无下此幽都些。土伯九约，其角觺觺些。"王逸注云："地下幽冥，故称幽都。"④从幽都招魂，证明幽都是亡灵的聚集之处。故杨宽说："'土伯'疑指河伯……此文'下此幽都'与'上天'为对文，则幽都为地下之冥国无疑。"⑤正因幽都是死者灵魂所聚之处，所以前引与玄冥有关的各种材料都在强调水神阴幽的特性，如"水阴而幽冥""北为阴，就大阴禳火也"。而清华简《祝辞》中的"诣五夷，屬昷冥冥"，一些解释认为这里的"屬昷冥冥"指起火后黑烟遮蔽，现在看有可能是对五夷所司之水或所处之地幽冥的形容。如此一来，住在此处的武夷自然有管理死者灵魂的能力。又《汉书》载："帝将惟田于灵之囿，开北垠，受不周之制，以终始颛顼、玄冥之统。"应劭曰：

① ［清］阮元：《十三经注疏》，中华书局，1980年，第2123页。
② 同上，第2085—2086页。
③ ［汉］刘安：《淮南子》，上海古籍出版社，1989年，第42页。
④ ［宋］洪兴祖：《楚辞补注》，中华书局，1983年，第201页。
⑤ 杨宽：《中国上古史导论》，吕思勉、童书业主编：《古史辨》（七），上海古籍出版社，1982年，第339页。

"颛顼、玄冥皆北方之神，主杀戮也。"① 水神本身管理整个幽冥国，再加上主杀戮，死于兵祸之人的灵魂正在他的管辖范围内。也是因为如此，马王堆《太一避兵图》中才出现武夷的名字。而《告武夷》"〔皋〕！敢告□繸之子武夷：尔居复山之基，不周之野。帝谓尔无事，命尔司兵死者。今日某将欲食，某敢告以其妻□妻汝，〔聂〕币、芳粮以量犊某于武夷之所：君昔受某之聂币、芳粮，思某来归食如故"② 描述的内容正是在招兵死者之魂，现在看来应该是死于兵祸的"某"，因为灵魂去往幽都，归武夷管束，其亲人为了唤其魂回来享受祭品，故向水神武夷求告。

从祭祀的方式分析也能找出武夷是水神的证据。《史记·封禅书》及《汉书·郊祀志》中都记有相同的对武夷君的祭祀方式。《史记·封禅书》载：

> 后人复有上书，言"古者天子常以春解祠，祠黄帝用一枭、破镜；冥羊用羊祠；马行用一青牡马；太一、泽山君地长用牛；武夷君用干鱼……"③

黄帝祭祀用的枭、破镜是传说中的恶兽，因黄帝绝之，所以被用以祭祀黄帝。其后的冥羊用羊祭祀，马行用牡马祭祀，武夷用干鱼祭祀，显然祭品和神之间应该存在联系，而武夷用干鱼祭祀正因为他是水神。传世文献在对水神的描述中也常常会出现鱼。例如：

> 《河伯》："鱼鳞屋兮龙堂，紫贝阙兮朱宫。灵何为兮水中？乘白鼋兮逐文鱼。与女游兮河之渚……"④
> 《仙人篇》："湘娥抚琴瑟，秦女吹笙竽。玉樽盈桂酒，河伯献神鱼……"⑤

① ［汉］班固：《汉书》，中华书局，1962年，第3544页。
② 湖北省文物考古研究所、北京大学中文系：《九店楚简》，中华书局，1999年，第50页。
③ ［汉］司马迁：《史记》，中华书局，1959年，第1386页。
④ ［宋］洪兴祖：《楚辞补注》，中华书局，1983年，第77—78页。
⑤ ［宋］郭茂倩编，聂世美、仓阳卿校：《乐府诗集》，上海古籍出版社，1998年，第704页。

综上所述，我们认为从神名的音韵、居住地理位置、神职以及祭祀方法上看，楚简帛中的"武夷""五夷"应即水神冯夷。

二、汉以降买地券、镇墓文中武夷神职的演变

结合前引《告武夷》《祝辞》及传世文献材料，先秦时期武夷的神职主要有两种。首先是司水，不论从传世文献还是出土文献记载看，司水都是武夷最主要的神职。其次则是主管死者灵魂。前文已述，这种职能的产生应该也与他司水的本职有密切联系，传世文献记载多次提到水性阴幽，又说他居于北方幽都，武夷主杀戮、司兵死者的能力很可能是从他司水本职上衍生而来。除楚简中出现武夷神名外，在汉代及以后的镇墓文、买地券等材料中武夷也多次出现，但其神职功能与先秦文献记载已经不完全一致。例如：

> 《熹平元年陈叔敬镇墓文》："熹平元年十二月四日甲申，为陈叔敬等立冢墓之根……告北冢公伯、地下二千石、仓林君、武夷王，生人上就阳，死人下归阴……"①
> 《元嘉十年徐副买地券》："宋元嘉十年太岁……天一地二……土墓上、墓下、墓左、墓右、墓中央五墓主者，丘丞墓伯，冢中二千石，左右墓侯……土中督邮，安都丞、武夷王，道上游逻将军……"②
> 《元嘉十九年妳女买地券》："……妳女始兴郡始兴县东乡新城里名村前……乡亭里邑，地下先人，蒿里父老，墓乡右秩，左右冢侯……地下丞二千石，安都丞，武夷王，买此冢地……"③
> 《永明三年刘觊买地券》："……墓上下左右，中央墓主，丘丞墓伯，冢中二千石，左右墓侯，五墓将军……安都丞，武夷王，蒿里父老……"④

在这些材料中，武夷的神职发生的主要变化如下：

---

① 黄景春：《早期买地券、镇墓文整理与研究》，华东师范大学博士学位论文，2004 年，第 152 页。
② 同上，第 220 页。
③ 同上，第 223 页。
④ 同上，第 227 页。

其一，对死者灵魂管理权力的缩减。清华简《祝辞》中我们还可以看见巫祝向武夷祝祷以求他灭火，但在汉代以后的镇墓文等材料中武夷不再以水神的角色出现，基本都是在强调武夷与亡灵间的关系。陈魏俊说："东汉后各代镇墓文、买地券时常提及武夷王。其职能之一是管理亡灵，监督他们及时归阴……这是武夷主管兵死者职能的扩大和延续。"[①] 事实上，据前引传世文献分析，武夷在先秦时期是整个地下冥国的掌控者，再加上又有主杀戮的记载，《告武夷》中兵死者本身就在其管理的范围内，但这并不意味着武夷在先秦时仅仅只管理兵死者。汉代及以后的镇墓文、买地券等只是延续着武夷司死的职能。而且，这种司死的权力不仅没有扩大，反而还减弱了。在上述材料中，武夷不再是地下世界的主导，而是与北冢公伯、地下二千石、仓林君、安都丞、左右墓侯、五墓将军等诸多神灵一起管理幽冥世界的灵魂。这代表武夷的司死权力在不断缩减。

在买地券、镇墓文中武夷虽然不再以水神角色出现，但水神可以管理死者灵魂的记载，却在其中得到了延续。有时买地券和镇墓文在制作时会有书以"水精"的说法，如《寿州石羊镇墓文》的记载"青石黄裹，书以水精，与相绝"。黄景春说：

> 石羊镇墓文"书以水精"，西岳神石镇墓文"青黑漆书之"。连劭名先生对前者的解释是："五行说中以北方为水，其色黑，故'水精'指黑色。……今按：《中庸》郑注：'水神则信。'利用黑色书录解除文是为了表示诚信之意。'……与石羊镇墓文中'书以水精'一样，都是为了表示诚信。"[②]

连劭名说"水精"是黑色的，此言甚确。但这可能不是为了表示诚信，或许还是与水神是地下幽冥国的管理者有关。《山海经·海内经》即载："北海之内，有山名曰幽都之山，黑水出焉，其上有玄鸟、玄蛇、玄豹、玄虎、

---

① 陈魏俊：《武夷神示考》，中国古文字研究会编：《古文字研究》（第30辑），中华书局，2014年，第588页。

② 黄景春：《早期买地券、镇墓文整理与研究》，华东师范大学博士学位论文，2004年，第259页。

玄狐蓬尾……有大幽之国。"① 水神所居的幽都从水到动物都是黑色，冥国的管理者尚黑，而镇墓文在制作时以"水精"书之，这正是与之相呼应的。也有一些买地券中提到河伯，例如：

> 《永宁二年大中大夫买地券》："永宁二年二月辛亥朔廿日庚午，扬州庐江郡枞阳县大中大夫……若问谁所书，是鱼；鱼所在，深水游；欲得者，河伯求。"②

书券人隐去自己的名字，只记求问于河伯，可能也是由于水神本身有管理亡者灵魂的职能之故。明清买地券中则常见"若有干犯，并令将军亭长，缚付河伯"的说明。例如：

> 《田应敖阳券文》："……丘丞墓伯，封步界畔。道路将军，齐整钱买。致使千秋百载，永无殃咎。若有干犯，并令山川神祇，缚付河伯……共为信契……"③
>
> 《刘俊昌为父刘嘉北、母穆氏买地券》："维大明万历四十七年……丘丞墓伯，谨守封界。道路将军，齐肃阡陌。若辄干犯诃禁，将军即行勒付河伯……"④
>
> 《顾楷仁为妣张太夫人买山券》："维大清康熙伍拾三年……丘丞墓伯，谨守封界。道路将军，齐肃阡陌。若有干犯诃禁，将军即付河伯……"⑤

河伯可以和其他神一起处理亡者的纠纷，说明司死是他的权力之一。总之，水神拥有管理亡者灵魂的能力在买地券、镇墓文的记载中得到传承。

其二，地主神神格的增加。先秦文献中，武夷的主要身份是水神和幽冥主管者，但在汉代以后的买地券中，其往往被视为地主之一，可以与亡者进

---

① ［晋］郭璞注，［清］毕沅校：《山海经》，上海古籍出版社，1989 年，第 119—120 页。
② 黄景春：《早期买地券、镇墓文整理与研究》，华东师范大学博士学位论文，2004 年，第 173 页。
③ 鲁西奇：《中国古代买地券研究》，厦门大学出版社，2014 年，第 617 页。
④ 同上，第 617—618 页。
⑤ 同上，第 624 页。

行阴间土地的买卖。例如：

> 《梁天监十五年熊薇买地券》："梁天监十五年太岁丙申十二月癸巳朔四日丙申，始安郡始安县都乡牛马王历里女民熊薇……从此始安县都乡牛马九㐤里域，地下先人、豪里父老、墓乡右秩、左右冢侯、丘丞墓、地下二千石、安都丞、武夷王，买此冢地……"①

> 《武周延载元年伍松超买地券》："维大周延载元年八月……故人伍松超，身谢天地，今葬金山乡塈……地下先人、蒿里父老、左右承、墓伯、地下二千石、安都丞、武夷王，买此冢地……"②

> 《戴十娘买地券》："□□康定元年岁庚辰十二月壬午朔……戴氏十娘，行年六十九岁……香魂迷而不返……得土名湖罡塘东牌丁向地一坟。其地东止甲乙青龙，南止丙丁朱雀……永与亡人作万年宅地……如有争占，分仓林君、武夷王诛斩……"③

从上述材料不难看出，相对于先秦时期的司水、司死，此时的武夷和许多阴间神灵一起承担了买地的地主神职能，增加了新神格。一些观点认为，武夷从唐宋至明清在阴间买地神的地位中不断提升，宋至元的买地神数量在减少，"明清买地券中武夷都是唯一买地之主，这与宋后武夷地位不断被拔高有关"④。这种说法是值得商榷的。参考鲁西奇《中国古代买地券研究》对唐宋至明清买地券的收录情况来看，宋元时期绝大部分的买地券中，武夷都是与其他阴间神灵一起担任卖地神角色，单独出现的次数很少，故鲁西奇说："从今见材料看，宋元时期……江南样式的买地券，一般言明卖地人为何人。其所记卖地人主要包括东王父（公）、西王母、皇天后土、黄天父、后土母、社稷、十二时神、开皇地主、张坚固、李定度、武夷王、虎牙将军、土符将

---

① 鲁西奇：《中国古代买地券研究》，厦门大学出版社，2014年，第128页。
② 同上，第184页。
③ 同上，第350页。
④ 陈魏俊：《武夷神示考》，中国古文字研究会编：《古文字研究》（第30辑），中华书局，2014年，第588—589页。

军、后土阴官等。"① 且明清的买地券中，武夷虽然仍然在买地神之列，但也并没有成为唯一的买地主，东王公、西王母、张坚固、李定度、岁月主等仍然时常和武夷共同担任这一神职②。可见武夷虽然增加了买地主的神格，但职权范围依旧是比较小的，需要与其他阴间神分享。

总的来说，先秦时期武夷的主要职能是司水和管理亡魂，这两种职能相辅相成，联系紧密。汉代直至明清，武夷主要出现在镇墓文及买地券中。武夷司水的职能逐渐剥离，管理亡魂的神职得到延续，且增添了买地主神格。然而汉代至明清的武夷虽然有主管亡魂和买卖阴间土地的权力，其地位相比先秦时期却在不断下降。在《告武夷》中武夷直接受命于上帝，而汉代及以后武夷却要与一众阴间小神共同管理亡魂，不论从神职范围还是能力上看，武夷都逐渐从天神降格到阴间小神的位置上。

三　从楚简武夷娶妻看河伯娶妇神话之传播

前引九店楚简《告武夷》中有以"某"之妻嫁与武夷的记载，实际上是对楚地所流传的河伯娶妇神话的记录。楚简所记河伯娶妇神话与传世文献所载并不完全一致。结合这些材料，我们可以对河伯娶妇神话的传播情况产生新的认识。

河伯娶妇神话在我国古代有比较广泛的流传，关于这则神话的起源有很多种讨论。以姚孝遂等为代表的学者认为河伯娶妇神话可以追溯到商代甲骨文刻辞中的用女奴祭河③。但我们知道殷商时代的祭祀活动频繁，使用人牲也非常普遍，据胡厚宣统计数量达到数万人④，用女奴祭河是不是一定就是河伯

---

① 《中国古代买地券研究》第495—496页，亦可参看《中国古代买地券研究》第497页表4—2。宋元时期武夷单独作为卖地神的次数仅《叶丰叔买地券》一次，其余均是与其他阴间众神合任卖地神。而卖地神的数量一直并不稳定，没有明显地由多变少。

② 具体可参《中国古代买地券研究》第五章580—627页"明代买地券""清代买地券"中对两代买地券的收集。

③ 参见姚孝遂：《论甲骨刻辞文学》，《吉林大学社会科学学报》1963年第2期。他认为甲骨文中的"其燎于河，沈𡱁""乎妇奏于河宅""河女一人"都与河伯娶妇有关。他说："以上所引甲骨刻辞中的'沈𡱁'应相当于《史记·滑稽列传》中所说的把民家女子'共粉饰之如嫁女，床席，令女居其上，浮之河中'……在'浮之河中'的时候，不一定像后世有那么多的繁文缛节罢了。至于其同属'为河伯娶妇'则是一致的。"

④ 胡厚宣、胡振宇：《殷商史》，上海人民出版社，2003年，第166页。

娶妇神话的起源还是值得商榷的。而一般认为，传世文献中最明确的河伯娶妇神话见于《史记·滑稽列传》：

> 魏文侯时，西门豹为邺令。豹往到邺，会长老，问之民所疾苦。长老曰："苦为河伯娶妇，以故贫。"豹问其故，对曰："邺三老、廷掾常岁赋敛百姓，收取其钱得数百万，用其二三十万为河伯娶妇，与祝巫共分其余钱持归。当其时，巫行视小家女好者，云是当为河伯妇，即聘取。洗沐之，为治新缯绮縠衣……为具牛酒饭食，（行）十余日。共粉饰之，如嫁女床席，令女居其上，浮之河中。始浮，行数十里乃没。……民人俗语曰'即不为河伯娶妇，水来漂没，溺其人民'云。"①

又《六国年表》载秦灵公八年（公元前417年）："城堑河濒。初以君主妻河。"司马贞《索引》曰："谓初以次年取他女为君主，君主犹公主也。妻河，谓嫁之河伯，故魏俗犹为河伯娶妇，盖其遗风。"②

魏文侯和秦灵公时期的神话属于战国前期的河伯娶妇神话，而楚简《告武夷》载："〔皋〕！敢告□繏之子武夷：尔居复山之基，不周之野。帝谓尔无事，命尔司兵死者。今某将欲食，某敢告以其妻□妻汝，〔聂〕币、芳粮以量犊某于武夷之所：君昔受某之聂币、芳粮，思某来归食如故。"③

前文已经证明，武夷即是河伯冯夷。故简文的"某敢以其妻□妻汝"正是说将"某"之妻嫁给河伯，实际上就与河伯娶妇的神话有关。《告武夷》出自江陵九店56号墓，根据《九店楚简》中的判断，56号墓"属战国晚期早段"④。

河伯娶妇神话的传播不只局限于战国时期，从汉代到魏晋南北朝时都还广为流传。例如：

> 《易林》："河伯娶妇，东山氏女。新婚三日，浮云洒雨。露我菅茅，

---

① ［汉］司马迁：《史记》，中华书局，1959年，第3211页。
② 同上，第705页。
③ 湖北省文物考古研究所、北京大学中文系：《九店楚简》，中华书局，1999年，第50页。
④ 同上，第2页。

万家之祐。"①

《搜神记》："胡毋班,字季友,泰山人也。曾至泰山之侧,忽于树间逢一绛衣驺呼班云:'泰山府君召。'班惊愕,逡巡未答。复有一驺出,呼之。遂随行数十步,驺请班暂瞑,少顷,便见宫室,威仪甚严。班乃入阁拜谒,主为设食,语班曰:'欲见君,无他,欲附书与女婿耳。'班问:'女郎何在?'曰:'女为河伯妇。'班曰:'辄当奉书,不知缘何得达?'答曰:'今适河中流,便扣舟呼青衣,当自有取书者。'班乃辞出。昔驺复令闭目,有顷,忽如故道……"②

《述异记》："河间郡有圣姑祠,姑姓郝字女君。魏青龙二年四月十日,与邻女樵采于滱深二水处。忽有数妇人从水而出,若今之青衣,至女君前曰:'东海使聘为妇,故遣相迎。'因敷茵于水上,请女君于上坐,青衣者侍侧,顺流而下。其家大小奔到岸侧,惟泣望而已。女君怡然曰:'今幸得为水仙,愿勿忧忆。'语讫,风起而没于水中。乡人因为立祠。又置东海公像于圣姑侧,呼为姑夫。"③

《易林》的作者焦延寿是西汉睢阳人,这至少说明西汉的河南地区是有河伯娶妇神话流传的。而《搜神记》《述异记》中的两则故事,一则发生在泰山,另一则发生在河间郡。结合这些材料,我们不难发现从战国直到魏晋南北朝时期,河伯娶妇神话在魏、秦、楚等多地均有流传。各个时期不同地域关于河伯娶妇的记录,实则表现出河伯娶妇神话的传播情况。以上几则材料,内容虽均是对河伯娶妇的记载,但娶妇的细节上各有同异,具体有两个细节差异比较大,详见下表。

如下表所述,六则河伯娶妇神话中,在对所娶之妇的身份及娶妇的缘由上有比较明显的差异。首先,我们来看河伯所娶女子的身份。根据材料,河伯所娶之妇主要有两种身份,一类是已婚妇女,另一类是未婚女子。《告武夷》中嫁给河伯武夷的女子,本身是文中所记"某"的妻子,也是将已婚的妇女嫁与河伯。《述异记》中的郝女君,在她沉入水中前有"其家大小奔到岸

---

① [汉]焦延寿:《焦氏易林》卷三,《四库》本,第54页。
② [晋]干宝:《搜神记》,商务印书馆,1957年,第27—28页。
③ [梁]任昉:《述异记》,中华书局,1991年,第29—30页。

侧，惟泣望而已"，文中说"其家大小"，则似乎这里的郝女君也是已婚的女子。而《史记·滑稽列传》《易林》《搜神记》中嫁与河伯的女子，从描述看都是未婚女子。提到河伯娶妇，一般认为其所娶之妇都是未婚女子，但根据前引各代材料的记述，实则其所娶女子的身份存在截然相反的两种情况。古代"国之大事，在祀与戎"，为河伯娶妇实际就是在向河伯献祭。基于古代对祭祀的重视，享祀的祭品一般都非常讲究，向河伯献祭的女子如果身份不同，必定另有原因。

出处	所娶之妇的身份	娶妇的缘由	所属地域
《史记·滑稽列传》	当其时，巫行视小家女好者，云是当为河伯妇	即不为河伯娶妇，水来漂没，溺其人民	战国 魏地
《六国年表》	初以君主妻河（索引："谓初以次年取他女为君主。"）	城堑河濒	战国 秦地
《告武夷》	某敢告以其妻□妻汝	招魂归食	战国 楚地
《易林》	东山氏女	浮云洒雨。露我营茅，万家之祐	西汉 河南
《搜神记》	泰山府君女	未载	东晋 山东
《述异记》	河间郡郝女君（其家大小奔到岸侧）	未载	南朝 河间

首先，我们认为，所娶女子身份的不同说明河伯娶妇神话母本至少产生了两种分化。楚地的记录是将已婚女子嫁与河伯，其与《滑稽列传》及后世《易林》《搜神记》所记将未婚之女嫁与河伯有明显的区别，则河伯娶妇神话在不同地域的流传中出现了明显分化。《滑稽列传》《易林》等所流传的河伯神话具有十分明显的同源性。魏国国都曾迁至大梁，即今河南开封，而西汉载有河伯娶妇神话的《易林》作者焦延寿，是河南睢阳即今商丘地区之人。两地相邻，战国时期魏国的河伯娶妇神话可能在周边流传，并被保留了下来，两地河伯神话出于同源的可能性很大，故《滑稽列传》与《易林》所载的河伯娶妇在细节上十分相似。

其次，我们来看为河伯娶妇的缘由。上述几则材料中河伯娶妇的缘由大致可以归为两类。第一类为平水患或求雨，将平水患和求雨归为一类是因为他们都出于河伯司水的本职，《史记·滑稽列传》《易林》《六国年表》所记即是如此。《搜神记》《述异记》中虽然没有明言河伯娶妇的缘由，但从文中的叙述来看多描述河伯与水的关系，似更偏向第一种类型。第二类是为了招亡魂归来享祀，即如《告武夷》所记。我们可以看出，在河伯娶妇神话中，对于娶妇缘由的记载呈现出比较明显的区别，只有楚地是出于招魂归祀目的为河伯娶妻，其他地区都比较统一。前文已经提到《楚辞》中确有河伯管理亡魂的记录，但出于招魂目的为河伯娶妻仅《告武夷》一见。楚地重视祭祀，不会凭空生出为招魂以已婚之妇妻与河伯的祭祀方式，这其中必有原因。我们认为这可能是因为在楚国的神话系统中本身河伯兼有司死的神职，而战国前期，河伯娶妇的神话已经产生，楚地本有流传。人们在祭祀时，出于自身需要，将流传的河伯娶妇神话和楚地所记的河伯司死神话结合了起来。

综上所述，清华简、九店楚简中的"武夷""五夷"就是水神冯夷。武夷的主要职能是司水和管理亡魂，在后世镇墓文及买地券中其管理亡魂的神职得到延续。九店楚简《告武夷》与河伯娶妇神话有关，能够体现河伯娶妇神话母本的分化与传播情况。

A new exploration of the myth of Wu Yi in unearthed documents

Tan Mei

Abstract：There is a god named Wu Yi mentioned in Tsinghua bamboo slips, Jiudian bamboo slips, and Mawangdui silk books. In the past, many opinions believed that he was associated with the Wuyi Mountain God. However, based on ancient documents and unearthed materials, as well as the phonology of the name Wu Yi and his function and sacrificial methods, we believe that he may actually be the water god Ping Yi. Wu Yi was not only mentioned in bamboo and silk texts, but also in tomb inscriptions from the Han Dynasty. The functions of Wu Yi have changed in documents of different periods. The main function of Wu Yi in the Chu bamboo slips was to control water and manage the dead souls. In the texts of land purchase certificates and tomb inscriptions after the Han Dynasty, the function of controlling water was separated from Wu Yi, while the function of managing the dead continued. Gradually, Wu Yi became known as the god of landlord. In Jiudian bamboo slips, a man's wife was married to Wu Yi which may be related to the myth of Hebo marrying a woman that was spread in Chu. By comparing this myth with ancient documents, it can be observed that there are at least two different versions of the myth.

Key words: Wu Yi; Ping Yi; the myths of Hebo

苍颉、沮诵神话与殷墟文字的起源

——兼说武丁之前的卜辞问题

枣庄广播电视台　　王　宁①

摘　要　古代神话传说中的文字创造者苍颉和沮诵实即商王盘庚旬和小辛颂。中国文字的源头是殷墟甲骨文，而殷墟文字乃创始于盘庚、小辛，成熟并广泛应用于武丁时期。在占卜后的甲骨上刻署卜辞乃自武丁始，武丁以前的甲骨卜辞和盘庚以前的文字（汉字）是不存在的。

关键词　苍颉；沮诵；盘庚旬；小辛颂；殷墟文字

凡研究中国文明的起源者，无不要涉及文字的起源问题。就目前所知，我国最早的系统、成熟的文字是殷墟的甲骨文，而且都是武丁及其以后的东西。虽然有许多学者在努力寻找武丁以前的卜辞，甚至在寻找"夏朝的文字"，但是至今仍没有明确的结果。

我国古有苍颉、沮诵造文字、书契的传说，今人多以神话视之，不以其为真实。但笔者认为，此传说中实隐含着我国文字起源的历史真相，尤其与

---

①　王宁，枣庄广播电视台高级编辑，从事上古史、神话传说、古籍整理、出土文献和古文字研究。

殷墟甲骨文的产生大有关系。仔细予以考察，对解释中国文字的起源特别是殷墟文字的起源是大有帮助的，而且对探究武丁以前的卜辞问题可以提供一个理论上的参考。

一

中国文字起源于何时，学界多有争论。有学者把一些原始遗址（如半坡、姜寨仰韶文化遗址和大汶口、龙山文化遗址）出土的陶器上刻画的一些符号称为原始的文字，实际上这是混淆了符号与文字这两种性质相通而又有很大不同的事物。文字属于符号，但是符号不等于文字。李先登先生认为：

> 符号的性质是记事，它记录的是一件件具体的事情。符号尚未与语言结合，并不代表语言中的一个个具体的词，没有固定的读音与词义。符号使用的范围很狭小，并不是社会交际的工具。别人从其形式看，是不能了解其意义的，只有符号使用者本人才能明了其意义。况且同一种符号可以代表内容不相同的事物。而文字则是语言的物质外壳，有固定的形、音、义，是全社会使用的交际工具。文字的产生需要一定的社会条件。某些文字的形体虽然吸收、借鉴了某些符号的形体，但二者有着本质的区别，不容混淆①。

裴锡圭先生在论述这个问题时，把文字的定义分为"狭义派"和"广义派"：

> 在文字定义问题上，语言文字学者分狭义和广义两派。狭义派认为文字是记录语言的符号。广义派大致认为，人们用来传递信息的、表示一定意义的图画和符号，都可以称为文字。我们觉得这种分歧只是使用术语的不同，很难说这里面有什么绝对的是非。我们是狭义派，因为在

———————————

① 李先登：《关于中国古代文明起源的若干问题》，《天津师大学报》1988 年第 2 期。

传统的汉语文献里，历来是用"文字"这个词称呼记录语言的符号的①。

裘先生在文字的定义上采用"狭义派"，这是很正确的看法，因为文字就是记录语言的符号，虽然凡是符号都具有一定的表意作用，但是并非所有的符号都可以用来记录语言，不能用来记录语言的符号都不得称为文字。"广义派"就是混淆了符号与文字的概念，是非常不可取的。那些发现的原始陶器上的符号，一是数量少，二是都是单个出现在陶器上的，显然它不具备记录语言的功能，所以，那些原始符号虽然可能表示一定的含义，但都不能称为文字。也有人认为这些符号是中国文字的滥觞，实际上并非如此。姜可瑜先生认为：

> 根据现有的材料，可以确知，距今约 3500 年的殷墟甲骨文，已是达到相当成熟阶段的文字群……大多数学者认为，这至少需要几千年的演进；也有的认为，这需要 8000 年到 10000 年的时间。……我们粗略地检阅了从仰韶文化直到商代后期文化即殷墟文化相连接的这期间的许多环节之后，可以得出一个初步的结论，那就是：除了找到一些零星的、幼稚的、简单的、原始的刻划符号或"文字"外，根本找不着可与洋洋大观的殷墟文字相比次的链条！我认为：实际上并不存在着这个链条②。

所以，那些原始符号与殷墟文字并无直接的渊源，真正的文字仍然要从商代甲骨文算起。甲骨文是成熟的文字，而且都是盘庚以后即殷墟时期的东西，我们现在使用的汉字就是由殷墟甲骨文演变而来的，源流十分明晰，故殷墟甲骨文才是中国文字（汉字）的真正源头。

二

我国古有苍颉、沮诵造文字书契之神话传说，其中隐含了文字起源的历

---

① 裘锡圭：《文字学概要》，商务印书馆，1988 年，第 1 页。
② 姜可瑜：《殷墟文字形成假说》，《文史哲》1992 年第 2 期。

史真相，颇值得一说。今择先秦两汉之要者录于下，汉代以后者不录：

《鹖冠子·近迭》："苍颉作法，书从甲子，成史李官，苍颉不道，然非苍颉文墨不起。"又《王铁》："不待士史苍颉作书，故后世莫能云其咎。"

《慎子》（佚文）："苍颉在庖牺之前。"

《荀子·解蔽》："故好书者众矣，而苍颉独传者，壹也。"

《吕氏春秋·审分览·君守》："苍颉作书。"

《世本·作篇》："沮诵、苍颉作书。"宋衷注："苍颉、沮诵，黄帝史官。黄帝之世始立史官，苍颉、沮诵居其职矣。"又曰："苍颉造文字。"宋衷注云："苍颉，黄帝之史。"

《韩非子·五蠹》："昔者苍颉之作书也，自环者谓之私，背私谓之公。"

《苍颉篇》："苍颉作书，以教后嗣。"

《淮南子·本经训》："昔者苍颉作书而天雨粟，鬼夜哭。"又《泰族训》："苍颉之初作书，以辩治百官，领理万事，愚者得以不忘，智者得以志远；至其衰也，为奸刻伪书，以解有罪，以杀不辜。"

《论衡·感虚》："传书言：'仓颉作书，天雨粟，鬼夜哭。'此言文章兴而乱渐见，故其妖变致天雨粟、鬼夜哭也。"又《讥日》："又学书讳丙日，云'仓颉以丙日死'也。"

《说文解字·叙》："黄帝史官仓颉，见鸟兽蹄迒之迹，知分理之可相别异也，初造书契。"

《春秋演孔图》曰："苍颉四目，是谓并明。"

《春秋元命苞》："仓帝史皇氏，名颉姓侯刚。龙颜侈哆，四目灵光。实有睿德，生而能书。及受河图绿字，于是穷天地之变化。仰观奎星圆曲之势，俯察龟文鸟羽山川，指掌而创文字，天为雨粟，鬼为夜哭，龙乃潜藏。治百有一十载，都于阳武，终葬衙之利乡亭。"

《河图玉版》："仓颉为帝，南巡狩，登阳虚之山，临于玄扈洛汭之水，灵龟负书，丹甲青文，以授帝。"①

由这些引文可知，关于沮诵、苍颉作书之事的传说显然先秦已有之，而且影响颇大。"苍颉"或书作"仓颉"，"苍""仓"音同可通。对于创制文字的人，说是苍颉的最多，而沮诵除了《世本》中有记载外，别的书中几无提及。至于苍颉所处的年代，古人也搞得十分糊涂，唐代孔颖达在《尚书序》正义中有一段论述说：

> 其苍颉则说者不同，故《世本》云"苍颉作书"，司马迁、班固、韦诞、宋忠、傅玄皆云"苍颉，黄帝之史官也"。崔瑗、曹植、蔡邕、索靖皆直云"古之王也"。徐整云"在神农、黄帝之间"，谯周云"在炎帝之世"，卫氏云"当在庖牺苍帝之世"，慎到云"在庖牺之前"，张揖云"苍颉为帝王，生于禅通之纪。"……如揖此言，则苍颉在获麟前二十七万六千余年，是说苍颉其年代莫能有定，亦不可以难孔也②。

可见对于苍颉的身份和年代说法纷纭歧异，没有定准。说沮诵、苍颉二人为黄帝之史官的说法也不可信。此说是汉代的观点，而《世本》本文中并无此语，亦无前说可资参证，故此实为宋衷之臆断。实际上，黄帝就是上帝，袁珂先生云：

> 黄帝：亦作"皇帝"。皇帝者，皇天上帝之谓。《庄子·齐物论》："是皇帝之所听荧也。"陆德明释文："皇帝，本又作黄帝。"《吕氏春秋·贵公》："丑不若黄帝。"毕沅校曰："黄帝刘本（明刘如宠本）作皇帝，黄、皇古通用。"③

"上帝"一词在殷墟卜辞中即已有之（如《合集》10166、24979、30388

---

① 上引《春秋演孔图》《春秋元命苞》《河图玉版》之文见［日］安居香山、中村璋八：《纬书集成》，河北人民出版社，1994年，第574页、第590页、第1146页。

② ［唐］孔颖达：《尚书正义》，［清］阮元校刻：《十三经注疏》本，中华书局，1980年，第113页。

③ 袁珂编：《中国神话大词典》，四川辞书出版社，1998年，第496页。

等），周人因其名，又加赞美语而曰"有皇上帝"（《诗经·小雅·正月》）、"皇皇上帝"（《逸周书·祭公》）、"皇天上帝"（《尚书·召诰》），简称之则曰"皇帝"，又以"皇""黄"音同可通而写作"黄啻（帝）"（陈侯因齐敦，《集成》4649）。战国时五行学说兴起，以五行五色配五方帝，就以"黄帝"为中央土德之帝。由于此说影响巨大，"黄帝"的写法才这样确定下来。究其本源，"黄帝"实来自殷人之"上帝"之名。关于殷人卜辞中之上帝，郭沫若先生云：

> （卜辞）神话中之最高人物迄于夋，夋即帝喾，亦即帝舜，亦即帝俊。帝俊在《山海经》中即天帝，卜辞之夋亦当如是。旧说视帝喾、帝舜为二，且均视为人王，乃周末学者之误会。舜、喾以前，伏羲、神农之属，可无论矣①。

郭说可谓破开了一个千古纠结不清的重大谜团。更为难能可贵的是，他在《释支干》一文中又根据星象指出高祖夋（帝喾）是狮子座之神，"轩辕"之名也是来源于巴比伦的狮子座之名 Šarru②。其说虽未必正确，但是他指出了黄帝轩辕与高祖夋（帝喾、帝舜、帝俊）当为一人的可能性，这也是卓识。由此可知"黄帝"不过是高祖夋（俊、喾、舜）的尊号，乃商民族之上帝，其存在与否尚属疑问，其有史官之说更难以凭信，不过是汉人妄唱之、后人妄和之而已。至于慎到所说"苍颉在伏羲之前"、张揖说苍颉在禅通之纪云云，尤属无稽。

三

那么，苍颉、沮诵是何许人？陈梦家先生认为仓（苍）颉即商人的始祖契，并考证云：

---

① 郭沫若：《卜辞通纂》，《郭沫若全集》考古编第二卷，科学出版社，1983 年，第 362 页。

② 郭沫若：《释支干》，《郭沫若全集》考古编第一卷《甲骨文字研究》，科学出版社，1982 年，第 255—259 页。

考《郑语》"商契能和合五教，以保于百姓者也"，商契连称，其音转而为仓颉，古音契、颉极近，而《尔雅·释鸟》"仓庚，商庚"，《夏小正》"二月有鸣仓庚。仓庚者，商庚也"。《水经》："洛水出京兆上洛县讙举山"，注云："《河图玉版》曰'仓颉为帝，南巡，登阳虚之山，临于玄扈洛汭之水，灵龟负书，丹甲青文以授之'。即此水也。"案上洛乃契之封地，而契为契刻字，古之书契皆刻于龟甲，故造字之仓颉之神话，托于契，托于契之封地，并托于龟甲也①。

谭世宝先生也曾经对苍颉做过考证，他认为：

苍颉文字不是原始社会漫长而分散的符号创作的累积，而是一个或几个天才人物为殷朝政治需要而独创的一个文字系统；苍颉文字就是殷商文字，故也就是汉字的始祖。我们考证"苍颉"为殷始祖契的别名②。

陈、谭两先生的看法是非常具有启发性的，但是认为"苍颉"是"商契"笔者觉得还是不对头，这实际上涉及殷墟文字起源的问题，殷墟文字并非产生于商朝初年。对于这个问题，笔者认为姜可瑜先生的一段话很能给人以启发：

汉字的产生不是等距离地、比肩式地、稳步渐进地运动的过程，而是在一个短时期内急遽地、大量地产生出来的。这个时期就是殷墟时期，亦即商代后期。③

事实也正是如此。前面已经说过，今所见的殷墟卜辞都是盘庚以后的东西，在盘庚以前，没发现可信的带文字的器物，殷商文字的确是在殷墟时期突然爆发式出现的。那么，苍颉、沮诵之千古谜团亦豁然得解：苍颉即盘庚

---

① 陈梦家：《商代的神话与巫术》，《燕京学报》第二十期（十周年纪念专号），燕京大学，1936年，第490—491页。

② 谭世宝：《苍颉造字传说的源流考辨及其真相推测》，《文史哲》2006年第6期。

③ 姜可瑜：《殷墟文字形成假说》，《文史哲》1992年第2期。

旬，沮诵即小辛颂。据《古本竹书纪年》记载：

> 盘庚自奄迁于北蒙，曰殷墟。
> 小辛颂即位，居殷。①

盘庚名"旬"，小辛名"颂"。又《史记·殷本纪》记载：

> 帝阳甲崩，弟盘庚立，是为帝盘庚。帝盘庚崩，弟小辛立，是为帝
> 小辛。帝小辛崩，弟小乙立，是为帝小乙。帝小乙崩，子帝武丁立。

在武丁之前，从阳甲到小乙，是兄弟四人先后"兄终弟及"为王，这在殷商历史上绝无仅有，同时也说明兄弟四人在位的时间都不长。最值得注意的是，殷商文字是在武丁时期被广泛应用开来的，说明武丁时期文字已经比较成熟，那么它必定有个创制、完善的时期；同时，在盘庚迁殷前的商代器物上，迄今没发现铭文，凡是带铭文的，都是殷商末期的器物。由此可以推断，文字很可能就是创制于盘庚迁殷之后，也就是盘庚、小辛时期。

笔者认为，"苍颉"当是"商旬"二字之音变，"苍""商"二字古音邻纽双声、同阳部叠韵，音近而假。陈梦家先生已经举出《尔雅·释鸟》"仓庚，商庚"的例子，"仓庚"在《吕氏春秋·仲春纪》《淮南子·时则训》中并作"苍庚"，在《方言》八中作"鸧鹒"，其一名商庚，实乃"仓""苍"与"商"音近而转之故。"鸧"古与"玱""鎗""锵"等字通假②，这些字古音都是清纽阳部字，"商"是书纽阳部字，书纽、清纽是舌齿音邻纽相转，在中古音中也都是开口呼三等字，读音相近。

"旬"在《广韵·上平声·谆韵》里注音详遵切，推拟古音是邪纽真部字；但是在古书中每见"旬""均"通假的例子③，故《集韵·平声二·谆韵》云："均、旬、匀（规伦切）：《说文》：'平遍也。'《周礼》作旬，或作

---

① 方诗铭、王修龄：《古本竹书纪年辑证》，上海古籍出版社，1981年，第29页、第32页。
② 高亨纂著，董治安整理：《古字通假会典》，齐鲁书社，1989年，第305页。
③ 《古字通假会典》，第79页"均与旬"条。

匀，通作钧。"段玉裁于《说文》"均"下注云："古多叚旬为均，亦叚钧为均。"① 是"旬"亦读规伦切，古音是见纽真部字，则"颉""旬"是匣见旁纽双声、质真对转叠韵，声亦甚相近。盖盘庚名旬，故其亦可称"商旬"，犹大乙名汤可称之为"商汤"，帝辛名受（纣）而可称之为"商受（纣）"之类。"商旬"由于口头流传，至战国时期，已经多次音转讹变，乃成为"苍颉"矣。

其另一证为《春秋元命苞》所言苍颉姓"侯冈"，姓氏之说乃后人附会不可信，而"侯冈"则颇有可说者，其分明是"后庚"之音变。"后""侯"都是匣纽侯部字，"庚""冈"都是见纽阳部字，古音相同。盘庚在武丁时期的卜辞中称"父庚"，在祖丁时期的卜辞中称"且（祖）庚"，可知盘庚亦可单称为"庚"，以其曾为商王，故称之曰"后庚"或"侯庚"。《尔雅·释诂》载："皇、王、后、侯，君也。""王""后""侯"三者同为"君"义，音变则为"侯冈"，那么《河图玉版》中"苍颉为帝"的说法当属可信。这些说法见于纬书，可见纬书有些内容也是有古史料作为依据的，并非尽为虚言。唯苍颉又称"史皇氏"则属于误传，《世本·作篇》既言"沮诵、苍颉作书"，又言"史皇作图"，一作书一作图，二者非一事，故张澍云："然《路史》引《世本》云：'史皇、苍颉同阶'，是史皇非即苍颉也。"② 他的看法是正确的。

既知苍颉即盘庚，那么《论衡·讥日》里言"又学书讳丙日，云'仓颉以丙日死'也"之语亦可理解，此必古之方术家据古传所推演。盖其古传中有苍颉名"庚"之说，五行中十干之庚属金，丙属火，丙日火旺克金则金死，故有苍颉以丙日死之说。

沮诵当作祖诵，即盘庚之弟小辛颂，乃继盘庚而王者。小辛在祖庚以后的卜辞中称为"二且（祖）辛"，可知商人亦称之为"祖"，故又可曰"祖颂"。"祖""沮"古音同属精纽鱼部，双声叠韵，音近可通假，如《大戴礼记·帝系》载"季连产付祖氏"，《史记·楚世家》中"付祖"作"附沮"，是其证。"诵""颂"古音同而通用，如《诗·大雅·崧高》《烝民》称"吉

---

①　[清]段玉裁：《说文解字注》，上海古籍出版社，1981 年，第 683 页。
②　[清]张澍粹集补注：《世本》，《世本八种》本，商务印书馆，1957 年，第 12 页。

甫作诵"，"诵"在《广韵·去声·用韵》《文选·曹子建〈与吴季重书〉》李善注中引并作"颂"，亦是其证。故"沮诵"即"祖颂"，亦即商王小辛颂。古代典籍言创制文字者多盛言苍颉而少言沮诵，唯有《世本》保存了这一古老的资料，是十分宝贵的。

另一个旁证是《河图玉版》中所说的"仓颉为帝，南巡守，登阳虚之山，临于玄扈洛汭之水，灵龟负书，丹甲青文以授帝"。从北魏郦道元《水经注·洛水》开始，认为玄扈洛汭之水在陕西省雒南县西，古属上洛，陈梦家先生认为那里是契的封地，但此说却并无历史根据。实际上，《河图玉版》的说法是取自《山海经》，看看《山海经》本文的记载就知道全不是那么回事。《中次五经》云：

> 又东十里，曰良余之山，其上多榖、柞，无石。余水出于其阴，而北流注于河；乳水出于其阳，而东南流注于洛。
> 又东南十里，曰蛊尾之山，多砺石、赤铜。龙余之水出焉，而东南流注于洛。
> 又东北二十里，曰升山，其木多榖、柞、棘，其草多薯蓣、蕙，多寇脱。黄酸之水出焉，而北流注于河，其中多琔玉。
> 又东十二里，曰阳虚之山，多金，临于玄扈之水。

这样综合一看就会知道，良余之山、蛊尾之山位于河、洛之间的位置，在河之南、洛之西北，故其所出之水或北流注河，或东南流注洛。由蛊尾之山向东到阳虚之山仅 32 里，都是在黄河以南，而且靠近洛水，也就是阳虚之山在黄河之南且距离河、洛交界处不远，山在玄扈之水旁，此水大概也是注洛的，所以称"玄扈洛汭之水"。这个位置绝不可能跑到陕西去，大概就在今天河南的巩义到荥阳一带，苍颉到此是"南巡狩"。而盘庚之都邑殷在河南安阳，阳虚山正在其西南，此处也正在殷墟卜辞记载的商王田游的范围之内，卜辞中每见王"涉河"的记载（如《合集》5225、5226、5684 等），盘庚南巡狩可到阳虚之山自是合情合理。

《春秋元命苞》说苍颉"都于阳武，终葬衙之利乡亭"，阳武在今天河南新乡市原阳县，在黄河之北，北距淇县（朝歌）、安阳（殷墟）不远，都属于殷商的领地；但说他"葬衙之利乡亭"恐怕并不准确，"衙"就是衙县，在今陕西省白水县彭衙村，古帝王死后都是葬在王都附近，苍颉都于阳武，死后怎么可能跑到陕西去下葬呢？这一点甚不合情理，但《皇览·冢墓记》采用了这个说法："苍颉冢在冯翊衙县利阳亭南道旁，坟高六尺，学书者皆往上姓名、投刺，祀之不绝。"这恐怕是民间异传。

既知苍颉即商旬即盘庚，沮诵即祖颂即小辛，可知苍颉、沮诵创制文字书契之说确系商人之古传，乃实有其事，并非后人所妄造。由此也可以推断，商人的文字实肇始自盘庚与小辛兄弟时期，在此之前无有也。

四

迄今还没有发现武丁以前的甲骨卜辞。陈炜湛先生说：

> 至于甲骨文所含时代的上限，目前一般认为是在武丁之世。有些学者认为有一部分卜辞是武丁以前即盘庚、小辛、小乙之世的，但还缺乏充分的证据，未能论定[1]。

李学勤、彭裕商两位先生指出：

> 就目前所知，全部殷墟出土的甲骨文字，凡是能确切判定年代的，都以武丁时期为最早。迄今为止，还未找出确切属于武丁以前的甲骨刻辞[2]。

寻找武丁以前的甲骨刻辞，是目前卜辞研究界在一直追寻探讨的重要课题，而笔者认为盘庚到小乙时期的卜辞恐难发现。因为文字既肇始于盘庚、小辛，而据《太平御览》卷八十三引《史记》（非司马迁书），盘庚在位18年，小辛在位21年，小乙在位20年，三王在位的年数共为59年，这段时间

---

[1] 陈炜湛：《甲骨文简论》，上海古籍出版社，1987年，第162页。
[2] 李学勤、彭裕商：《殷墟甲骨分期研究》，上海古籍出版社，1996年，第328页。

正是殷墟文字由产生到成熟定型的过渡阶段。这时文字并没有被广泛应用，仅可能在王室贵族和巫史之间小范围内使用，或许偶然有个别文字用于器物上作为族徽或标志，却没有用来刻署甲骨卜辞。

　　真正将文字广泛使用并用来在占卜后的甲骨上刻署卜辞的，当是肇始于武丁；在器物上刻署成篇的铭文，则更在武丁以后了。看看武丁时期的甲骨文字，其中有些字的写法还不止一种，盖其时文字系统创造已经基本完成，但有些字仍尚未完全定型，而且一直在不断变化、完善之中。因此，目前即使发现了武丁以前的卜甲和卜骨，上面也不可能有卜辞，因为武丁以前尚无此行为，盘庚以前自是不可能有，至于"夏朝的文字"就更可毋论了。

　　总之，苍颉、沮诵创制文字的神话传说的确是殷商以来的古传，它包含了汉字起源的历史真相。苍颉即商旬即盘庚旬，沮诵即祖颂即小辛颂，殷商文字是创制于此二王时期，均在盘庚迁殷之后。此二千多年来的谜团一旦解破，则为我国文字（汉字）产生于殷墟时期之说提供了一个有力的佐证。如果按此线索做深入的考察研究，我国文字的起源问题庶几可得解决。

The myth of Cangjie and Jusong and the origin of oracle bone inscriptions of Yin Ruins:
Also on the issue of the divination text before Wu Ding

Wang Ning

Abstract: The creators of Chinese characters in ancient mythology and legends, Cangjie and Jusong, were actually the Shang emperors Pangeng Xun and Xiaoxin Song. The source of Chinese characters is the oracle bone inscriptions found in the ruins of Yin. These inscriptions originated in Pangeng and Xiaoxin and became mature and widely used during the period of Wu Ding. Inscribing inscriptions on oracle bones began with Wu Ding. There were no oracle bones or written characters before Wu Ding or Pangeng.

Key words: Cangjie; Jusong; Pangeng Xun; Xiaoxin Song; Yin Ruins; oracle bone inscriptions

清华简《五纪》"黄帝事迹"释义

北京市社会科学院哲学研究所　马文增①

摘　要　本文对清华简《五纪》中的"黄帝事迹"部分简文及
　　　　参考文献进行了注解，并做了白话译文，认为：简文
　　　　叙述了黄帝创建文明、征讨蚩尤的前后经过；"蚩尤乃
　　　　黄帝的儿子""黄帝肢解蚩尤"等观点是对文本的
　　　　误解。

关键词　清华简；《五纪》；周文王；黄帝；蚩尤；《融师有成》

清华简《五纪》整理者对"黄帝事迹"部分简文所作的释文为学界相关
研究提供了便利，同时其中也存在着一些未解决的问题和有争议的观点。笔
者认为，关于清华简《五纪》"黄帝事迹"的研究，不但要重视训诂、文法
分析，而且对上下文文义、《五纪》全篇主旨，包括对参考文献的研究也要充
分。以下，笔者围绕上述问题给出自己的意见，不足之处，请方家指正。

一、"释文"文本

黄，帝之身，溥有天下；始，有树；邦始，有王；公；四荒（匡）、四
尢、四柱、四维、群衹、万貌焉始相之。

---

① 马文增，北京市社会科学院哲学研究所助理研究员，主要从事道家、儒家思想研究。

　　黄帝有子曰蚩尤。蚩尤既（恨），长，成人，乃作，为五（伍）兵——五兵既成、既礳、既砺、既锐，乃为长兵短兵，乃为左营右营；变（便）诣（驭）进退，乃为号班；设锥为合，号曰武散（剪）；设方为常（党），号曰武壮；设圆为谨（禁），号曰阳（墙）先，将以征黄帝。逆气乃彰，云霓从将，□〔赤〕色长亢，五色纷纷，海雾大盲。百神皆惧，曰："吁（淤）！非常！"日月动（同）晕，珥（耳）比（臂）背璚（仇），遭（造）次唯荒（狂）。

　　黄帝大悤（丛），称攘（让）以图。八礼（幾）端作（坐），黄帝告祥（恙），乃命四尢徇（讯）于左右上下阴阳。四尢曰："吁（羽）蚩尤，作兵（病）！"乃□□〔作鼓〕，黄帝乃命四尢戡之。四尢乃属四荒（匡）、四柱、四维、群祇、万貌皆属（鼓），群祥（恙）乃亡。百神则宁，黄帝大怿。

　　天则昭明。黄帝乃服鞭（冕），陈两、参、传（专）、五（伍）、芫（偏），弐（肃）、砺（烈）、武焉，左执黄钺，右麾旟，呼□□□□□〔高畏、畏溥、四匡〕曰："时汝高畏、时汝畏溥、时汝四荒（匡）！磔（折）、撼，蚩尤作遏（恶），五兵肆，越高畏，撼（夺）征（争）阻（诅）横（谎）！圉（语）汝水梏乃准于方，武乃摄威四荒（乡），□□□□〔乘乱嚣张〕，凫（斧）！磬籥配将，天之五瑞乃上，世万留常！"肆号乃诣，大溃蚩尤。

　　四荒（乡）乃爱，黄帝乃具五牺五物、五器五物、五币五物、五享五物，以宾于六合。其黄牺之脂，是（视）为威瑞，其丹帛之币，是（视）为凫（富）瑞，世万以为常。黄帝乃命万貌焉始祀，高畏、畏溥、四荒（匡）焉始配帝。身，黄帝焉始义祝，首曰"时"。

　　黄帝既（斤）杀蚩尤，乃飨（享），蚩尤之身焉始为五：芒以其发为韭，以其眉须为蒿，以其目为菊，以其鼻为葱，以其口为劳，以其腋毛为茨，以其从（足）为芹；以其骸为干侯，殳（收）以其臂为桴，以其胸为鼓，以其耳为照（钊）；敠（融）凡其身为天畏（火）；忌（冥）凡其志（手）为天下喜；夫是（司）故（谷）凡侯（喉）王（往）新①。

_____

　　① 文本以整理者所做宽式释文为底本〔黄德宽主编：《清华大学藏战国竹简》（拾壹），中西书局，2021 年，第 124—129 页〕。括号内为笔者释文及补字，在"注解"部分说明。文中所称"简文"指竹简上的楚文字（图版）或严式隶定字。竹简原文无标点，部分句读为笔者所作。

二、注解

（一）黄，帝之身，溥有天下；始，有树；邦始，有王；公；四荒（匡）、四尢、四柱、四维、群祇、万貌焉始相之。

1. **黄，帝之身，溥有天下**　黄，黄帝的略称，即"黄老"之"黄"。帝，即简【七〇】"唯皇上帝"，及《书·舜典》"肆类于上帝"之"上帝"。身，人身。溥，《说文》："溥，大也。"此句意同简【七〇】"唯皇上帝，降为民式"。

2. **始，有树；邦始，有王；公**　始，创始，据简【七〇】"建设五行"，此指传授五行之理，发明事物，创设制度。树，树立，设立，据简【七〇】"四时是备"，此指制定历法。邦，《说文》："国也。"邦始，邦国制度诞生，"邦"指下文的"八畿"。王，各邦国设立君主。公，公正，公平；即简【七〇】"帝正合矩，绌赢同刑"，亦即《尚书·大禹谟》所载尧舜所言"允执厥中"之"允"，指治理天下之道。

3. **四荒（匡）、四尢、四柱、四维、群祇、万貌焉始相之**　匡，溪母阳部，原释文"荒"，晓母阳部，溪、晓邻纽，阳部叠韵。尢，尹；简【三八】有简文曰"四尢同号曰天尢"，清华简《汤在帝门》中商汤称伊尹为"天尹"①。四荒、四尢、四柱、四维，即简【二七】所谓之"群神"②。群祇，即简【二七】所谓之"方六司"③，亦即简【二三】【二四】所载之"日、扬者、昭昏、大昊、司命、癸中、大山、大川、高大、大音、大石、稷匿、月、娄、彝窟、少昊、司禄、大严、门、行、明星、颛顼、司盟、[司校]"④。万貌，万民，人。焉，于是。始，开始。相，佐。

此句为《五纪》"黄帝事迹"之总纲，句读为笔者所作，依据为简【七〇】"唯皇上帝，降为民式，建设五行，四时是备，帝正合矩，绌赢同刑"

---

① 李学勤主编：《清华大学藏战国竹简》（伍），中西书局，2018 年，第 143 页。
② 黄德宽主编：《清华大学藏战国竹简》（拾壹），中西书局，2021 年，第 101 页。
③ 同上，第 101 页。
④ 同上，第 97 页。

句①，下文"黄帝大恩（丛），称攘（让）以图，八機（畿）端作（坐）"
句，以及黄帝在平定蚩尤之乱时所展示的"公正"之道，并参考程浩"简文
云黄帝树邦，四荒、四尢、四柱、四维等天神降地作为他的辅佐"之说②。

（二）黄帝有子曰蚩尤。蚩尤既（恨），长，成人，乃作，为五（伍）
兵——五兵既成、既礴、既砺、既锐，乃为长兵短兵，乃为左营右营；变
（便）诣（驭）进退，乃为号班；设锥为合，号曰武散（剪）；设方为常
（党），号曰武壮；设圆为谨（禁），号曰阳（墙）先，将以征黄帝。逆气乃
彰，云霓从将，□［赤］色长亢，五色纷纷，海雾大盲。百神皆惧，曰："吁
（淤）！非常！"日月动（同）晕，珥（耳）比（臂）背璃（仇），遭（造）
次唯荒（狂）。

1. **黄帝有子曰蚩尤**　子，门生，弟子。《论语·述而》载孔子之言曰：
"二三子以我为隐乎？"汉代包咸、清代刘宝楠皆释此"子"为"弟子"，明
代高攀龙释为"门人"③。《孟子·公孙丑（上）》有言曰："以德服人者，中
心悦而诚服也，如七十子之服孔子也。"此"子"亦为"弟子"之义。又据
上博简《融师有成》"蔑师见凶"句，可知蚩尤曾为黄帝之弟子。

2. **蚩尤既（恨），长，成人，乃作，为五（伍）兵**　恨，嫉恨，匣母文
部；原释文"既"，见母物部，见、匣邻纽，物文对转。"蚩尤恨"意蚩尤在
禀性上有嫉恨的心理。长，官长，此用作动词，指上博简《融师有成》中记
载的黄帝委派蚩尤为少昊之臣（士师）。成，变成。人，平常人，普通人。平
常人常为嫉妒、贪婪、争斗等"人心"所控制，故"道心"不彰。"长，成
人"之意，据上博简《融师有成》，意蚩尤出任职官之后由师从黄帝的修道之
人变成了常人。作，发作，"乃作"的主语是"恨"，指蚩尤的嫉恨之心发
作，认为黄帝任命自己辅佐少昊是对自己的不公。为，造。伍，队伍，军队，
指下文之"左营右营"；原释文"五"，"伍""五"同音。兵，兵器，指下文
之"五兵"。

3. **五兵既成、既礴、既砺、既锐，乃为长兵短兵，乃为左营右营**　五兵，
泛指各种兵器。成，成型，此指浇铸成型。长兵短兵，执长兵器的士卒与执

① 黄德宽主编：《清华大学藏战国竹简》（拾壹），中西书局，2021年，第112页。
② 程浩：《清华简〈五纪〉中的黄帝故事》，《文物》2021年第9期。
③ 高尚榘：《论语歧解辑录》（上），中华书局，2011年，第380页。

短兵器的士卒。营，部。

4. 变（便）诣（驭）进退，乃为号班 简文"兊"，整理者读为"变"，从元部字"见"得声；笔者读作同为元部字"便"，便利，方便。驭，控制，疑母鱼部；原释文"诣"，疑母脂部，疑纽双声，鱼、脂通转。号，号令，号班即指挥信号系统。此句意同简【一一七】【一一八】之"左距右距、左牙右牙、左弼右弼，进退以我"句①。

5. 设锥为合，号曰武散（剪）；设方为常（党），号曰武壮；设圆为谨（禁），号曰阳（墙）先，将以征黄帝 锥，锥形。合，合击。号，称，名。剪，原释文"散"，心母元部；笔者认为应读为精母元部字之"剪"，精心旁纽，元部叠韵，"武剪"意夹击对方。党，聚，原释文"常"，禅母阳部；笔者认为应读为端母阳部字之"党"，端、禅准旁纽，阳部叠韵。禁，止，原释文"谨"，见母文部；笔者认为应读作见母侵部之"禁"，见母双声，文、侵通转。墙，原释文"阳"，喻母阳部；笔者认为应读为从母阳部之"墙"，喻、从邻纽，阳部叠韵，"墙先"意以防守为主。将，带领。征，攻。"将以征黄帝"，意同《尚书·吕刑》"蚩尤惟始作乱"、《逸周书·尝麦》"蚩尤乃逐帝，争于涿鹿之阿"，及上博简《融师有成》之"毁折戮残"。究其因，据下文"造次唯狂"和上博简《融师有成》的记载，蚩尤对被任命为赤帝之臣心怀不满，遂发动叛乱。

按《大戴礼记》中记载的孔子关于"蚩尤作兵"之说和《五纪》所载黄帝作鼓及军礼、阵、歌等，"长兵短兵""左营右营""号殳""设锥为合""设方为党""设圆为禁"等皆为蚩尤学自黄帝。另外，据简【一一六】"呼为武壮"句②，可知"武壮"之称亦出自黄帝。

6. 逆气乃彰，云霓从将，囗［赤］色长亢，五色纷纷，海雾大盲。百神皆惧，曰："吁（淤）！非常！"日月动（同）晕，珥（耳）比（臂）背璚（仇），遭（造）次唯荒（狂） 逆气，乱气。云，乌云。霓，《说文》："屈虹，青赤，或白色，阴气也。"从将，从随。云霓从将，指各种怪异天象接连发生。赤色长亢，大旱。"赤"字残，整理者补为"白"，笔者补作"赤"。

---

① 黄德宽主编：《清华大学藏战国竹简》（拾壹），中西书局，2021 年，第 129 页。
② 同上。

五色，五谷之色。纷纷，杂乱。"五色纷纷"指五谷遭受虫害，意同清华简《殷高宗问于三寿》之"五宝变色"。海，晦。《尔雅·释名》："海，晦也。主承秽浊水，黑如晦也。""海雾"指瘴气。盲，昏暗。百神，百谷之神。淤，影母鱼部，义同《尚书·尧典》"时雍"之"雍"，即天地之气的循环受阻，淤塞不通；原释文"吁"，晓母鱼部，晓影旁纽，鱼部叠韵。非，《说文》："违也。""非常"意在蚩尤的控制下万事之运行违背常理。同，齐。简文"童"，定母东部；整理者释为"动"；笔者释为同音之"同"。耳，简文"耳"，整理者释为"珥"；笔者认为应如字读。臂，原释文"比"，帮母脂部；笔者读作帮母锡部之"臂"，帮纽双声，脂、锡通转。"耳臂"即"臣"，同《书·益稷》"股肱良哉"之"股肱"，此指蚩尤。背，背叛。仇，仇恨，群母幽部；原释文"璚"，群母耕部，群纽双声，幽、耕旁对转。造次，作乱。原释文"遭"，精母幽部；笔者读为从母幽部之"造"，精、从旁纽，幽部叠韵。狂，狂妄，群母阳部；原释文"荒"，晓母阳部；笔者读为群母阳部之"狂"，群、晓邻纽，阳部叠韵。

（三）黄帝大恖（丛），称攘（让）以图。八抐（畿）端作（坐），黄帝告祥（恙），乃命四尤徇（讯）于左右上下阴阳。四尤曰："吁（羽）蚩尤，作兵（病）！"乃□□〔作鼓〕，黄帝乃命四尤戡之。四尤乃属四荒（匡）、四柱、四维、群祇、万貌皆属（鼓），群祥（恙）乃亡。百神则宁，黄帝大怿。

1. 黄帝大恖（丛），称攘（让）以图　丛，《说文》："聚也。"原释文"恖"，清母东部；笔者读为从母东部之"丛"，清、丛旁纽，东部叠韵。称，衡量。让，推举。简文"让"，整理者读为"攘"；笔者认为应如字读。图，筹划。

2. 八抐（畿）端作（坐），黄帝告祥（恙），乃命四尤徇（讯）于左右上下阴阳。四尤曰："吁（羽）蚩尤，作兵（病）！"　八畿，八方，此指八方神明。畿，原释文"抐"；笔者读为同音之"畿"。坐，原释文"作"，精母铎部；笔者读为从母歌部之"坐"，精、从旁纽，铎、歌通转。恙，《康熙字典》："噬虫。"此指虫灾，所指即上文"五色纷纷"。简文"永"，原释文"祥"；笔者读作喻母阳部字"恙"，"永"为匣母阳部字，"永""恙"音近可通。讯，问。简文"均"，见母真部；整理者读为"徇"；笔者读为"讯"，"均""讯"同音。左右上下阴阳，指各方生命。羽，匣母鱼部，党羽，此用作动词。原释文"吁",晓母鱼部;笔者读作"羽",晓匣旁纽,鱼部叠韵。"羽蚩尤"前蒙后省主语"群恙"。病,病害。原释文"兵",帮母阳部;笔者读为并母阳部字"病",帮、并旁纽,阳部叠韵。

3. **乃□□[作鼓],黄帝乃命四尤戡之** 作鼓,造鼓。原文缺,笔者据下句"皆属(鼓)"补。戡,《尔雅》:"克也。""戡之",消除虫害。

4. **四尤乃属四荒(匡)、四柱、四维、群祇、万貌皆属(鼓),群祥(恙)乃亡。百神则宁,黄帝大怿** 属,带领;鼓,打鼓。简文"鼓",整理者读为"属",笔者认为此处应如字读。恙,虫。简文"永",原释文"祥",笔者读为"恙"。怿,悦。

(四)天则昭明。黄帝乃服鞭(冕),陈两、参、传(专)、五(伍)、芜(偏),乩(肃)、砺(烈)、武焉,左执黄钺,右麾旌,呼□□□□□[高畏、畏溥、四匡]曰:"时汝高畏、时汝畏溥、时汝四荒(匡)!磔(折)、撼,蚩尤作过(恶),五兵肆,越高畏,撼(夺)征(争)阻(诅)横(谎)!围(语)汝水梧乃准于方,武乃摄威四荒(乡),□□□□[乘乱罂张],兔(斧)!磬篝配将,天之五瑞乃上,世万留常!"肆号乃诣,大溃蚩尤。

1. **天则昭明** 天则,天法。昭,显著。明,《说文》:"照也。"此指天理昭昭,赏善罚恶。

2. **黄帝乃服鞭(冕),陈两、参、传(专)、五(伍)、芜(偏),乩(肃),砺(烈)武焉,左执黄钺,右麾旌,呼□□□□□[高畏、畏溥、四匡]曰** 冕,冠。《说文》:"古者黄帝初作冕。"简文"支",从"卞"(并母元部)得声;原释文"鞭",笔者认为应释为明母元部之"冕",并、明旁纽,元部叠韵。"两、参、传(专)、五(伍)、芜(偏)",皆为军阵之名。《左传·昭公元年》:"为五阵以相离,两于前,伍于后,专为左角,参为左角,偏为前拒。"《正义》曰:"五阵者,即两、伍、专、参、偏是也。"肃,严肃。原释文"乩",据王宁先生《清华简〈五纪〉简104—107部分文字释读》一文①,谢明文先生认为"乩"在甲骨文、金文中与"夙"通用,王引之又曰"夙、肃古今字"。烈,光明。原释文"砺",来母月部,笔者读为同音之"烈"。武,威武。麾,同"挥"。旌,绘有龟蛇图案的令旗。

① 见复旦大学出土文献与古文字研究中心网站,http://www.fdgwz.org.cn/Web/Show/7853#_edn2.

3. **时汝高畏、时汝畏溥、时汝四荒（匡）！碟（折）、撼，蚩尤作遏（恶），五兵肆，越高畏，撼（夺）征（争）阻（诅）横（谎）** 时，在时，当值。折，断，定母月部。原释文"碟"，端母铎部，端、定旁纽，铎月通转。撼，摇动。恶，影母铎部。原释文"遏"，影母月部，影母双声，铎月通转。肆，设。《说文》："极陈也。"五兵肆，陈列各种兵器，形象说法，指蚩尤迷信暴力。越，超出，"越高畏"即凌驾于高畏之上。夺，抢，定母月部。原释文"碟"，端母铎部，端定旁纽，铎月通转。争，斗。简文"正"，章母耕部。原释文"征"，笔者读为庄母耕部之"争"，章、庄邻纽，耕部叠韵。诅，诅咒，咒骂。简文"且"，精母鱼部。原释文"阻"，笔者读作庄母鱼部字"诅"，"且""诅"精庄邻纽双声，鱼部叠韵，音近可通。谎，撒谎，诽谤，晓母阳部。简文"黄"，匣母阳部。原释文"横"，笔者认为应读作"谎"，晓、匣旁纽，阳部叠韵。

4. **圄（语）汝水桔乃准于方，武乃摄威四荒（乡），□□□□［乘乱嚣张］，㲃（斧）！磬籥配将，天之五瑞乃上，世万留常** 语，告，讲。简文"敔"，原释文"圄"，笔者认为"敔"字从文吾声，当释为"语"。水桔，衡量水平、垂直之器，此指天道、律法。准，标准。方，地，万民。武，武力。摄威，威慑。乡，晓母阳部。原释文"荒"，与"乡"同音，四乡即四方、天下。乘乱嚣张，欺天乱民，气焰嚣张。简文此处残四字，整理者将第四字补为"缰"，读为"张"；笔者据清华简《五纪》"乘乱天纪""逆气乃彰"①句，补全为"乘乱嚣张"。斧，斧正，纠正，帮母鱼部。《说文》："斫也"。原释文"㲃"，并母鱼部，帮、并旁纽，鱼部叠韵。配，配合。将，持。"磬籥配将"，配持乐器，意大张旗鼓。天之五瑞，即天赐之礼、义、爱、信、忠五德②。上，崇尚。留，存。世万留常，读为"万世常留"，万世长存。

5. **肆号乃诣，大溃蚩尤** 肆，陈，摆。号，号令。诣，至。溃，败。

此段文字中记载的黄帝于战前向将士发布的训示当为历史上首篇讨伐檄文，内容可与《汤誓》《泰誓》相参。

（五）四荒（乡）乃爱，黄帝乃具五牺五物、五器五物、五币五物、五

---

① 黄德宽主编：《清华大学藏战国竹简》（拾壹），中西书局，2021年，第90、124页。
② 整理者之释文礼、义、爱、仁、忠，陈民镇认为其中"仁"应释为"信"（见陈民镇：《试论清华简〈五纪〉的德目》，《江淮论坛》2022年第3期），从之。

享五物，以宾于六合。其黄牺之脂，是（视）为威瑞，其丹帛之币，是（视）为㐬（富）瑞，世万以为常。黄帝乃命万貌焉始祀，高畏、畏溥、四荒（匡）焉始配帝。身，黄帝焉始义祝，首曰"时"。

1. **四荒（乡）乃爱，黄帝乃具五牺五物、五器五物、五币五物、五享五物，以宾于六合**　乡，晓母阳部。原释文"荒"，"乡""荒"同音。爱，友爱，和睦。此指平息蚩尤之叛乱，天下恢复太平，万民和睦相处。五牺，牛羊猪犬鸡。物，物件。五器，五种玉器。五币，五种帛。五享，五贡，即五谷。宾，礼敬。《说文》："所敬也。"六合，天地四方。

2. **其黄牺之脂，是（视）为威瑞，其丹帛之币，是（视）为㐬（富）瑞，世万以为常**　脂，油脂，"黄牺之脂"指黄牛之脂。视，看作，禅母脂部。原释文"是"，禅母支部，禅纽双声，支脂旁转。威，威严，尊严，此指权威。瑞，瑞兆，吉兆。币，丝织物。富，富有，帮母职部。原释文"㐬"，并母鱼部，帮、并旁纽，职、鱼旁对转。世万，万世。常，规则。

3. **黄帝乃命万貌焉始祀，高畏、畏溥、四荒（匡）焉始配帝**　祀，祭祀。配，配享。帝，上帝。

4. **身，黄帝焉始义祝，首曰"时"**　身，身体，此指阵亡者。义，安。祝，祷，即举行丧礼。首，首先。曰，说。首曰"时"，发布祷词时，先呼唤当值神祇之号，如黄帝讨蚩尤发布檄文时呼"时汝高畏"。

（六）黄帝既（斤）杀蚩尤，乃飨（享），蚩尤之身焉始为五：芒以其发为韭，以其眉须为蒿，以其目为菊，以其鼻为葱，以其口为荔，以其腋毛为茨，以其从（足）为芹；以其骸为干侯，殳（收）以其臂为柼，以其胸为鼓，以其耳为照（钊）；筊（融）凡其身为天畏（火）；忌（冥）凡其志（手）为天下喜；夫是（司）故（谷）凡侯（喉）王（往）新。

1. **黄帝既（斤）杀蚩尤，乃飨（享），蚩尤之身焉始为五**　斤，砍。《说文》："斫木也。"见母文部。原释文"既"，见母物部，见母双声，物文对转。笔者认为，如"黄牺之脂，视为威瑞，其丹帛之币，视为富瑞，世万以为常"一样，"斤杀"亦为后世继承，即斩刑。享，鬼神享用祭品。据帛书《老子》甲本"战胜以丧礼处之"句，此指黄帝为亡者举办丧礼。原释文

"飨"，同"享"。身，按简文"群神群祇，尚其肢节"① 之说，此指控制人身体各部位的神祇体系（参见贾连翔所绘《人体推拟图》②），贾连翔谓之"人体各部位的神司"③，说："在'五纪'体系中，明确指出各类神明是自然界的代表，负责沟通'天''人'之间的关系，不仅是星象历数、山川物产、伦理道德，甚至是人体各部分也都由诸神来司掌。"④ 贾连翔所说"人体各部分也都由诸神来司掌"，《淮南子·天文训》谓之"孔窍肢体，皆通于天"（黄德宽教授认为此说"在《五纪》篇中表现为'孔窍肢体'皆由天神地祇执掌"⑤）。五，各种物质。《说文》："五，五行也。"蚩尤之身焉始为五，意蚩尤身体"各部位的神司"又分别成为各种物质，是乃所谓"'万物有灵'的泛灵论思维"⑥ 的体现。

2. 芒以其发为韭，以其眉须为蒿，以其目为菊，以其鼻为葱，以其口为荞，以其腋毛为茨，以其从（足）为芹　芒，勾余芒，东方司木之神。清华简《八气五味五祀五行之属》曰："帝为五祀，玄冥率水以食于行，祝融率火以食于灶，句余亡率木以食于户，司兵之子率金以食于门，后土率土以食于室中。"⑦ 荞，艽荞。茨，蒺藜。足，原释文"从"，从母东部；笔者读为精母屋部之"足"，精、从旁纽，东、屋对转。

3. 以其骹为干侯，殳（收）以其臂为枹，以其胸为鼓，以其耳为照（钊）　骹，《说文》："胫骨也。"此指腿，即简【八三】"左南维左臂，右南维右臂；北维之右右骹，其左左骹"⑧ 之"右骹""左骹"。干侯，箭靶，"以其骹为干侯"主语为"蓐收"，蒙后省。收，蓐收，西方司兵之神，即清华简《八气五味五祀五行之属》所言之"司兵之子"。原释文"殳"，禅母侯部；笔者读作书母幽部之"收"，禅、书旁纽，幽、侯旁转。臂，胳膊。枹，通"桴"，鼓槌。钊，《康熙字典》："《说文注》郑玄曰：钊，或以为弩机。"

---

① 黄德宽主编：《清华大学藏战国竹简》（拾壹），中西书局，2021 年，第 122 页。
② 同上，第 119 页。
③ 贾连翔：《清华简〈五纪〉中"行象"之则与"天人"关系》，《文物》2021 年第 9 期。
④ 同上。
⑤ 黄德宽：《清华简〈五纪〉篇建构的天人系统》，《学术界》2022 年第 2 期。
⑥ 程浩：《清华简〈五纪〉思想观念发微》，《出土文献》2021 年第 4 期。
⑦ 李学勤主编：《清华大学藏战国竹简》（捌），中西书局，2018 年，第 158 页。
⑧ 黄德宽主编：《清华大学藏战国竹简》（拾壹），中西书局，2021 年，第 116 页。

简文"邵"，禅母宵部。原释文"照"，笔者读为章母宵部之"钊"，禅、章旁纽，宵部叠韵。

4. **敜（融）凡其身为天畏（火）** 融，祝融，此指南方司火之神祝融。原释文"敜"，泥母鱼部；笔者读作余母冬部之"融"，泥、余旁纽，鱼、冬旁对转。凡，总，括。身，躯干，此指腹部。简文"ㄙ"，整理者释为"身"；笔者认为从简文字形看，其为"身中有身"之象，应训作"腹"。火，晓母微部。原释文"畏"，影母微部；笔者读作"火"，影、晓旁纽，微部叠韵。"天火"，笔者认为代指闪电。

5. **忌（冥）凡其志（手）为天下喜** 冥，玄冥，北方司水之神。简文"冥"，原释文"忌"；笔者认为应释作"冥"，从日从六省。手，原释文"志"，章母之部；笔者读作书母幽部之"手"，章、书旁纽，之、幽旁转。喜，乐。天下喜，天下人所喜，即雨。

6. **夫是（司）故（谷）凡侯（喉）王（往）新** 司，掌管，心母之部。原释文"是"，禅母支部，心、禅邻纽，之、支旁转。谷，见母屋部，谷物。简文"古"，见母鱼部，整理者读为"故"；笔者认为应读作"谷"，"古""谷"见母双声，鱼、屋旁对转叠韵，音近可通。据《尚书·洪范》"土爰稼穑"句及清华简《八气五味五祀五行之属》"后土率土以食于室中"[1] 句，"司谷"即司土之神后土。喉，喉咙，指颈部。原释文"侯"，匣母侯部；笔者读为同音之"喉"。往，《说文》："之也。"原释文"王"，匣母阳部；笔者读为同音之"往"。新，五谷。《礼记·月令》："天子尝新。"

此段文字中多用代称，如，"勾余芒""蓐收""祝融""玄冥"以芒、收、融、冥代之，以"司谷"代指"后土"；以"天火"代指闪电，以"天下喜"代指雨。

三、白话译文

黄帝降生，统领天下：创建五行，制订历法；设立邦国和君王制度；以"公正"为治理天下之道。四匡、四尹、四柱、四维、群祇、万貌自此辅佐黄帝。

---

① 李学勤主编：《清华大学藏战国竹简》（捌），中西书局，2018 年，第 158 页。

黄帝有个门生名叫"蚩尤"。蚩尤素有嫉恨之心，掌控一方之权后，就从修道之人变成了凡常人，嫉恨之心发作，训练士卒、打造兵器——各种兵器既已浇铸成型、打磨锐利，蚩尤把士卒分为持长兵的和持短兵的，把队伍分为左营右营；为便于指挥，设立信号系统；设立锥形阵以合击，称之为"武剪"；设立方形阵以攻击，称之为"武壮"；设立圆形阵以防御，称之为"墙先"，带着这些士卒发动叛乱。蚩尤气焰嚣张，怪异天象接连出现，天下大旱，五谷遭虫灾，瘴气弥漫。百谷之神心生畏惧，曰："天地之气的循环受阻！天下大乱！"如同月与日争辉，耳臂不服从头脑，蚩尤的狂妄心理导致其作乱。

黄帝召集群臣，推贤举能，商讨应对之策。八方端坐，黄帝通告了五谷之灾，然后命四尹询于百谷之神。四尹回复说："这是虫类附逆蚩尤，造成的病害！"黄帝于是作鼓，命四尹消除虫害。四尹带领四匡、四柱、四维、群祇、万民一同擂鼓，百虫皆亡。百谷之神安宁，黄帝大慰。

天理昭彰。黄帝服冕，列阵，神情严肃，威风凛凛，左手执铜钺，右手执令旗，呼高畏、畏溥、四匡曰："当值之高畏、畏溥、四匡！蚩尤作恶，四处破坏，肆无忌惮，无视天理，抢夺劫掠，咒骂诽谤！我把天道告诉你们，你们的职责就是以之监察天下；赐给你们武力，你们的职责就是威慑四方！有敢于侮天害民、猖狂作乱者，就大张旗鼓的加以讨伐！这样'五德'才能得到弘扬，才能万世长存！"号令既出，无不用命。蚩尤大败。

叛乱既已平定，黄帝遂备下五种牺牲各五件、五种玉器各五件、五种币帛各五件、五种谷物各五件，以感谢六合之神祇。其黄牛之脂，视为尊贵之象征；丹帛之币，视为富有之象征，后世以之为惯例。黄帝于是命万民自此开始祭祀，天地群神自此配享上帝。对于阵亡者，黄帝设丧礼以安之，念诵祷词时先呼唤当值之神祇。

黄帝斩杀蚩尤之后，举行丧礼，蚩尤身体各部位之神司自此化为各种物质：勾余芒化其头发为韭，化其眉须为蒿，化其目为菊，化其鼻为葱，化其口为荞，化其腋毛为茨，化其足为芹；蓐收化其腿为箭靶，化其臂为鼓槌，化其胸为鼓，化其耳为弩机；祝融化其腹为闪电；玄冥化其手为雨；后土化其颈为五谷。

四、参考文献释义

《五纪》"黄帝事迹"简文的注释中出现了颇具争议性的学术观点。如："关于蚩尤的身份，本篇称其为黄帝之子……《史记·建元以来侯者年表》：'子弄父兵，罪当笞。父子之怒，自古有之。蚩尤畔父，黄帝涉江。'说明汉代仍有蚩尤为黄帝之子的说法。"[①] 笔者已于上文指出，"子"字有"学子""弟子"义，上博简《蒸师有成》"蒸师见凶"句直接说明黄帝曾为蚩尤之师，故"黄帝有子曰蚩尤"的意思实为"黄帝有个门人名曰蚩尤"。至于"子弄父兵"之说，乃田千秋给汉武帝的上书中的一句话，实属无稽之谈，不可为据。又如，整理者注"黄帝既杀蚩尤乃飨蚩尤之身"句说："黄帝击杀蚩尤后将其肢解，见于马王堆帛书《十六经·正乱》。"[②] 关于"黄帝既杀蚩尤乃飨蚩尤之身"句整理者所做之释文、断句并非定论，其中颇有可商榷处，而所谓《十六经·正乱》者，其撰者不详，内容则多荒诞怪异之说，虚构捏造痕迹明显，笔者判断其乃出自战国时期的所谓"纵横家"之手，其内容完全不可采信。

据笔者所见，关于《五纪》"黄帝事迹"之研究，真实可信、可用的参考资料共四则，分别记载在《尚书·吕刑》《大戴礼记》《逸周书·尝麦》和上博简《蒸师有成》中。笔者分别解析如下：

（一）王曰："若古有训，蚩尤惟始作乱，延及于平民，罔不寇贼，鸱义奸宄，夺攘矫虔。"（《尚书·吕刑》）

译文：

穆王说："故老相传，蚩尤最先在天下发动叛乱，其寇贼之行径影响了四方之人，纷纷效仿，欺压良善，滋事生非，明抢暗夺，虚伪狡诈。"

注解：

王，周穆王。训，遗训。延及，扩展至、蔓延至。鸱，凶禽，此意残暴。义，义人，"鸱义"指欺压良善。奸宄，内外作乱，四处滋事。攘，《说文》：

---

① 黄德宽主编：《清华大学藏战国竹简》（拾壹），中西书局，2021 年，第 125 页。

② 同上，第 128 页。

"推也"，"夺攘"意抢夺。矫虔，虚伪。

（二）公曰："蚩尤作兵与？"子曰："否！蚩尤，庶人之贪者也，及'利'无'义'，不顾厥'亲'，以丧厥身。蚩尤惛、欲而无厌者也，何器之能作？"（《大戴礼记》）

译文：

鲁哀公问孔子："蚩尤曾创造了兵器否？"孔子答曰："否！蚩尤其人，人所有的恶劣心理中'贪权之心'最重，夺利弃义，祸害百姓，因此丧命。蚩尤乃思维混乱、被欲望主导而贪得无厌之人，这样的人怎么会有创造力呢？"

注解：

庶，众，诸多。人，此指人的不良心理，即上博简《恒先》"有人焉有不善，乱出于人"① 之"人"，亦即《书·大禹谟》"人心惟危"之"人心"，指人之贪婪、嫉妒、怨恨等不良心理。及，求，追逐。利，财富，物质利益。义，责任，义务。亲，仁，亲民，爱民。以，因。丧，亡。惛，昏，糊涂，头脑不清醒。欲，《说文》："贪欲也。"厌，满足。

（三）王若曰："……昔天之初，□（帝）作。二（作）后，乃设［官］建典，命赤帝，分正、二卿，命蚩尤于宇（羽）少昊，以临四方，司□［义］，□［助］上天末成之庆。蚩尤乃逐帝，争于涿鹿之河（阿），九隅无遗。赤帝大慑，乃说于黄帝。执蚩尤，杀之于中冀。"②（《逸周书·尝麦》）

译文：

周成王说："……昔天之始，帝作。降为黄帝，设立官职、建立典章，立赤帝之职，职分正副，任少昊为正职，命蚩尤为副，去佐助少昊，以光照天下，掌义，护佑百姓。蚩尤竟凭借武力使少昊败走，随后在涿鹿之地横行霸道，使全天下都陷入了混乱。少昊大恐，告于黄帝。黄帝擒蚩尤，杀之于冀中。"

---

① 马承源：《上海博物馆藏战国楚竹书》（三），上海古籍出版社，2003 年，第 295 页。

② 此段引文原文据《逸周书汇校集注》［黄怀信等：《逸周书汇校集注》（修订本），上海古籍出版社，2007 年，第 731—733 页］，句读为笔者所作，"（）"内为笔者所作释文，"［］"内为笔者所作补文。《逸周书》者，班固称"周史记"，颜师古注曰："刘向云：周时诰誓号令也，盖孔子所论百篇之余也。"笔者认为最初的《逸周书》文本或出自子夏之手，乃子夏将孔子整理《尚书》时所弃用的誊录自周守藏室的文献加以整理而形成。《逸周书》在整理过程中就产生了讹误，而后世注家对这些讹误的不同理解和处理方式又衍生出了更多的问题。

注解：

"昔天之初，□作"，据清华简《五纪》"唯皇上帝，降为民式，建设五行，四时是备"① 句，阙文补作"帝"。"二后"之"二"，笔者认为乃对简文中重文号"〓"的误读，即原简文为"……作〓乃……"，故"二"字应改释为"作"，"后"指黄帝。"乃设建典"，"设"字后显然有阙文，据《周礼·天官冢宰》"惟王建国，辨方正位，体国经野，设官分职，以为民极。乃立天官冢宰，使帅其属而掌邦治，以佐王均邦国"，补作"官"。于，去，往。宇，注家意见不一，笔者认为应读为同音之"羽"，此用作动词，意羽翼少昊，佐助少昊。"司□"，据清华简《五纪》"月、娄、犨窟、少昊、司禄、大严，尚正司义"句②，补作"义"。"□上天末成之庆"句之阙文，据清华简《厚父》"惟曰助上帝"句③，补作"助"。"末成之庆"指"天生烝民"。争，争夺。河，卢文昭注云："'河'或当作'阿'。"从之。"九隅无遗"，意天下都陷入了混乱，据《吕刑》记载的周穆王之说，蚩尤作乱之后，恶徒纷纷效仿，盗寇蜂起，于是天下大乱。中冀，冀中，中原之中心地带，即天下之中。

（四）融师有成（诚），"是"状若生：有耳不闻，有口不鸣，有目不见，有足不趋。"名则可畏，步（实）则可柔（侮）。"俄（我）曰："且格乎?"□□［令色］猷（犹）［口寺］（侍），我曰："且乔（矫）乎?"弗饮弗食，物斯可惑。类兽非鼠，蹼（察）后伺□［侧］；蔑师见凶，毁折鹿（戮）践（残）。惟兹作彰（瘴），象（肆）彼兽鼠；有足而□□□□［缚，有手而］梏，沈坐（跪）念惟，发扬索（瞪）债（瞳）——昔融之是（士）师，訏（叛）寻（侵）夏邦，蚩尤作兵。□□［少昊大慑，说于黄帝。黄帝作鼓，四方戡之，群恙乃亡；天则昭明，大丛四方，执蚩尤，杀于中冀，天下乃爱。昔尹有信，尚让敦善，行而不怠，强识博］闻；适汤，颜色深晦而志行显明，不及（急）、遇（畏）、焚（忿）

---

① 黄德宽主编：《清华大学藏战国竹简》（拾壹），中西书局，2021年，第112页。
② 同上，第91页。
③ 李学勤主编：《清华大学藏战国竹简》（伍），中西书局，2018年，第110页。

而正固。①（上博简《融师有成》）

译文：

祝融氏的士师有"诚"，其自我约束的样子看起来好像对什么都没有兴趣：塞耳不听，闭口不言，闭目枯坐，足不出户；说："求名是可怕的，求利会带来耻辱。"我说："这样就是'洗心'？"至于其努力做出恭敬的样子，我说："难道这样就是'革面'？"迷惑人心的并非饮食之类的，而是权力。掌握权力后，其人变得猜忌多疑，时刻提防着周围的人；随后发展到无视师教、放纵邪念，打砸破坏，杀人放火。其人之恶行导致瘴气弥漫，天下盗贼蜂起。最终，此人手脚被系上镣铐，跪在污水中受刑，其时大脑中仍邪念纷纷，直至人头落地——昔日祝融氏的士师蚩尤，发动叛乱，侵犯夏邦，祸乱天下。[祝融氏少昊大忧，告于黄帝。黄帝做鼓，四方戡乱，瘴气消散；黄帝又召集将士，戮力同心，大败蚩尤，擒而杀之于中原，天下遂安定下来。昔日，伊尹有"信"，崇尚让、敦、善，实行之而不息，能决断，见识广博]，其辅佐汤，声色平和而志向光明、言行磊落，从容、无畏、理智而正直坚定。

注解：

融师，祝融之士师，即下文之"融之士师"。诚，诚实，诚恳。原释文"成"，笔者认为应释为"诚"。"是状"，自制、克己的样子。是，《说文》："直也。从日正。"原释文"氏"，笔者读为同音之"是"。若生，似生，指下文"有耳不闻，有口不鸣，有目不见，有足不趋"，指如死人一样对外物不关心。名，名气，此用作动词，求名。实，财富。《说文》："富也。"原释文"步"，从单育辰意见（见禤健聪文）。侮，原释文"柔"，从禤健聪意见。我，笔者认为乃文王自称。简文"我"，原释文"俄"，笔者认为应如字读。且，此，这。格，正。令色，谄媚的脸色。原文残缺，笔者据孔子所言"巧言令色鲜矣仁"及下文"颜色深晦而志行显明"补。侍，服侍。原释文"時"，笔者认为应释为"侍"，谦卑的样子。矫，纠正。原释文"乔"，从连劭名意见。物斯可惑，倒装句。物，《广韵》："旗名。"代指权力。察，观

①　此处以曹锦炎所做释文为底本（马承源：《上海博物馆藏战国楚竹书五》，上海古籍出版社，2005年，第322页），参考禤健聪（禤健聪：《战国竹书〈融师有成〉校释》，《广东教育学院学报》2008年第8期）、连劭名（连劭名：《战国竹简〈融师〉与古代思想》，《北京教育学院学报》2010年第2期）意见。句读为笔者所作，"（）"内为笔者所作释文，"［］"内为笔者所作补文。

察。原释文"蹼"，此从禤健聪意见。侧，原文残缺，笔者补。戮，原释文"鹿"，此从禤健聪意见。残，原释文"践"，此从禤健聪意见。瘴，原释文"彰"，此为笔者意见。肆，放肆。原释文"象"，此从禤健聪意见。"惟兹作瘴肆彼兽鼠"意蚩尤的恶行导致瘴气弥漫盗贼四起，"兽鼠"代指匪寇。"缚有手而"四字原简文残缺，此为禤健聪补，从之。跪，原释文"坐"，此从禤健聪意见。念，念头，思维。"念惟"意（身体被束缚住）恶念仍在脑海中翻腾。瞪，原释文"索"，禤健聪释为"腾"；笔者同意禤健聪意见，并读为同音字"瞪"。曋，《说文》："视貌。"原释文"償"，此从禤健聪意见。"发扬瞪曋"，头发散乱，眼睛睁着，指蚩尤被斩，人头落地后的样子。士师，掌刑狱之官。士，禅母支部。原释文"是"，崇母之部，禅、崇邻纽，支、之旁转。叛，原释文"訏"，元部字；笔者读为"叛"，並母元部。侵，清母侵部。原释文"寻"，邪母侵部，清、邪旁纽，侵部叠韵。兵，战争。"少昊大慑，说于黄帝。黄帝作鼓，四方戡之，群恙乃亡；天则昭明，大丛四方，执蚩尤，杀于中冀，天下乃爱。昔尹有信，尚让敦善，行而不怠，强识博"乃笔者所作之补文。此处原简残缺五十余字，笔者认为所缺部分前段为蚩尤被擒杀之经过；后段之内容，据"适汤"二字，乃为与蚩尤之"有诚"形成对比的伊尹之"有信"，故据《逸周书·尝麦》、清华简《五纪》的相关记载，以及《礼记·曲礼上》"博闻强识而让、敦、善，行而不怠，谓之君子"句、古希腊大哲学家苏格拉底所言"一个人如果不是天赋具有良好的记性，敏于理解，豁达大度，温文尔雅，爱好和亲近真理，正义、勇敢和节制，他是不能很好地从事哲学学习的"[1] 补之。适汤，伊尹辅佐商汤。颜色深晦，指表情平常，从容自然。急，急躁。原释文"及"，群母缉部；笔者读为见母缉部之"急"，见、群旁纽，缉部叠韵。畏，怕。原释文"遇"，连劭名认为"简文从土，愧声"；笔者同意连劭名意见，读为影母微部之"畏"。忿，怒。原释文"焚"，连劭名读为"忿"，从之。

五、结语

从内容比较上看，笔者认为周成王、周穆王都曾研读过《五纪》，孔子

---

① ［古希腊］柏拉图著，郭斌和、张竹明译：《理想国》，商务印书馆，1986年，第233页。

"观周"时亦曾亲眼见过（笔者认为《五纪》即《尚书·顾命》中记载的"《大训》"，其作者为周文王①）；而上博简《融师有成》则是对《五纪》"黄帝事迹"的概述，对准确理解《五纪》"黄帝事迹"有直接的参考价值。

An explanation of the Yellow Emperor's deeds found in the Tsinghua bamboo slips *Wu Ji*

Ma Wenzeng

Abstract：The author annotates and translates the text of the Yellow Emperor's deeds found in the Tsinghua bamboo slips *Wu Ji*. The author believes that the slips describes the process civilization establishment by Yellow Emperor and his suppression of the rebellion of Chi You. The notions that Chi You is the son of Yellow Emperor and Yellow Emperor dismembered Chi You are incorrect interpretations of the text.

Key words：Tsinghua bamboo slips；*Wu Ji*；Yellow Emperor；Chi You；*Rong Shi You Cheng*

---

① 参见拙作《清华简〈五纪〉"唯昔方有洪"章释义——兼及〈五纪〉的作者、性质问题》，《地域文化研究》2023 年第 2 期。

外国神话研究

花神芙罗拉：从神话到艺术

河西学院文学院　赵建国[①]

摘　要　芙罗拉是古代罗马神话中的花神。它的来源与花神节
相关，形象复杂多变。从古典神话中花神的演变看，
希腊与罗马神话传说中的花神显示出逐渐合流的过程
性迹象。有关花神芙罗拉的神话流传延续两千余年，
已成为西方艺术家常用的艺术主题之一。

关键词　芙罗拉；神话；图像；诗歌；主题

芙罗拉或译为芙洛拉、弗洛拉、佛洛拉、佛罗拉（Flora），是古代罗马神
话中的花神。英文词汇"Flower"（花）一词源自拉丁语的花神"Flora"。关
于花神芙罗拉，《神话辞典》的词条解释是，佛罗拉，"意大利的司花、青春
和青春之乐的女神。对佛罗拉的崇拜是远古意大利的，特别是萨宾人的农业
崇拜之一。罗马人把佛罗拉同希腊的克罗里斯混成一体。为了纪念佛罗拉，
每年4月28日至5月3日庆祝花神节。过节时，举行娱乐性的、有时非常放
纵的竞技会；人们用花朵（通常是玫瑰花）装饰自己和动物；妇女穿上色彩

---

①　赵建国，河西学院文学院教授，主要从事跨艺术比较研究。

艳丽的衣裳等等。在古希腊罗马艺术作品中，佛罗拉通常被描绘成一个年轻的妇女，手持花束，掩映在花丛之中或散落着花朵。佛罗拉的手持花束的美丽的少女形象，也是近代艺术作品常用的题材（提香、普桑、伦勃朗、柏克林等人）。在现代语言中，Φπορα 意思是植物界。花和青春女神佛罗拉的形象常见于诗歌。（ "猎神的胸脯，花神的双腮/多么诱人啊，亲爱的朋友！" ——A. C. 普希金：《叶夫根尼·奥涅金》第 1 章第 32 节)" ① 这种解释意在强调花神与花神节之间的渊源关系，说明罗马人为纪念花神而设立花神节。然而，希腊神话中也有花神，名为克洛里斯（Chloris，亦称 greenish），是春天、花卉和自然女神。她常与西风神仄费罗斯（Zephyrus）相勾连，嫁给了他，并生育了三个孩子。法国古典学者皮埃尔·格里马尔编撰的《古典神话简明词典》中说："她（指花神）掌管着一切盛开的花朵。根据传说，她是由提图斯·塔提乌斯介绍到罗马的。她受到意大利各民族的尊敬。萨宾人把一个月献给她，相当于罗马历法中的四月。奥维德认为弗洛拉是希腊仙女，名叫克罗里斯。他讲述了风神仄菲罗是如何爱上她并把她带走的。他娶了她，以示他的爱。他授予她对花的统治权。据说，蜂蜜是她送给人类的礼物之一，也是无数种花卉的种子。奥维德在这个传说的版本中，很可能以波瑞阿斯的绑架为模型来解释弗洛拉的绑架；但奥维德将火星的诞生归因于弗洛拉。朱诺被密涅瓦不由自主地从朱庇特的脑袋里蹦出来激怒了，她希望不用依靠任何男性的帮助就能怀上一个孩子。弗洛拉给了她一朵花，只要一碰它，女人就会怀孕。朱诺在没有与木星发生性关系的情况下生下了火星。弗洛拉在罗马有自己的祭司。弗洛拉利亚是庆祝她的荣誉，这些活动以妓女参加的游戏为标志。" ② 上述两部神话词典中关于花神的解释大同小异，都把花神的起源与花神节混为一谈。罗马诗人奥维德将其他神祇的神话强加在西风神的身上，劫掠强娶女神是《变形记》常见的叙事模式之一。不同的是，女人触碰花就能怀孕，这一传说将花的授粉移置于人类生殖。此外，还有一种说法：弗洛拉 Flora 这个名字来源于印欧语系，代表 "flower" 的意思。弗洛拉这个名字

---

① ［苏联］M·H·鲍特文尼克等编著，黄鸿森、温乃铮译：《神话辞典》，商务印书馆，1997年，第 119 页。

② Pierre Grimal, *A concise dictionary of classical mythology*, edited by Stephen Kershaw from the translation by A. R. Maxwell-Hyslop. Basil Blackwell Ltd, 1990, p. 155.

是古拉丁语和奥斯干语的结合体，后者原产于意大利南部。一些学者认为，弗洛拉的起源是一个非常古老的意大利生育女神。（可能还有更古老的来源，比如古希腊冥后珀耳塞福涅。）希腊语的弗洛拉是克洛丽丝（Chloris）。在公元 1 世纪诗人奥维德的长诗《变形记》（Ovid's Metamorphoses）中有这样的描写：'我，昔日的克洛丽丝，如今，人们叫我弗洛拉。"① 这里既有语源考察，又以奥维德作品为佐证，推测花神源自生育女神或者有更古老的来源。然而，对于花神究竟源自何方，暂无有说服力的证据证明。

上述两部神话辞典综合了来源不同的神话材料，基本上依据奥维德的叙述，但花神的来源依然不明。从古典神话中花神的演变看，希腊与罗马神话传说中的花神显示出逐渐合流的迹象，有关花神芙罗拉的神话已流传延续两千余年，并已成为西方艺术家常用的艺术主题之一。以花神为题材的重要画作有：15—16 世纪意大利画家桑德罗·波提切利的油画《春》中绘有花神，与波提切利同时代的意大利画家提香·韦切利奥创作的油画《花神》；17 世纪荷兰伦勃朗有四幅《花神》油画以及老扬·勃鲁盖尔与鲁本斯合作创作的油画《花神与西风神》等。不仅在绘画领域，在雕刻艺术与诗歌中，西方艺术家都普遍使用花神这一古典题材。以下梳理考察西方艺术中花神主题的嬗变以及它们之间的互文性关系。

最早的花神图像被佚名的画家描绘在古罗马庞贝的壁画之上，画面描绘的是一个少女的背影（图 1）。她身着长裙，长裙一侧滑落在右手腕处，左肩裸露。她束着金发，头右倾观花，右臂戴着一只手镯，右手伸向一棵植物，拇指与食指作掐花状，其余三指微微弯曲呈优美的弧线，手指纤细修长。她的左手抱着一个花篮，花篮中有摘下的花朵。她双脚赤裸，右脚着地，左脚立起，似在行走。她的身旁是一株植物，开满了白色的花朵。这幅残留的壁画画面古朴，色彩艳丽，充满动感。庞贝壁画上的花神图像是一个看似少女的形象，西方文化从一开始就把花与少女或女性关联在一起。庞贝壁画上的花神形象是典型的希腊化的艺术杰作。

---

① 微信公众号：廖细英，云栖科学史，2022—06—25。

图 1　佚名：《在海边摘花的芙洛拉》，庞贝壁画 47cm×41cm×6cm ，约公元 1 世纪
那不勒斯国家考古博物馆

文艺复兴时期意大利著名的画家桑德罗·波提切利（Sandro Botticelli，1445—1510）的名作《春》（La Primavera，图 2）创作于 1482 年。德国艺术史学家霍斯特·布雷德坎普对波提切利画作《春》中的人物有过细致的描述："在一处椭圆的、开放的舞台式的草地上九个人物分组为一种独特的关系结构。画面中轴略微偏右，一位要射箭的小天使盘旋在一位斜向前的醒目的衣着华丽的妇人上方。她转向画面左半边朝着身着透明轻纱的女舞者三人组。在左边画面的边缘处，一位袍装少年向外举起一根手杖伸向那些树木的叶丛中，这些树木在画面中景处围合成天然的椭圆舞台。画面右半边的三人组合中呈现了一位神采奕奕阔步前行的似花朵装扮的女子，她旁边再度出现一位纱袍女子朝左踉跄跌撞，却回头朝向一位试图抓住她的带翼男子。"① 这段话的最后一句即是描述西风之神仄费罗斯（Zephyrus）抓住正在奔跑的山林女神

---

① ［德］霍斯特·布雷德坎普著，贺华译：《桑德罗·波提切利的〈春〉：作为维纳斯花园的佛罗伦萨》，知识产权出版社，2020 年，第 5 页。

克劳瑞斯，她变为花神，即花神芙罗拉（Flora）。波提切利的画作《春》并不是以花神为主角，而是以爱神维纳斯为中心。然而，花神却是一种暗示和象征性的存在，西风神劫持花神的神话情节居于绘画一隅，被其他神祇无视。布雷德坎普还认为：佛罗拉（Flora）与拉丁语佛罗伦萨城（Florentia）之间的和谐一致提供了这样相近的语音关系，佛罗拉也以其神奇的词语方式适宜作为佛罗伦萨的标志；当萨伏纳罗拉要求佛罗伦萨应该像其名字那样 Florida（繁盛）时，他也认为这种关联有其意义①。布雷德坎普认可花神与意大利城市佛罗伦萨有着潜在的联系。

图2   ［意大利］波提切利：《春》，1482 年
意大利佛罗伦萨乌菲齐美术馆藏

意大利文艺复兴后期威尼斯画派的代表画家提香·韦切利奥（Tiziano Vecellio，1490—1576），据说他的画作《花神》（图3）中的女子是他当时热恋

———————————

① ［德］霍斯特·布雷德坎普著，贺华译：《桑德罗·波提切利的〈春〉：作为维纳斯花园的佛罗伦萨》，知识产权出版社，2020 年，第 34 页。

的情人，他只是借神话之名，表达自己对恋人的爱慕之情。画家以半身肖像
构图。画中人转身俯视，目光专注作沉思神态，似乎由于转身的动态而使宽
松的内衣自然滑落，裸露出丰腴的酥胸，金黄色的秀发披散在浑圆的双肩上，
与充满生命的肉体形成对比，使健壮的身体透露出青春活力。如果没有画中
女子右手捧着花朵的提示，这幅名为"花神"的油画，其实与女性肖像画没
有分别。如果说波提切利的油画《春》还未脱离神话的裹挟，提香的《花
神》则更多充满人文气息和世俗色彩。

图 3　提香：《花神》（ Flora），约 1515—1517 年
意大利佛罗伦萨乌菲齐美术馆藏

　　同为 17 世纪荷兰的画家扬·勃鲁盖尔（Jan Brueghel de Oude，1568—
1625）和彼得·保罗·鲁本斯（Peter Paul Rubens，1577—1640）共同创作的
油画《花神与西风神》（图 4），题材依然来自古典神话，但画中没有与花神
同时出现的西风神，仅有花神芙罗拉和三位小天使。油画的背景是一座花团
锦簇的花园，芙罗拉坐在石阶上，全身几近赤裸，展开身披的丝巾，收集天

使倾倒的鲜花。她身旁的两位小天使在地上欢呼嬉戏。

图4　扬·勃鲁盖尔和彼得·保罗·鲁本斯合作：
《花神与西风神》，1617 年

　　17 世纪荷兰画家伦勃朗（Rembrandt Harmenszoon van Rijn，1606—1669）
一生共创作了四幅花神像。伦勃朗除了一幅藏于大都会博物馆的《花神》外，
描绘花神的油画至少还有三幅。其中一幅作于 1634 年（图 5 - 1），画中的主
人公是伦勃朗深爱的妻子——沙斯姬亚。画家伦勃朗在这幅油画中将新婚妻
子描绘成古代罗马女神芙罗拉。画中她左手捧着一束鲜花，右手握着一只手
杖，似乎坐在一张椅子上。她身着紧身的刺绣长裙，头戴盛开的鲜花。画家
有意把爱妻装扮成花神，精心描绘了环绕着鲜花的柔光，人物体态丰腴，金
发飘逸，面带微笑，整幅油画洋溢着画家伦勃朗沉浸于新婚幸福之中的愉快
心情。伦勃朗的四幅《花神》油画无一例外地有摆拍之嫌，造型雷同，伪装
痕迹明显。

图 5 - 1　伦勃朗：《花神》，1634 年　　图 5 - 2　伦勃朗：《花神》，1657 年
纽约大都会博物馆

图 5 - 3　伦勃朗：《花神》，1634—1635 年
英国伦敦国家美术馆

1898 年，英国拉斐尔前派画家约翰·威廉·沃特豪斯（John William Waterhouse，1849 — 1917）展出了他的画作《弗洛拉与西风》（图6），此画题材来自古典神话，讲述的是克洛里斯被西风神诱拐的故事。克洛里斯被诱拐后，变成了成熟的女神芙罗拉，掌管花朵与春天。这幅作品深受早期文艺复兴画家波提切利《春》（Primavera）的影响，沃特豪斯与其他前拉斐尔派画家一样，推崇拉斐尔传统之前的风格。画作中的树与花丛草地的平铺以及人物的陈列都有《春》的影子，使作品没有刻意而为的纵深感，亲切而自然。

图6　约翰·威廉·沃特豪斯：《弗洛拉与西风》，1898 年

　　19 世纪法国著名的雕塑家让·巴普帝斯蒂·卡尔波（Jean Baptiste Carpeaux，1827—1875）曾创作了雕塑作品《花神的凯旋》（图7）。这件雕塑作品是应法国巴黎卢浮宫花鸟陈列馆的订货而完成的一件装饰性的雕刻。它的主题是颂扬花神给人间带来幸福与欢乐。浮雕被镶嵌在建筑物的墙面上，呈横长形。构图中心那个焕发着少女青春美的花神是以裸体来展现的：她蹲踞在地面上，栖身于万花丛中，她将花朵洒向周围的孩子们，女神的表情愉快而生动，并含有古典味道。身边的一群天真烂漫的小天使活泼可爱，有的与花神嬉戏，有的在花丛中钻进钻出，有的在作轻盈的环舞。这些小天使的生动姿态来自雕塑家对生活的认真观察，形象鲜明而生动。花神那曲线优美丰

满的裸体使人自然想到古希腊雕刻中的《蹲着的维纳斯》，尤其是花神芙罗拉
迷人的微笑比蹲着的表情严肃的维纳斯更具有动感和魅力。

图 7　让·巴普帝斯蒂·卡尔波：
《花神的凯旋》，约 1863—1864 年

　　伊芙琳·德·摩根（Evelyn De Morgan，1855—1919）是 19 世纪英国杰出
的女画家，她被称为唯美主义大师。她的油画《花神芙洛拉》（图 8）既传承
古典主义风格，又有繁复细刻的巴洛克印记。这幅画是为了表达画家对波提
切利的敬意而在佛罗伦萨创作的。她的花神形象综合了春之神和爱神维纳斯
的特征。女神芙罗拉赤脚站在花地上，身着印花裙，右肩上搭着一条红丝巾，
金色长发令人自然联想到波提切利的油画《春》和《维纳斯的诞生》，可以
说是"维纳斯版"的花神。油画的底部还有她的题诗："我从佛罗伦萨来，我
是芙洛拉……"

图 8　伊芙琳·德·摩根:《花神芙洛拉》, 1894 年

　　威廉·阿道夫·布格罗（William-Adolphe Bouguereau, 1825—1905）是
19 世纪末著名的法国学院派画家。他的油画《花神与风神》（或名《芙罗拉
与仄费罗斯》）（图 9）解构了古典神话中花神与西风神绑架强娶的婚姻关系，
表现出神侣关系恩爱融洽的情调。油画刻意展现一对恋人温情缠绵的瞬间，
古典主义绘画风格较为明显。

图9　威廉·阿道夫·布格罗：《花神与风神》，1875 年

　　不仅造型艺术中有花神芙罗拉的刻画，从古希腊开始，西方历代诗人也有以花为题材的诗歌问世。例如，古希腊诗人库里亚仅剩的一首诗歌就名为《花衣》：

> 她身着花衣，是"优雅"与"时季"
> 所裁制，又在春天的群花中染过色，
> 那都是"时季"带来的鲜花，有紫红花，
> 蓝牵牛花，盛开的紫罗兰，
> 朵儿可爱的芬芳的红玫瑰，
> 瓣儿清香的黄水仙和百合花。
> 这样，爱神穿的是四季的香衣裳①。

　　全诗简短，主要描述了众多鲜花，诸如牵牛花、紫罗兰、黄水仙和百合花等。此诗虽然不是叙写花神的诗歌，但诗句中"爱神穿的是四季的香衣

① ［古希腊］荷马等著，水建馥译：《古希腊抒情诗选》，人民文学出版社，1988 年，第 35 页。

裳"，揭示了爱神与花或者女性与花的天然联系。所谓花衣即是爱神所穿的衣裳。爱神的优雅在于不同时节的各色花朵的装扮。从希腊诗歌开始，女性就与花产生了神奇的关联。紫罗兰、红玫瑰、黄水仙和百合花也是西方诗歌中反复出现的植物意象。

迄今为止，最早叙写花神的诗歌应为古罗马诗人奥维德（Publius Ovidius Naso，前43—17）的诗作《岁时记》，此诗第五卷第195行至375行记述了花神的相关神话。诗中的花神这样自我介绍说：

> 现在我叫芙洛拉，从前叫克洛丽丝，
> 拉丁语误改了希腊原来的首字。
> 我曾是克洛丽丝，居住于福田的仙女，
> 你知道那是古昔幸运者的国度。
> 我的容貌有多美，谦逊不许我描述，
> 但我为母亲赢得了神的女婿。
> 春天时我正浪游，西风神看见我，我躲避，
> 他追我，我逃跑，但他有更强的体力，
> 而且北风敢公然劫走厄瑞克透斯之女，
> 此先例让弟弟奸淫时无所惮惧。
> 不过强暴后他以新娘的名分作补偿，
> 我也无所抱怨地躺上了婚床。
> 我永远享受春天，终年景色都明艳，
> 树枝叶繁茂，地上绿茵成片。
> 我的嫁妆便是田野上丰饶的花园，
> 和风吹拂，还有润溉的流泉。
> 丈夫让它开满了高贵的花朵，对我说：
> "女神，所有的花都由你裁夺。"
> 我时常想数清花圃里缤纷的颜色，可是
> 做不到，数字对它们无能为力。
> 每当湿凉的白霜刚从草木上摇落，
> 各色的叶子刚被阳光煨热，

诸"时日"便身着华丽的衣裳聚集于此，

采撷我的礼物，盛入轻篮里……①

　　《岁时记》中此后的诗行叙述花神如何向无数城邦散播花种，朱诺向养父告发丈夫朱皮特如何以花朵使朱诺怀孕，如何设立花神节等。从奥维德的神话叙述中可以认定罗马花神芙罗拉源自希腊花神克洛丽丝，而且奥维德的有关花神的神话展示了古典神话惯用的主题——强奸和抢劫。不同的是这个主题的实施者是两兄弟——西风神和北风神，他们还有明确的分工：西风神抢劫花神，北风神强暴花神。因而这个古典神话除了保留原始的抢婚习俗外，还遗留有兄弟共妻的风俗。有论者说，奥维德在《岁时记》的第五章中叙述了芙罗拉的神话。诗中女神回答诗人说自己的希腊本名是 Chloris。当她在春天漫步之时被西风神 Zephyrus 强暴并成了其新娘。西风神给了她美丽的花园当嫁妆，并总生活在春天，使她成为管辖花朵的女神。女神之后告诉诗人，她的管辖范围不限于花园中的花朵，还包括农作物的花朵及随之而来的收获，包括粮食、葡萄酒、橄榄油、豆类等，蜂蜜则是她的礼物。总之芙罗拉不只是一般想象中那种浪漫和唯美的小资情调的女神。她掌管着农业生产的重要方面，是人们的衣食父母，实乃光荣的劳动妇女②。除劳动妇女的身份外，花神芙罗拉还被说成了妓女。赫尔德在著名的《芙罗拉，女神与妓女》一文中指出，这个妓女故事源于普鲁塔克在《罗马问题》中叙述阿卡拉伦提亚的故事。原型故事多出了前因，即神庙的一位仆人与大力神玩骰子游戏，大力神赢了仆人。所以仆人按约定弄来了城里最漂亮的妓女和最好的菜肴招待神。第二天大力神酬谢妓女拉伦提亚，让一个富人爱上并娶了她。总之在文献中芙罗拉的形象也是分裂的：母亲芙罗拉与妓女芙罗拉相互纠缠（Flora Meretrix）。视觉艺术中的芙罗拉则是这种分裂和二元形象拼合的反映。古典的芙罗拉形象很少流传并被文艺复兴时代知晓③。花神芙罗拉身份的混杂很可能与中世纪的文献记述有关。奥维德的诗作《岁时记》完整讲述了花神的来龙去脉，后世有关花神的叙述基本依据此书。

---

① ［古罗马］奥维德著，李永毅译：《岁时记》，中国青年出版社，2020 年，第 232—233 页。

② 刘晋晋：《再读伦勃朗的〈花神〉——绘画的时间与力量》，载《美术向导》2015 年第 1 期。

③ 同上。

1803 年，考古学家在布兰修道院里发现了大批于公元 11—13 世纪之间创作的中世纪的诗歌与戏剧古卷，其中两百多首作者不详的诗歌经学者们整理，编成《布兰诗歌》。1935 年，著名音乐教育学家奥尔夫（Carl Orff）读到这部诗集，创作出了史诗级的音乐作品《布兰诗歌》。《菲利斯与芙洛拉》是《布兰诗歌》中最长的一首诗，共 79 节。两个人的名字都与春天有关，芙洛拉是罗马的花神，菲利斯来自希腊词语"叶子"。诗中芙洛拉与菲利斯争论骑士与教士作为情人的优劣。诗歌第一节写道：

> 这是一个繁花似锦的季节，
> 天空纤尘不染。
> 大地母亲已披上盛装——
> 无以复加的色彩缤纷。
> 众星正被驱逐隐退，
> 这是曙光女神奥罗拉的命令。
> 睡神随之苏醒，逃离
> 菲利斯与芙洛拉的眼睛①。

又如，诗歌的第六节：

> 和煦微风的絮语，
> 从高天传到地面：
> 此地长满怡人碧草，
> 像绿宝石绿色清新，
> 草丛中一条小溪，
> 潺潺流淌，水花飞溅，
> 欢跃着自言自语，
> 时而跳荡，时而飞奔。②

---

① 杨德友编译：《布兰诗歌》，山西出版传媒集团、北岳文艺出版社，2014 年，第 79 页。
② 杨德友编译：《布兰诗歌》，山西出版传媒集团、北岳文艺出版社，2014 年，第 81 页。

　　长诗《菲利斯与芙洛拉》细腻地描摹自然，对话的展开也在自然背景之下，它把古典神话中的叶神与花神改写成一对世俗的美女，通过她们的辩论展示中世纪的崇尚宗教的观念，其中提及古典神话中的诸多神祇。但从形式上看，这首诗明显地具有骑士文学的印迹，可以说是"骑士文学版"的花神。

　　18 世纪英国浪漫主义女诗人玛丽·鲁宾逊（Mary Darby Robinson，1758—1800）的诗歌《芙洛拉短歌》（Stanzas to Flora）写道：

Let others wreaths of roses twine

With scented leaves of eglantine;

Enamelled buds and gaudy flowers,

The pride of Flora's painted bowers;

Such common charms shall never be wove

Around the brows of him I love.

Fair are their beauties for a day,

But swiftly do they fade away;

Each pink sends forth its choicest sweet

Aurora's warm embrace to meet;

And each inconstant breeze, that blows,

Steals essence from the musky rose.

Then lead me, Flora, to some vale,

Where, sheltered from the fickle gale,

In modest garb, amidst the gloom,

The constant myrtle sheds perfume;

And hid secure from prying eyes,

In spotless beauty blooms and dies.

And should its velvet leaves dispense

No powerful odors to the sense;

Should no proud tints of gaudy hue,

With dazzling lustre pain the view;

Still shall its verdant boughs defy

The northern blast, and wintry sky.

Ah, Venus! should this hand of mine

Steal from thy tree a wreath divine,

Assist me, while I fondly bind

Two Hearts, by holy friendship joined;

Thy cherished branches then shall prove,

Sacred to truth, as well as love. [①]

(让别的玫瑰花环缠绕

有香气的蔷薇叶;

搪瓷的花蕾和俗丽的流动,

弗洛拉的彩绘蝴蝶结的骄傲;

这种普通的符咒永远也织不出来

我爱他的眉间。

美丽的一天,

但它们很快就消失了;

每一种粉红都散发出它最好的甜蜜

奥罗拉温暖的拥抱迎接;

每一阵不间断的微风,

从麝香玫瑰中吸取精华。

那就带我去某个山谷,弗洛拉,

在那里,躲避着变幻无常的大风,

---

① https://www.poemhunter.com/poem/stanzas-to-flora/.

穿着朴素的衣服，在黑暗中，

永恒的桃金娘散发芬芳；

躲在那里，躲避窥探，

在一尘不染的美丽中绽放和凋零。

如果它天鹅绒的叶子分发

感官上没有浓烈的气味；

没有骄傲的色彩，

带着眼花缭乱的光泽痛苦的景象；

它那嫩绿的枝条仍在反抗

北方的狂风，和冬日的天空。

啊，金星！我的这只手应该吗

从你的树上偷一个神圣的花环，

帮助我，当我深情地束缚

两颗心，通过神圣的友谊连在一起；

你珍爱的枝条将证明，

对真理和爱都是神圣的。）

　　诗歌《芙洛拉短歌》，取名"短歌（Stanzas to Flora）"，Stanzas 也可译为"诗节"。美国诗人学者玛丽·奥利弗曾说："诗节（stanza）是这样一个术语，我们用它指一首诗中的一群诗句，这群诗句与另外一群诗句或诗节用额外的空行间隔开来。这个词来自拉丁文（stans，为 stare 的现在分词，意为站立），经过意大利语的转换（stanza，意指一个房间或居所）。当这个术语指诗歌中的间隔时，它是清晰的，不需要更精准的定义。"① 玛丽·鲁宾逊的诗歌《芙洛拉短歌》共有五节或五个短歌，既有自然景观的描绘，又有情感的书写，同时还带有基督教色彩，如结尾所言，"你珍爱的枝条将证明，/对真理

---

　　① ［美］玛丽·奥利弗著，倪志娟译：《诗歌手册：诗歌阅读与创作指南》，北京联合出版公司，2020 年，第 58 页。

和爱都是神圣的"。

　　当代美国作家谢莉·德威斯的传记小说《不只是简·奥斯丁：重现改变英国文学的七位传奇女作家》中评论玛丽·罗滨逊的诗歌时说："与夏洛特·特纳·史密斯和海伦·玛丽亚·威廉斯的诗歌相比，玛丽的早期诗歌还是比较传统的。不过，在诗集里的三十二首诗中，也有只言片语可以显示玛丽的潜力。在暖意融融的迷人诗篇中，玛丽用甜蜜的感伤之情阐释了单相思、城市和乡村生活之间日益扩大的分歧等诸多复杂主题。"① 《芙洛拉短歌》的主题是爱情。

　　与玛丽·鲁宾逊同时代的另外一位英国浪漫主义女诗人夏洛特·史密斯（Charlotte Smith，1749—1806）也曾以花神为题材写作了长诗《弗洛拉》（Flora）。诗中写道：

> Flora descends, to dress the expecting earth,
> Awake the germs, and call the buds to birth;
> （弗洛拉降临，装扮期待的大地，
> 唤醒菌物，嫩芽萌生；）

> Goddess! on youth's bless'd hours thy gifts bestow;
> Bind the fair wreath on virgin-beauty's brow...
> （女神！在青春的祝福时刻，你的馈赠；
> 把美丽的花冠戴在处女美人的额上……）②

　　夏洛特·史密斯的诗作《弗洛拉》是西方文学史上最长的书写花神的诗歌。有学者指出："史密斯的诗歌，复兴了自弥尔顿以来英国十四行诗的传统，再创了十四行诗的辉煌，预示了浪漫主义诗歌在十四行诗这一形式方面

---

① ［美］谢莉·德威斯著，史敏译：《不只是简·奥斯丁：重现改变英国文学的七位传奇女作家》，南京大学出版社，2019 年，第 113 页。
② https://www.poemhunter.com/poem/flora-3/.

的进一步发展。"① 以史密斯为例，2005 年，由卡润任总主编，编写了 5 卷本的《夏洛特·史密斯作品集》。2006 年，又出版了《夏洛特·史密斯作品集》第 6 卷到第 10 卷，2007 年出版了第 11 卷到第 14 卷。对于史密斯作品的这种编撰工作，在文学评论界也引起了广泛的关注②。实际上，对于夏洛特·特纳·史密斯来说，自然界就是艺术，而其有名望的同行们也注意到了这一点。沃尔特·司各特爵士曾说，夏洛特"笔下的风景中保留了画家的真实和精细"。他还在《威弗利》（Waverly）系列中借用了夏洛特颇具开创性的创作手法。威廉·华兹华斯对夏洛特的创作能力大加赞赏，认为她在创作时"怀着对乡土自然真切的情感，而当时的英国诗人普遍对自然不以为意"③。

加拿大学者安·希黛儿在《英国植物学文化中的科学与性别：1760—1860》一书中指出："这部诗集的压轴诗《花神弗洛拉》，是夏洛特·史密斯参考伊拉斯谟·达尔文的《植物园》后为女孩们改写的版本。这首诗附有不少植物学注释，描述了花神在春天降临大地的场景，她漫步在自己的植物王国，这里有鲜花、树木、阴生植物和海洋植物。这首诗意欲激发女孩子们的植物学兴趣，按达尔文的话说是为'充满想象的孩子'呈现'一幅可以摆放在柜子里的花神图像'。这首诗描述了花神弗洛拉和仙女精灵们一起'守护脆弱的蓓蕾，照料幼小的花儿……保护花粉不被大风吹散'。史密斯的诗主要不在于说教和解释植物学，而是卖弄植物学知识，例如她用植物的花部器官命名花神领导的仙女们，'佩特拉'（Petalla）、'内克塔芮妮亚'（Nectarynia）、'卡莉克莎'（Calyxa）。"④ 引文中的"这部诗集"指的是《博物学入门：对话和诗歌选集》。安·希黛儿分析了夏洛特·史密斯的长诗《花神弗洛拉》与植物学的关系，并说明 18、19 世纪之交的英国女性、性别和植物文化紧密地交织在一起。

19 世纪美国女诗人艾米莉·狄更生（又译狄金森，Emily Dickinson，1830—

---

① 章燕：《英国浪漫主义诗歌研究在后现代文化视域中的多元走向》，《外国文学研究》2003 年第 5 期。

② 王欣：《英国浪漫主义女性诗歌的当代经典化》，《外语与外语教学》2011 年第 3 期。

③ ［美］谢莉·德威斯著，史敏译：《不只是简·奥斯丁：重现改变英国文学的七位传奇女作家》，第 63 页。

④ ［加拿大］安·希黛儿著，姜虹译：《英国植物学文化中的科学与性别：1760—1860》，四川人民出版社，2021 年，第 99—100 页。

1886）的诗歌《红装的花神》，其诗如下：

> 红装的花神——还像往年一样
> 在山里贞守着她的秘密！
> 素裹的花神，于田野中睡在
> 白色的百合里！
>
> 清爽的风儿用它们的笤帚
> 扫过河谷——山丘——和树林！
> 请告诉我，可爱的主妇们！
> 你们在等待谁的来临？
>
> 左邻右舍们还毫无察觉！
> 林木在对开笑颜！
> 果园披绿，金凤花儿待放，鸟儿啭鸣——
> 都在霎那之间！
>
> 可是，秀丽的大地显得多么安静！
> 树篱又是多么的毫不在意！
> 好像这一"扶苏"
> 是最平常不过的事！①

扶苏，一种小树木。《诗经·国风·郑风·山有扶苏》的诗句说："山有扶苏，隰有荷华。不见子都，乃见狂且。山有桥松，隰有游龙，不见子充，乃见狡童。"② 美国诗歌评论家海伦·文德勒曾说："正因为狄金森清楚地知道她所承继的诗歌传统，因此她特别注意把自己的诗歌观念和表达方式与其他人区别开来。比如，她从莎士比亚那里借用的诗歌观念：鲜花完成了自然

---

① ［美］狄更生著，王晋华译：《狄更生诗歌精选》，山西传媒集团、北岳文艺出版社，2010 年，第 13 页。

② 高亨：《诗经今注》，上海古籍出版社，1980 年，第 117 页。

生命过程，死后留下了精油的香气，不过，莎士比亚视之为'蒸馏'（十四行诗第 5 首），而她视之为一种痛苦的'螺旋的馈赠——'：

> 精油—得之于挤压—
> 来自玫瑰的香露
> 得以榨出—不靠太阳—
> 它是螺旋的馈赠—

我的评论首先关注狄金森如何把想象上的和语言上的'螺旋'诉诸自己的情感经验，以便提炼精油（精华），并赋予其相应的结构。"①

19 世纪英国"新工艺运动"的奠基人、诗人威廉·莫里斯（William Morris，1834—1896）也有名为《芙洛拉》（Flora）的诗作：

Flora by William Morris
Am the handmaid of the earth,
I broider fair her glorious gown,
And deck her on her days of mirth
With many a garland of renown.

And while Earth's little ones are fain
And play about the Mother's hem,
I scatter every gift I gain
From sun and wind to gladden them. ②

（我是大地的侍女，
我把她的华服绣得更漂亮，
在她欢乐的日子里装饰她

---

① ［美］海伦·文德勒著，王柏华等译：《花朵与漩涡：细读狄金森诗歌》，广西人民出版社，2021 年，第 11—12 页。

② https://www.poemhunter.com/poem/flora/.

有许多著名的花环。

当地球上的孩子们高兴的时候

在母亲的裙边玩耍，

我把我得到的礼物都撒了

从阳光和风来取悦他们。)

威廉·莫里斯书写花神芙洛拉的短诗洋溢着青春气息和童趣，花神为装点大地而存在，给人间带来欢愉。

19 世纪英国诗人约翰·济慈（John Keats，1795—1821）的《诗集》（1817年）中的诗歌《睡与诗》（Sleep and Poetry）从第 101 行开始写到了花神：

First the realm I'll pass

Of Flora，and old Pan：sleep in the grass，

Feed upon apples red，and strawberries，

And choose each pleasure that my fancy sees；

Catch the white-handed nymphs in shady places，

To woo sweet kisses from averted faces—

Play with their fingers，touch their shoulders white. ①

（首先，我要去经过

花神和老潘神的领地：

睡在草地上，

以鲜红的苹果和草莓充饥，

任凭幻想的指引去尽情游戏。

我要在林阴里捕捉玉腕的女神，

从闪躲的面颊追求甜蜜的吻。)

---

① *The poems of John Keats*，Wordsworth Editions Ltd.，1994，p. 49.

济慈的这首诗并非专门书写花神芙罗拉，而是他本人熟稔古典神话的一种炫耀。潘神（Pan），又称牧神，是希腊神话中司羊群和牧羊人的神，他的形象一般为人的身体，头上长角，长耳朵，下半身及脚长得像羊。他又是希腊的森林之神，性好女色，放纵情欲。法国诗人马拉美的诗作《牧神的午后》即是书写牧神沉湎于午后与林中仙女幽会的春梦。印象派音乐大师德彪西据此诗创作了著名的交响乐《牧神的午后》。诗人济慈将花神与潘神撮合在一起，是一种性的暗示。

19 世纪英国诗人威廉·布莱特·兰德斯（William Brighty Rands，1823—1882）曾写作了诗歌《花》（The Flowers）：

When Love arose in heart and deed
To wake the world to greater joy,
"What can she give me now?" said Greed,
Who thought to win some costly toy.

He rose, he ran, he stoop'd, he clutch'd;
And soon the Flowers, that Love let fall,
In Greed's hot grasp were fray'd and smutch'd,
And Greed said, "Flowers! Can this be all?"

He flung them down and went his way,
He cared no jot for thyme or rose;
But boys and girls came out to play,
And some took these and some took those—

Red, blue, and white, and green and gold;
And at their touch the dew return'd,
And all the bloom a thousandfold—

So red, so ripe, the roses burn'd!①

（当爱在心灵和行为中升起
唤醒世界，享受更大的欢乐，
"她现在能给我什么呢?"贪婪说
他想赢得一些昂贵的玩具。

他站起来，他跑，他弯腰，他抓住;
爱让花儿很快凋零，
在贪婪的火烫的手中，
贪婪说："花! 难道就这样吗?"

他把它们扔下，走了，
他一点也不喜欢百里香或玫瑰;
但是男孩和女孩们出来玩，
有些人吃这个，有些人吃那个

红色、蓝色、白色、绿色和金色;
在它们的触摸下，露水又回来了，
和所有的盛开一千倍
那么红，那么熟，玫瑰燃烧了!）

　　前文提及，英文词汇 Flower 源自拉丁语 Flora，花与花神是一种渊源关系。
兰德斯的《花》既是一首情诗，又是一首哲理诗。诗歌把花比作女人，男人
与花的关系，即男女关系。诗歌表达了诗人的爱情观，即爱不是索取和占有，
女人不是男人欲望的对象，只有呵护，爱才能燃烧。
　　当代爱尔兰女诗人诺拉·尼高纳尔（Nuala Ní Dhomhnaill，1952—　）的
诗歌《花姬》写道：

---

　　①　https：//www. poemhunter. com/poem/the-flowers-2/.

你的指尖一下触碰
就让我盛开
身体的化学成分
完全转变。
我是阳光下
蓬勃疯长的丰盛草原
在你手掌的抚摸下
成熟，绽放

我所有的绿意，被热力
被草莓被海绿花催开
那么绯红，那么突然
在草茎间羞涩躲藏。
请你尽管来
从我身上采一把蔺草。

我等待你的召唤
已经一整个冬天。
我凋零，死亡
化为尘灰。
我丢失了肉体的欲望
可是你的触碰
使我复活
从昏睡中苏醒。

你的太阳照亮我的天空
有风生起
像天使的气息
拂动水面
我每一寸肌肉

都在你面前悸动

皮肤起栗

毛发直立

当你压上我的身躯。

我在洗手间端坐良久。

一阵甜蜜的气息

从我每个毛孔冉冉升起

证明了——如果还需要证明的话

——只要你指尖一下触碰

我就如鲜花盛开①。

花姬（威尔士语 Bkwdewe，意即鲜花脸庞）是威尔士古代故事《乌比诺吉》（Mahnogi）中的一个角色。她是魔法师用花朵制造出来的，以嫁给受了诅咒的不能娶女人为妻的英雄巧手雷伊（Lkaw ILy）。可花姬并不甘于制造者的安排，而是移情别恋，并谋杀雷伊，因此被诅咒变成只能在夜晚出没的猫头鹰②。与兰德斯的《花》诗歌一样，这首诗表达的是爱的主题。只不过，诗人诺拉·尼高纳尔以女性的视角，含蓄表示了对男性爱的渴求。

有学者指出："在当代神话叙事中，女性作家的神话改写是一个不容忽视的文学景观。有着丰富女神形象的希腊神话吸引了大量女性作家的注意，成为他们改写的对象。"③ 不仅小说写作如此，诗歌书写更是有过之而无不及。关于改写，桑德斯提出："可以从宏观与微观两个层面进行界定：宏观上讲，改写是一个或多个文本的移植；从微观上看，改写更加注重作为承文本的改写作品与起源文本之间的关联——是对起源文本的修正，还是对原有的沉默、空白及边缘地带的发掘。"④ 按照词典的意义，改写是调整，使适应；改写是

---

① ［爱尔兰］诺拉·尼高纳尔著，邱方哲译：《蛾子纷落的时刻》，北方文艺出版社，2016 年，第 58—60 页。

② 同上，第 58 页。

③ 陈红薇：《改写》，外语教学与研究出版社，2021 年，第 13 页。

④ 同上，第 76 页。

一个创造过程，改写行为总涉及再解释和再创造，被称为"挪用"和"打捞"。从接受角度看，改写是一种互文性形式。从以上论述中不难看出，除女性诗人书写花神外，也有男性诗人以花神为题进行改写或题材挪用，男女视角各不相同，侧重点也有差异。

　　综上所述，无论是图像还是诗歌中的花神都是艺术主题之一。西方艺术家虽然选用了花神题材，但在不同的艺术作品中花神的形象显得复杂多变：她既是一个纯情少女（庞贝壁画），又是一个母亲或者妇女形象（提香、鲁本斯的画作）；她既是爱神维纳斯的陪衬，又是春天的象征（波提切利的画作）；她既是妓女，又是一座城市——佛罗伦萨的象征，等等。无论花神芙罗拉以何种形象示人，她在两千余年的艺术史演进中作为常用常新的艺术主题已确定无疑。

Flora: From myth to art

Zhao Jianguo

Abstract: Flora is the goddess of flowers in ancient Roman mythology. Its origin is related to the Flower Festival, and its image is complex and ever-changing. From the perspective of the evolution of the goddesses of flowers in classical mythology, the goddess of flowers in Greek and Roman mythology show signs of gradual convergence. The myth of of Flora, the goddess of flowers, has been spread for more than two thousand years and has become a commonly used artistic themes among Western artists.

Key words: Flora; myth; image; poetry; theme

《追忆似水年华》中的神话书写①

——《俄耳甫斯和欧律狄刻》的现代式改写与颠覆

广西大学文学院　王叁汕②　赵　牧③

摘　要　20世纪以来,《追忆似水年华》已然得到诸多经典的解读和阐释,但是与同时期的现代主义文学作品相比,这部小说的神话研究成果相对零散,学界并没有对普鲁斯特的小说和希腊神话之间的关系予以太多的关注和重视。西方现代主义文学有向神话回流的趋势,《追忆似水年华》也是这种现象的表征之一,小说文本在叙事上呈现出对希腊神话的一种逆向式复归。通过对《俄耳甫斯和欧律狄刻》的模仿和颠覆,小说在故事主题、人物身份设置、神话隐喻等方面完成了对这则希腊神话的创造性改写,使其在摆脱神话影响的同时书写了普鲁斯特自己的现代神话。

关键词　普鲁斯特;《追忆似水年华》;神话研究;《俄耳甫斯和

①　[基金项目] 本文为国家社会科学基金一般项目"近代中外文学关系转型史研究"(项目编号:19BZW162)成果。

②　王叁汕,广西大学文学院2022级中国比较文学与世界文学专业硕士,研究方向:外国文学、中西比较诗学。

③　赵牧,文学博士,广西大学文学与文化研究中心副主任,广西大学文学院教授,博士生导师,研究方向:中国现当代文学、中西方现当代文学思潮。

欧律狄刻》

　　《追忆似水年华》（以下简称《追忆》）与《尤利西斯》并称为西方意识流的双峰，这两部小说也是 20 世纪西方文学理论的主要阐释场所之一。然而相比于《尤利西斯》或者是其他现代主义文学作品，如卡夫卡的小说、艾略特的《荒原》等，对《追忆》小说文本的神话研究远没有达到对其他同时期现代文学作品神话研究的规模。在《批评的剖析》一书中，弗莱提出了现代主义小说有向着神话回流、复归的趋势。他的这种观念在绝大多数的现代小说、诗歌的文本中有着明显的表现，就像《尤利西斯》对《荷马史诗》结构的借用，让传说中的人物消解于现代社会；《荒原》利用神话，以象征框架来隐喻现代生话；卡夫卡将神话转化为寓言般的现代启示录。但是《追忆》对神话素材的处理却是隐而不显。普鲁斯特深入到神话故事的内在肌理，对《俄耳甫斯和欧律狄刻》①的故事作了天才般创造性的现代式改写，从小说文本的主题、人物身份、意象隐喻上对这则希腊神话进行大胆颠覆，书写了属于自己的现代神话。从某种程度上说，《追忆似水年华》在借鉴神话的基础上又破除神话的"神话"，是其在现代主义文学史上独具魅力的重要原因，其在经典的世界文学作品中塑造了自己的神话地位。

---

　　① 希腊神话故事传说最初散见于《神谱》《荷马史诗》以及西方早期其他文学、历史著作中，19 世纪由德国浪漫主义诗人古斯塔夫·施瓦布进行了细致的挖掘和整理，汇集成了《希腊神话故事》。在众多主流、经典的《希腊神话故事》版本中都有 *Orpheus and Eurydice* 这则故事。本文参考了（德文版）Schwab, Gustav, *Sagen Des Klassischen Altertums*, Insel Verlag Frankfurt, 1975；（英文版）E M Berens, *Myths And Legends Of Ancient Greece And Rome*, Andrews UK Limited, 2010, pp. 55-56；（双语版）海德等编、李芷轩译：《希腊神话故事》（英汉对照），中国对外翻译出版公司，2009 年，第 54—59 页；（中文版）［德］古斯塔夫·施瓦布著，光明译：《古希腊罗马故事》，湖南文艺出版社，2011 年，第 114—116 页。这些版本都共有的故事情节：传说中，俄耳甫斯和欧律狄刻是对恩爱的夫妻，但是有一天欧律狄刻被毒蛇咬死，于是俄耳甫斯前往冥界的入口，想要从地府带走被毒蛇咬死的妻子，让妻子复活。他用自己动人的音乐和对妻子的爱情感动了冥王与他的妻子普西芬尼，于是他们准他把欧律狄刻带回人世，前提是走出冥界之前，他不能回头看他的妻子欧律狄刻，也不能交谈。但最后，俄耳甫斯没忍住自己对妻子的思念回了头，结果他的妻子重新掉落进冥界，俄耳甫斯独自一个人从出口返回尘世。悲痛欲绝的他断绝了与所有人的来往，只与音乐相伴，最终因为失去妻子陷入精神癫狂状态，得罪了酒神狄俄尼索斯的信徒，被她们杀死。

一、对神话"追寻"主题创造性的改造

《追忆似水年华》的法语标题叫做 *À la recherche du temps perdu*，根据中文直译，这部法国小说的标题为《寻找失去的时间》。Recherche 在法语里是阴性名词，有寻找、搜寻、寻求、探求、研究等含义，它的动词形式是 Recher-cher，寻找的对象是时间（temps），时间被失去（perdu）修饰。就小说的标题而言，其包含了整部小说的两个重要的主题"追寻"和"时间"。普鲁斯特的整部作品讲的都是寻找失去的时间，寻找的途径不在外部世界，而是记忆[①]，所以正是在二者的基础上普鲁斯特建构了一座宏伟的记忆大厦，他的母亲、外婆、情人、朋友包括法国社交界和那个时代法国社会的概况以及异域的风情，甚至那些伟大的艺术品都囊括在其中。小说的开头就用很大的篇幅对马赛尔似睡非睡的状态进行了叙述，表现了人在半醒半寐中的意识活动，在心理学上这种意识活动夹杂了意识与潜意识，即现实和梦的交织。接下来，介于两种意识活动之间的主人公，回忆起他的童年，非自主回忆在这段的结尾第一次登场，由莱奥妮姑妈的玛德莲小蛋糕引出。"在文学原型方面，仪式是文学的叙述，而梦则是其有意义的内容"[②]，这种漫长繁复的开头体现出一种仪式感，它是作者带领读者进入他创造的梦幻般的文学世界的入口，是整部小说的缩影，同时也是一种原型的表现。"在普鲁斯特的小说中时常提到梦境，人物时常陷入梦境之中，或梦境与现实难以辨认的境地"[③]，马赛尔在一种半睡半醒的状态中登场，显示出了小说的某种梦幻和寓意性。回顾西方文学史，但丁《神曲》的开头部分也是如此，"人生的旅途，我方行半程，便身陷幽暗的森林之中，正确路已迷失，方向不明"[④]。随后诗人遇见了三只猛兽挡住去路，维吉尔的出现把他从困境中解救出来，于是诗人在《神曲》中的奇妙旅程便开始了。此处但丁也用一种介于清醒和半清醒的状态表现出从现

---

① ［法］朱莉亚·克里斯蒂娃著，祝克懿、黄蓓编译：《主体·互文·精神分析》，生活·读书·新知三联书店，2016 年，第 60 页。
② ［加拿大］诺思罗普·弗莱著，陈慧译：《批评的剖析》，北京大学出版社，2021 年，第 141 页。
③ 严彬：《追寻〈追忆似水年华〉中的时间》，《上海文化》2021 年第 3 期。
④ ［意大利］但丁著，王军译：《神曲》，浙江工业大学出版社，2022 年，第 1 页。

实向梦幻的过渡，从而完成了诗人向叙述主人公的转化。通过但丁和普鲁斯特作品的开头所显示出的寓意性和梦幻性，可以进一步追溯到希腊神话，二者都与神话叙述模式的开头相呼应，最直接的源头表现在俄耳甫斯寻妻的神话故事中，他和妻子的故事也真正开始于他从现实世界进入冥界的入口。因此，《追忆》在小说的开头所呈现的这种仪式化的叙述模式体现了神话故事叙述的某些因素，而且小说故事的内容也与这则希腊神话中的"追寻"主题高度契合。但普鲁斯特在吸收神话的基础上却做出了创新性的转化和利用，使得《追忆》在模仿神话的同时摆脱神话影响的焦虑，书写出了一段现代式的《俄耳甫斯和欧律狄刻》神话。在《影响的焦虑》中，布鲁姆认为"莎士比亚就是诗的影响"①，毫无疑问，神话传说也是小说的影响，尽管20世纪以来小说的故事情节逐渐淡化，但是故事性仍然是小说的首要特征，而神话则具有天然的故事性，小说家在写作小说时必然绕不开神话，对神话的态度、处理方式是小说能否进入世界经典文学作品殿堂的重要条件之一。普鲁斯特在《追忆》中对神话的颠覆，是对神话影响的抵抗，展现出他作为"强者"小说家的竞争力。

　　首先，"俄耳甫斯寻妻故事"的核心是西方文学传统中的追寻主题。在《追忆》中普鲁斯特巧妙地借鉴了追寻主题，不同的是他将追寻的对象从具体的人变为抽象的事情——时间，而且是失去的时间。于是故事内容由追寻欧律狄刻转变为"寻找失去的时间"，这样就把神话故事文本复杂化，由在单一的空间中追寻单个的女主人公演变为在空间和时间中追寻过往的人、事，诸如对去世外婆、好友圣卢、女友阿尔贝蒂娜的回忆以及对童年时代浸泡马德莱娜的一小杯茶、高低不平的石板、上过浆的硬毛巾、汤匙敲在碟子上的声音的回忆。从另一方面来看，这种追寻使得马赛尔不受现实时间的约束，而在心理时间中自由地回忆。小说文本叙事所表现出的超时空性和神话传说在叙事上所呈现出来的不受时空影响的特性相对应，也就是说在叙事上，原始神话的时空一体观念和现代小说中的超时空观念都呈现出一种超越性，因为俄耳甫斯也同样可以自由地从现实世界进入冥界，再从地下回到地面上。于是，《追忆》对神话追寻主题现代式的改写体现为追寻对象以及追寻途径的抽

---

① ［美］哈罗德·布鲁姆著，徐文博译：《影响的焦虑》，中国人民大学出版社，2019年，第16页。

象化，即失去的时间和记忆。

其次，俄耳甫斯的回头也是西方文学传统中欲望滥觞主题的源头。普鲁斯特把神话里俄耳甫斯"回头"这个动作以及其产生的后果移植到小说文本中，所以《追忆》中的寻找也可以理解为"回头"，它既包含思维的成分，也包含行为这个要素，"所谓'寻找失去的时间'，这里的'寻找'是一种创造活动，即希腊语中的'poiêsis'，是一个只能在自身内部进行的行为，是一种不断的经历与重构"①。希腊神话中俄耳甫斯在追寻妻子的过程中，恰恰是因为爱得太深，在情欲的驱动下无意识地回头导致他违背了与神的承诺，让妻子再度死去，结果是俄耳甫斯对妻子的爱永远都只能在回忆中；同样地，尽管马赛尔通过无意识回忆，召回了"遗失的时间"，但是他所钟爱的人、事只能活在其记忆中，他们被裹挟在过去的时间中，而"'过去的时间'是一种'逝去的时间'［temps perdu］，它是变更的、变老的、衰朽的和毁灭的时间"②，它呈现在身体里，也存在于感觉中。这也是为什么马赛尔在一次系鞋带的情节中，偶然回忆起去世的外婆也曾帮他系过松开的鞋带，开始痛苦。即便非自主回忆，也能唤醒藏在某种物质中的感觉，然后召唤回过去遗失的时间，但是这种召回所产生的快感并不具有唯一性和永恒性，快感消失之后，留在记忆中的痛感也会随之而来，并比快感更为持久。为了转移这种痛感，马赛尔在小说结尾投入写作，将这种痛感转化到对艺术的追求中。相同的是在这两个故事中，两个主人公都遵循各自本能中的欲望冲动，挣脱了理性的束缚。俄耳甫斯个人的爱欲得到了满足，但是夫妻俩彼此之间的爱情只能永远留在他的记忆里，他终身都生活在对妻子的回忆里。这种不节制的爱欲象征着人永远无法克制的欲望，在普鲁斯特的小说中则进一步演变为异性之间强烈的嫉妒之爱、同性之间性欲倒错之爱、施虐者与受虐者之间的爱。这些欲望，造成马赛尔无法正确处理自己的感情，最后，他只能在独自书写自己过往的生活中活下去，寻回时间，重获时间，寻回回忆，重获逝去的感情。

从"追寻"和"欲望"的主题上，《追忆》代表了20世纪现代主义文学从西方模仿论对现实世界的描写传统转向抒写内心世界微观感受的趋势，因为说

① ［法］朱莉亚·克里斯蒂娃著，祝克懿、黄蓓编译：《主体·互文·精神分析》，生活·读书·新知三联书店，2016年，第61页。
② ［美］罗纳德·博格著，石绘译：《德勒兹论文学》，南京大学出版社，2022年，第43页。

到底神话是"人类在达到理论思维之前的一种普遍的认识世界、解释世界的一种思维方式"①。俄耳甫斯寻妻的故事是原始人在面对死亡时所做出的一种诗性解释，它是原始人类对现实的一种反映。由是，《追忆》开创了心理层面的神话书写，它对神话主题的合理借用，印证了西方现代小说向神话回流的趋势。

二、对神话人物身份双重性的逆转

《追忆似水年华》中主人公"我"——马赛尔，一直是研究这部小说绕不开的话题。关于叙述者、叙述者的视角以及叙述话语的分析，从早期一直延续到现在，其中成就最为瞩目的是法国结构主义者们在叙述问题上的阐释。法国叙事学家热拉尔·热奈特在《叙事话语·新叙事话语》中对《追忆》中叙事方面的问题做出过详尽的解读。如此，在叙事学上《追忆》男主人公身份上的双重甚至多重性也可以从神话研究上做出解释。作为叙述者，马赛尔身上所体现出来的双重性与神话主人公俄耳甫斯身上所显示出的拯救性与惩罚性相一致。当然，《追忆》从某种程度上说就是一部关于惩罚与拯救的小说。除了神话的"追寻"原型外，在《俄耳甫斯和欧律狄刻》的故事中人物身份所具有的"拯救和惩罚"的双重性在西方文学中反复使用，而在《追忆》这本小说中表现得尤为明显。

其一，拯救和惩罚表现在人物身份的双重性上，拯救者同时也是惩罚者。俄耳甫斯拯救妻子的行动却造成妻子再次死亡的惩罚性后果。小说以马赛尔的视角扫视各种人物、事件和活动，他的个人经历成为文本围绕的中心点，以至于他能够随意、偶然地从记忆中打捞起过去遗忘的、消失的、褪去的感觉，复活这些感觉依凭的人、事、物，也能刻意地用写作去创造性地记录他（它）们。但是他也有面对感觉丧失之后一次又一次的痛苦，以及书写过程中不断地受折磨，即使在艺术上他使得他（她、它）们获得了拯救，然而也让他在时间洪流中的每一次回忆和书写都提醒自己他（她、它）们的再次死亡。无论是在神话还是小说中，惩罚者和拯救者是同一个人，这种双重性是由主人公的叙述视角所限制的，因为一切故事情节的发展都由他们主导，俄耳甫

---

① 叶舒宪：《神话——原型批评》，陕西师范大学出版社，2012年，第6页。

斯与其说在寻妻，不如说是在寻找自己；马赛尔追忆"似水年华"，其实是追忆他自己，甚至于马赛尔这位叙述者，他钟爱的只是回忆本身。那么，无论是欧律狄刻还是"似水年华"都是主人公意识的反映，受到各自意识的制约。所以，拯救者也必然是惩罚者，二者双生一体，就像希腊神话中的双面神雅努斯。

其二，因为故事的视角受到叙述者的限制，神话和小说的主人公都有一个共同的身份——艺术家，而这种身份会使故事在叙述—呈现中获得拯救和惩罚的双重性。在此不妨做一个大胆的推测：欧律狄刻确实是被蛇咬死了，但俄耳甫斯根本没去冥界解救她，真正现实的情况就是他编制了一个神话使得他对妻子的死亡不是那么无能为力。他努力过，恰恰是他太过努力也即他太爱妻子，为了让自己的痛苦转移，俄耳甫斯编制了一个爱情神话。他借用想象美化自己，利用艺术将自己的感情上升到永恒，在神话故事的流传中，人们将一次又一次地为这个爱情神话而惋惜，并对俄耳甫斯报以同情。

在希腊神话中音乐和诗歌的发明者俄耳甫斯是艺术家的原型，那么他具备高度活跃的想象力并不是无稽之谈。再者，他在妻子死后陷入精神失常的状态，因不敬酒神狄俄尼索斯而被其信徒撕成碎片的传说，也可以说明他因妻子的死亡陷入一种神志不清的状态，而这种状态与柏拉图提出的灵启相似。"他们一旦受到音乐和韵节力量的支配，就感到酒神的狂欢。"① 诗人因为神灵凭附受到刺激，进入到诗兴迷狂的境界，所以作为太阳神阿波罗和缪斯女神卡利俄珀儿子的俄耳甫斯完全可以虚构出他去冥界游历、企图拯救妻子的故事。从这个意义上，俄耳甫斯的身上所体现出来的拯救与惩罚的双重性，是经由其艺术家身份显现出来的，而且他作为艺术家的身份被《追忆》中的马赛尔继承并得以发挥。"《追忆似水年华》有两种合情合理的读法：1. 一则开蒙成长的故事。2. 一个艺术家步步回首，重温天命昭彰的经历。"② 无论是什么读法，从本质上讲，《追忆》从头到尾都是一部关于个人经验自我书写的小说，作为观察者和记录者的马赛尔、作为艺术欣赏者的马赛尔以及作为文学家的马赛尔从始至终都将自己的回忆当作艺术对象予以加工、修饰和打磨。写作对于马赛尔就

---

① ［古希腊］柏拉图著，朱光潜译：《柏拉图文艺对话集》，人民文学出版社，2022 年，第 6 页。
② ［法］让－保罗·昂托望等编，张苗等译：《普鲁斯特私人词典》，华东师范大学出版社，2020 年，第 129 页。

像西西弗斯受到惩罚而不断地将山脚下的石头推上山顶的过程，然而通过写作追求艺术的过程也是一种拯救，艺术家就是被诅咒的人，也是自救的人，他具有拯救和惩罚的双重性，所以“寻求审美拯救才是这部巨著的事业，普鲁斯特是在挑战弗洛伊德作为混乱时代主要神话创造者的地位”①。

　　然而在神话故事中，俄耳甫斯身上的惩罚性超过了拯救性，最终他只能活在对妻子的痛苦回忆中，甚至像前面推测的那样，他自己虚构了一则爱情神话来分散自己的痛苦，因此艺术在神话中只是起暂时的宽慰作用。尽管拯救和惩罚是两个文本共有的，但是马赛尔比俄耳甫斯幸福，因为从结局来看，艺术的升华带给了他心理的拯救，这就与俄耳甫斯不同，艺术在俄耳甫斯那里只能起暂时的宽慰作用，而不是拯救。而马赛尔与俄耳甫斯相反，他对时光的流逝以及身边人的变化表现出无可奈何的哀婉和悲伤，但是艺术即文学成为升华这些伤感通向永恒的向上之路。“普鲁斯特创造出充满想象的浪漫传奇，描述了叙述者如何从马赛尔成长为小说家普鲁斯特，并在这部书的最后一卷中改变了意识，得以把自己的人生塑造为一种智慧。”② 因此普鲁斯特把马赛尔塑造成一个现代版的俄耳甫斯，但是他却拒绝给予马赛尔一个悲剧性的结局，于是他在借用神话中拯救和惩罚主题的基础上为读者讲述了一个充满希望的故事，所以有人评价“《追忆》是 19 世纪最后一部伟大的救世小说，这部小说用希望来结束”③。

　　其三，人物身份的双重性使得人物主观意识的反映物——爱情与时间也具有这种双重性。俄耳甫斯意识中的爱情既是拯救成功的必要条件，也是惩罚生成的主要原因，同样地马赛尔头脑中的时间也具有这种双重性。时间在《追忆》中最先展现的是惩罚性，它以一种摧毁一切人和事物的方式在流逝，在文本中最突出的表现是主人公经常对时间产生一种焦虑，而且这种焦虑又继续加深，变为对死亡的恐惧。由于过去时间的不可逆性以及未来时间的不可知性，导致主人公在现实里无法安抚自己的情绪，他总是错过当下发生的事情，用非自主回忆的感觉去替代当时的感受。“在普鲁斯特的作品中，非自

---

① ［美］哈罗德·布鲁姆著，江宁康译：《西方正典》，译林出版社，2022 年，第 356 页。
② ［美］哈罗德·布鲁姆著，江宁康译：《西方正典》，译林出版社，2022 年，第 356 页。
③ ［法］安托万·孔帕尼翁著，徐和瑾译：《与普鲁斯特共度假日》，译林出版社，2017 年，第 30 页。

觉记忆的时刻仅仅是承接的手段和组织的枢纽：绝不是重新打开过去，而是把过去'首次'变成现在，就像在当下现在的空间中打开另外的空间。"① 所以在小说中马赛尔只能活在逝去时光存在的空间里，在另一个平行时空里接受与真正"现实"时空错位而造成的痛苦。如：主人公童年每天晚上睡前最期待的事情是母亲来拥抱亲吻他，但是有一次斯万的到访使这个惯例被打破。尽管最后他还是如愿以偿地获得母亲的吻，然而他认为："明天我的苦恼照常还会出现，而妈妈却不会再留在这里。"② 在马赛尔当下享受母亲给予幸福的那一刻，他并没有沉浸在母亲的爱中，而是又想到明天，明天母亲来之前他还是会陷入等候母亲的焦虑和苦恼中。又如外婆的生病以及死亡，是马赛尔对时间的流逝由焦虑到恐惧的重要原因。在文本中直接出现了对俄耳甫斯寻妻故事的借用，"我孤孤单单，站在电话机前，不停地、徒然地呼喊着：'外婆，外婆'，就像俄耳甫斯孤零零地重复着亡妻的名字一样"③。"我"在与外婆通电话的过程中，回忆外婆平常的声音，并与现在电话里她的声音进行对比，但是在"我"的想象还没有结束时，电话出了问题，"我"再也听不见声音，于是"我"就变成了神话中的那个俄耳甫斯。在这一情节中，马赛尔也是不能完全存在于当下的时间，他的思绪要么处在对未来的焦虑中，要么就是对过去的留恋，以至于当真正的时间来临时，他仍然不自知，就像俄耳甫斯即将和妻子一道从冥界出去，却又回过头。

　　但与俄耳甫斯不同的是，回忆虽然会带来无尽的痛苦和折磨，但是马赛尔却甘愿沉浸在其中，他在时间中接受惩罚，也在时间中获救，因为"对'时间'的洞察既让他开始写作，也让他从遗忘中拯救了那些不写作而'浪费'的时间"④。这种拯救性对应的是过去的时光，在马赛尔看来，业已失去的天堂，才是真正的天堂。如此，"毁灭人的是无情流逝的物理时间，拯救人

① ［美］詹姆逊著，苏仲乐等译：《论现代主义文学》，中国人民大学出版社，2010年，第269页。
② ［法］M·普鲁斯特著，袁树仁、李恒基译：《追忆似水年华》（上），译林出版社，2001年，第27页。
③ 同上，第631页。
④ Paula, Marchesin, *Why must Marcel Write? Time as a Justification for Literature in À la recherche du temps perdu*, Penn State University press, 2019, p. 262.

的则是自由伸缩往返的心理时间"①。在主观意识中，过去的时光会成为筛子，人们可以凭借意识随意除掉自己想要忘掉的杂质，也就是说过去的时间具有一种可塑性。尽管已经发生的事情我们改变不了，但是可以将这些事情在记忆中忽略掉，又或者是将其变形，这样就会使所爱的变得更美好，所憎的消失在过去。时间的这种特质与写作的某些特点相吻合，所以，相比于俄耳甫斯将音乐化作对亡妻的哀悼和追忆之音而终身痛苦，马赛尔将在写作中得到时间的拯救，使远去的人、事在此刻的回想中复活——让他们在文学中重生。"精神与时间的斗争，在现实生活中找到自我的固定支点的不可能，在自身中找到这一支点的义务，以及在艺术作品中找到这一支点的可能性，这就是《寻找失去的时间》的根本的，深刻的和新颖的题材。"②

　　在回忆中，俄耳甫斯受尽惩罚，而马赛尔却获得精神上的拯救。神话故事中施加于人物身上的惩罚性压倒拯救性，而普鲁斯特却在《追忆》的时间惩罚中让马赛尔获得艺术的自我救赎，他创造性地改写了神话故事的内容以及结局走向，从而缔造了属于自己精神上的神话—艺术王国。

三、隐喻的神话指向

　　除了分析小说主题、人物身份和神话之间的对应关系以及普鲁斯特对神话的主题和人物原型的创造性利用，小说文本中还存在大量隐喻，也充分借鉴了神话故事中的相关意象。《追忆》是一部用隐喻写成的小说，普鲁斯特运用了大量的隐喻手法，但他对隐喻的使用与其说是建立在事物之间的相关性上，不如说是建立在他独特的感知方式上，它依赖于作者那种直观的印象式的感觉。这种审美感觉不是以逻辑为主导，而是以想象力为中心，于是在普鲁斯特自己的创作经验上，神话意象作为一种无意识的原始积累被放置到作家思维与他对世界和生活的审美体验中，进而渗透到小说文本里。

　　"蛇"作为一种意象，在西方文学中有着丰富的内涵，但是最主要的含义是与邪恶、堕落、死亡等负面意义相关。在此不赘述其意义的演变，只着重

① 钟丽茜：《心理时间与审美回忆——谈〈追忆似水年华〉中艺术与时间的关系》，《浙江学刊》2007 年第 4 期。
② ［法］莫洛亚著，徐和谨译：《追寻普鲁斯特》，上海译文出版社，2014 年，第 161 页。

探究其在本篇文章中所提到的神话故事的意涵。"蛇在原始意象中最初代表女性和生殖，表示起源和死亡。"① 在俄耳甫斯寻妻的故事中，欧律狄刻死于蛇伤，是蛇象征死亡的表现，蛇的出现一开始就让故事浸润在死亡所带来的恐怖感中。一直到结束，这种恐怖感仍然盘旋在神话故事的叙事空间中。普鲁斯特让这种恐怖感绵延七卷之长，不但如此，时间流逝带来的焦虑感裹挟着马赛尔的意识也引发了他对死亡的恐惧，并随着他的心理上和生理上的"病质"，使得小说文本充斥着窒息感。一边是现实世界带给主人公对时光的焦虑性，无法在理智所占有的大部分回忆中打捞过去的时间——因为马赛尔重视的是那偶然出现却又转瞬即逝的感觉上的时间；一边是无法对未来时间做出肯定性的期盼，因为母亲的关怀、对恋人的爱情以及"我"的生活体验全然不可知，直到小说结尾。当马赛尔终于确定他要投入到文学写作中去的时候，他还在担心自己会随时死去而完不成自己的作品。此外，在另一个希腊神话中，作为主角的蛇发女妖——美杜莎也是以死神的地位存在于故事中。美杜莎—珀尔修斯的关系和马赛尔—母亲的关系是对等的，母亲到美杜莎的转化、母亲的死亡让写作开始运转，"就像珀尔修斯一样，他不仅用美杜莎的死解放了塞西弗斯，也解放了自己，马塞尔把对母亲的否定看作是自己的解放，在写小说的过程中——这是作者直到母亲去世才开始的一项活动……珀尔修斯知道直视美杜莎的目光会让他变成石头，马塞尔最终离开了母亲"②，他要逃离死亡，进入永恒的艺术。小说文本的叙述在时间的焦虑和死亡的恐怖交织中展开，神话中的蛇俨然变为小说中的时间，蛇的身体与时间的线序性对应起来。根据荣格的观点：蛇是"来自身体、性和每一个重要身体功能的任何东西的拟人化，还有所有现实的事实……"③ 所以蛇与世界的感官现实，我们的身体，我们对世界的反应，以及世界动物的形象有关④。因此"很久以来"，在普鲁斯特写下小说这段开头的文字那一刻，马赛尔就已经被置于时间

---

① 卜会玲：《神话中的蛇意象研究》，陕西师范大学硕士论文，2011 年，第 11 页。

② Elizabeth Richardson Viti, *Marcel and the Medusa：The Narrator's Obfuscated Homosexuality in À la recherche du temps*, Dalhousie University, 1994, p. 67.

③ Ed. James L. Jarrett, *Jung's seminar on Nietzsche's Zarathustra*, Princeton University Press, 1998, p. 18.

④ Eleonóra Babejová, *She Will Wind Herself Around You*, Culture & Psyche, Taylor & Francis, 2011, p. 99.

的焦虑中。法文版小说的开头 "longtemps, je me suis couché de bonne heu-
re"①，这句话以及第一个法语单词 "longtemps" 能更好地表明整部小说不论
是从内在的心理时间之流淌，还是从外在的具象化时间（longtemps 这个单词
的字母和语音像 "蛇" 的视觉和听觉再现，与它的意思中的时间性形成紧密
的结合）之变化，都显现出由时间产生的焦虑和恐惧。而在小说的结尾他更
是承认 "如果这份力气让我有足够多的时间完成我的作品，那么，我至少误
不了在作品中首先要描绘那些人（哪怕把他们写得像怪物）"②，于是贝克特
才会说 "普鲁斯特笔下的人物是时间的牺牲品"③。所以，在《追忆》中，时
间就是蛇的转化，小说以时间作为其故事的开始和结束，对应着神话中 "蛇"
的意象，它象征生命的起源和结束，也隐喻了故事的开始和结束。

　　雌雄同体：俄耳甫斯和欧律狄刻的现代结合——马赛尔。普鲁斯特对
《追忆》故事情节的处理始终都处于一种开放、绵延、铺开的状态，用德勒兹
的话说就是 "生成"，从这个角度来说，《追忆》是一部 "一个男人不断持续
生成—女人" 的小说，所以马赛尔作为 "叙述者所取的只能说是一种男性女
同性恋者的立场，这本身即体现了普鲁斯特所表现和颂扬的雌雄同体的想象
力"④。马赛尔与欧律狄刻在故事中的出场具有戏剧性的相似性，前者处于时
间的漩涡中，后者则置身于死亡的世界，而时间和死亡在二者身上具有同质
性，"正如性别——无论何种性别——就是一种生成—女人，也即生成少女
……同样也应该说，所有生成都开始并经历了生成—女人"⑤。《追忆》中马
赛尔不仅生成了阿尔贝蒂娜、吉尔贝特、母亲、外婆等女性角色，也生成了
神话中的欧律狄刻。但是在生成过程中，普鲁斯特将神话中的男女主人公整
合为一个人，让马赛尔既隐喻俄耳甫斯，又象征欧律狄刻。仔细阅读小说文
本就会发现，尽管普鲁斯特将小说的主角设定为男性，但是在性格、气质、
感情等方面，他却赋予马赛尔一些女性的特质。西方文学史上像马赛尔这样

---

①　Macel Proust, *Du cote de chez Swann*, Gallimard, 1988, p. 49.
②　［法］M·普鲁斯特著，袁树仁、李恒基译：《追忆似水年华》（下），译林出版社，2001 年，
第 1809 页。
③　［爱尔兰］贝克特著，陈俊松译：《论普鲁斯特》，湖南文艺出版社，2017 年，第 3 页。
④　［美］哈罗德·布鲁姆著，江宁康译：《西方正典》，译林出版社，2022 年，第 357 页。
⑤　［法］吉尔·德勒兹、费利克斯·瓜塔里著，姜宇辉译：《千高原》，上海人民出版社，2023
年，第 255 页。

纤弱的男性主人公并不多。值得一提的是，与普鲁斯特一起被归为意识流作家的伍尔芙在她的《奥兰多》里面塑造了一个雌雄同体的主人公。这种"雌雄同体……可能是由于气质的巧合相似，或者是由于20世纪初欧洲思想的普遍氛围影响"①，具体原因不得而知，然而排除这两个作家本身的"同性恋"身份，小说中这种男女气质的混同，使得主人公本身的视角跳脱出了传统男女主人公单一的性别视角，让主角的性格在故事叙述和呈现中更加贴近神话故事中人物性别模糊的特征。在《追忆》的叙事中，一方面在性别身份的生理设定上，马赛尔必须肩负起俄耳甫斯的拯救任务，另一方面在自身的性格表现上又让他陷入欧律狄刻经受的困难处境，以至于马赛尔几乎是俄耳甫斯和欧律狄刻的结合体。他有两个自己，有时候他这个自己扮演俄耳甫斯，让其意识中的其他人带上欧律狄刻的面具陪他上演一出拯救的戏码，比如他对外祖母的感情；有时候又把自己欧律狄刻化，让其他人担任拯救他的俄耳甫斯，比如他和阿尔贝蒂娜的爱情。特别有意思的是，在著名的普鲁斯特问卷中，普鲁斯特回答过两个有意思的问题，其中一个问题是"你希望男子富有什么性感？——富有女性的魅力。女子呢？——富有男性的美德"②。普鲁斯特的回答与强调两性之间差异的看法不一样，男女性格特质上的交融，接近于原始社会男女之间彼此的认识——两性一体。在神话故事中，神话人物的性别本身也是模棱两可的，或者可以说他们身上的性别色彩本就不强。俄耳甫斯寻妻的故事，也可以在流传中变为欧律狄刻寻夫（在中国传说中这种故事模式更为普遍，比如孟姜女哭长城），男女主人公在这个故事中变成一种符号，A可以指向B，B也可以指向A，但这种指向是单向的指向，这就是这个故事的模式。普鲁斯特借用了这种模式原型，转化为A⇌B，A和B相互指向，整个故事从A开始，并表现为B，但B是主人公的一种个人体验，即"这个主题就是一种个人经历，类似于宗教中神恩的眷顾或者神灵的降临""虚假的我成为真正的我，因为如果世界是对现实的诗意的看法，故事就是真实的我"③。马赛尔这个人物本身就是符号化的产物，马赛尔模糊的性别特征使他同时象征着俄耳甫斯和欧律狄刻，于是小说在性别层面也有着对神话的指向。

---

① Elizabeth M. Shore, *Virginia Woolf, Proust, and Orlando*, Duke University Press 1979, pp. 232—235.
② ［法］普鲁斯特著，沈志明译：《驳圣伯夫》，人民文学出版社，2022年，第225页。
③ 涂卫群：《普鲁斯特研究文集》，译林出版社，2019年，第49—50页。

此外，音乐对神话和小说叙事的走向也有着重要的推动作用，它是俄耳甫斯拯救欧律狄刻过程中的关键要素，也是拯救失败后俄耳甫斯缓解痛楚的良药；同时，在小说中，它是串联起斯万和奥黛特的爱情以及马赛尔感情生活的重要因素。艺术在神话中具有很高的地位，在俄耳甫斯寻妻的故事中，音乐作为一种艺术对人具有拯救作用，它不仅可以让神感动，也可以使欧律狄刻获得再次复生的机会，更是俄耳甫斯再次丧妻后的唯一精神寄托。与之相对应，艺术在小说中也具有至高无上性，它使得马赛尔从现实的时空中解脱出来，获得精神上的永恒。虽然马赛尔通过写作也即文学走上自我灵魂的向上之路，但是音乐在这条永恒之路上的引导、启示作用是无法忽视的，所以贝克特曾经指出，"音乐在普鲁斯特的作品中可以被写为专著"①。在两个文本之间，音乐都是爱情的象征，只不过普鲁斯特在小说里将音乐和爱情之间的关系变得复杂化，而在马赛尔的世界里，音乐作为"艺术作品是在一般的经验的条件下创造和接受的，但它的真正的起源、原因和意义——它的实在性——却不是在别的地方，而是在它自己里面"②。在这个意义上马赛尔超越了神话，即使他与吉尔贝特和阿尔贝蒂娜的爱情让他感到痛苦，但是通过音乐他发现，"爱只存在于艺术中，不存在于对另一人的爱中"③。最终，马赛尔在音乐中将个人爱情的痛苦转移、消解，从而投身到文学写作中。

蛇的意象、男女主人公的性别以及音乐等要素的隐喻的转化，展现了普鲁斯特天才般的文学创造力。他对希腊神话的现代式颠覆，使小说祛除了神话的光晕，走向属于小说自己的神话，最终跻身于 20 世纪现代主义文学的经典殿堂。

四、结论

无论是"追寻"主题的转化，还是人物身份双重性——拯救性与惩罚性的逆转以及对神话隐喻的巧妙运用，都可以看出《追忆》与俄耳甫斯寻妻这

---

① ［爱尔兰］贝克特著，陈俊松译：《论普鲁斯特》，湖南文艺出版社，2017 年，第 84 页。

② Christian Jan, *Music and Musical Semiology in Marcel Proust's À la recherche du temps perdu*, Ohio State University Press, 2015, p. 17.

③ 同上，p. 16.

则古希腊神话故事的紧密联系。普鲁斯特在神话故事的基础上做出了大幅度的改编，他创造了自己的"俄耳甫斯和欧律狄刻"。《追忆》文本中或隐或现地借用了大量神话故事，而且小说中的主题、男女的性别身份以及与时间有关的隐喻能够直接溯源到特定的神话故事中，一方面是直接借用，表现为小说与神话故事之间叙述模式和内容上呈现出来的互文性；另一方面，小说中所挖掘出来的隐喻指向的特定神话故事则是一种潜在的文学意识，一种从根本上向神话回归的意识，这种意识也是西方现代主义文学、后现代主义文学中的经典作品的一贯表现。对《追忆》中的有关神话元素进行分析、解读，可以让我们从不同角度全面理解该文学作品，还可以弥补《追忆》文学批评中神话研究的不足，从而发掘文本背后深刻的文化内涵。

The mythological writing in *In Search of Lost Time*: A modern rewriting and subversion of *Orpheus and Eurydice*

Wang Sanshan, Zhao Mu

Abstract: Since the 20th century, *In Search of Lost Time* has received numerous classic interpretations. However, compared to modernist literature at the same time, the research results of the myth of this novel are relatively scattered. The academic community has not given much attention to the relationship between Proust's novel and Greek mythology. Western modernist literature tends to return to mythology, and *In Search of Lost Time* is also one of the representations of this phenomenon. The novel presents a reverse return to Greek mythology in narrative, through the imitation and subversion of Orpheus and Eurydice myth. It creatively rewrites the Greek myth in terms of story theme, character identity setting, and mythic metaphor. This allows the novel to get rid of the influence of the myth while writing Proust's own modern myth.

Key words: Proust; *In Search of Lost Time*; a mythological study; *Orpheus and Eurydice*

古代两河流域创世神形象探析[①]
——兼与古代中国创世神形象比较

河北工程大学文法学院　　宋　娇[②]
华东师范大学历史学系　　李海峰[③]

摘　要　古代两河流域与古代中国文明中都存在着丰富的创世神话，对于研究两地区文明具有重要的史学价值。其中创世神的形象，一方面包括可以直接感觉到的外貌形象，另一方面也包括可以间接感受到的个性形象。古代两河流域的创世神外貌形象大多已具有人类的体貌特征，同时具有一些超人特征；古代中国的创世神形象则是经历了"半人半兽"向"全人"过渡。关于个性特征，古代中国的创世神是一种"全能、全善、全美"的存在，而古代两河流域的创世神则是"尚武、功利、傲慢"的存在，如此差异是对两地区文化特征的反映，同时也是对古代文明多元特点的反映。

① ［基金项目］本文为国家社科基金重大项目"公元前2—1千纪古代两河流域楔形文字经济契约的整理与研究"（项目编号：20&ZD239）成果，华东师范大学2023年度"习近平文化思想"专题研究项目"促进文明交流互鉴研究"（项目编号：2023 ECNU‐XWHSX‐06）成果。
② 宋娇，历史学博士，河北工程大学文法学院讲师，主要从事古代神话和博物馆学研究。
③ 李海峰，历史学博士，华东师范大学历史学系教授，博士生导师，主要从事亚述学和世界古代史研究。

关键词　古代两河流域；创世神；形象；古代中国；文明多元

创世神话作为一种文学作品，同时也是一种重要的史学资料。古代两河流域和古代中国文明中都存在着丰富的创世神话，对于研究两地区文明具有重要的史料价值。创世神话从结构上可以划分为创造主体、创造客体以及创造方式三部分，其中，创造主体即在整个过程中起主导作用的创世神。创世神话的内容非常广泛，但主要包括"天地的形成、人类的起源、族源神话、天象的来历和各种文化现象的起源"① 等内容，所以参与上述创造活动的神灵都可称为创世神。从心理学角度来看，"形象"一词主要指人们通过视觉、听觉、触觉等各种感觉器官在大脑中形成的关于某种事物的整体印象，简言之就是知觉，即各种感觉的再现。所以本文对于创世神的形象主要从被直观感觉到的外貌形象和需要被间接感觉到的个性形象两部分进行探析。一般情况下，不同民族和地区的创世神的形象是不同的，而同一民族和地区在不同时间段其创世神形象也是不同的。其形象的形成和演变是与本民族和地区的地理环境、宗教信仰和价值取向密切相关的，并且随上述因素的变化而相应变化。

一、创世神的外貌形象分析

理想性是神话固有的特征。原始人类"低下的生产力使人在自然界中的地位软弱，因而易于激起他们对自然事物的敬畏感、神秘感和好奇心，以及随之而来的探究、幻想、希望"②。所以神话中的主角——神，其实就是创作人群理想中的人的形象。因此，古代两河流域和古代中国的创世神，同样是人类对于自然力量和社会力量朦胧而混沌的感悟结果，是用想象的理想方式表达出来的现实生活。

（一）古代两河流域创世神外貌形象分析

经过对古代两河流域创世神话的梳理，我们发现苏美尔时期的创世神主

---

① 参见陶阳、钟秀：《中国创世神话》，上海人民出版社，2006 年，第 8—11 页。
② 谢选骏：《神话与民族精神——几个文化圈的比较》，山东文艺出版社，1986 年，第 210 页。

要有安神、恩利尔、恩基和宁胡尔萨格；古巴比伦时期的创世神主要是马尔杜克；亚述时期的创世神主要是阿淑尔。下文主要对上述创世神的形象特征做简要介绍，并进一步分析形象特征产生的历史文化背景。

安神和恩利尔神。之所以要把两位地位和权力如此重要的大神放在一起论述，是因为由于材料的缺乏，我们无法对两位大神的外貌形象做出具体描述，只能从一些标志或代表物去介绍两位神灵。安神是苏美尔神话中的天空神，阿卡德语音译为"安努"，在整个古代两河流域文明中都居于主神之首。随着历史的发展，其至高权力虽不断被其他神灵剥夺，但是无上的地位却始终保持。他在苏美尔创世神话的片段内容中与恩利尔、恩基和宁胡尔萨格并称创世神，且为创世神之首。"即使在整个古代两河流域文明时期安神是所有美索不达米亚神灵中最重要的神灵之一，但是安的性质是不明确的，而且他很少被呈现在艺术创作之中，他的具体肖像和特征也是模糊的。"① 这为我们研究安神的外貌形象增加了材料障碍。但是在古巴比伦创世神话《埃奴玛·埃里什》中描写道："安努又按照自己的样子创造了努丁木德，努丁木德才是统治他先祖的神，他智慧超群、感觉敏锐，而且非常的强壮。"② 所以我们可以按照努丁木德的样子来想象安神的样貌。后来到加喜特时期和新亚述时期，人们也只是用一顶带角的帽子作为安神的标志物。

"恩利尔"意为诸神之主，从而可见恩利尔神在诸神中的地位。在苏美尔时期的创世片段中，其有时扮演大气神的角色。天地产生后，安神带走天空，恩利尔带走大地，从此天地分离开来。但有时其扮演的是山神的角色，天空位于山的顶端，大地位于山的底部，是大山将他们分开，即恩利尔将天地分开。之所以以山神形象出现，也许是因为信仰恩利尔神的宗教中心位于尼普尔城的埃库尔神庙，"埃库尔"意为"大山房子"，且恩利尔经常被称为"伟大的大山"或者"外族人土地的国王"，总之都是与山有关。后来到了新亚述时期，恩利尔的代表物也是一顶角状帽子。也许基于此原因，这种带角的帽子逐渐成为神的象征，人间统治者为了神化自己，也会选择戴上这种角状帽子。

---

① J. Black and A. Green, *Gods*, *Demons and Symbols of Ancient Mesopotamia*, University of Texas Press, 1992, p. 30.

② P. Talon, *The Standard Babylonian Creation Myth Enũma Elîš*, *Vammalan Kirjapaino Oy*, 2005, p. 33.

"恩基"是苏美尔人对地下水神的称呼,阿卡德语音译为"埃阿"。关于他的外貌特征,从整体上看是一位拥有人类体貌特征的男性神灵。《埃奴玛·埃里什》中描述道,"安努又按照自己的样子创造了努丁木德,努丁木德才是统治他的先祖的神,他智慧超群、感觉敏锐,而且非常的强壮"①(泥板一 第16—18行),所以恩基是一位强壮的男性神灵。"在很多艺术创作中,恩基留着长长的胡须,戴着一顶多角帽,裹着一件褶皱状的长袍呈端坐姿势。水流从他的胳膊流向地面,有时伴着小鱼徜徉在水流之中。"② 恩基端坐于此,有时是为了接受崇拜者的献祭,有时是为了接受由鸟人或者狮怪抓来的罪人,这些活动大多数情况下是由恩基的信使——双面神乌斯穆作为引导者,但有时也由其他神灵作为引导者。根据一位阿卡德时期书吏的圆筒印章上刻画的内容,我们可以看到恩基的装扮与上文相差无几,仍然是"水流从他的胳膊流向地面,有时伴着小鱼徜徉在水流之中"③,但是此处恩基是站姿,右手托着一只老鹰,脚下趴着一只牡鹿,旁边站着他的信使乌斯穆④。老鹰和牡鹿在古代两河流域文化中有时象征生育。根据创世神话内容可知恩基在不断攫取大母神的权力后,逐渐具有了生育的功能,所以也许基于此,具有生育象征的鹰和牡鹿会出现在恩基身边。他的信使乌斯穆具有双面,一面看到过去,另一面可以看到未来,这与恩基具有聪明、智慧、可以洞察一切的品性息息相关。在加喜特时期、巴比伦时期和亚述时期,恩基的标志物是一只前半身为羊、后半身为鱼的"鱼羊兽",其他的标志物还有一只终端为公羊的弧形权杖和海龟。总之恩基的外貌特征或者他的附属物都是与其水神的属性和其所具有的品性以及职能有关,反映了古代两河流域人们朴素的唯物思想。

宁胡尔萨格神是古代两河流域最具代表性的大母神。首先从整体上看,宁胡尔萨格是一位拥有人类体貌特征的女性神灵,她像其他神灵一样头戴角状帽子;大母神是"有关生育和创造人类的女神"⑤,所以她身边站着的神兽是一头母牛,她的标志物是子宫,这些应该都与其生育职能密切相关。另外

① P. Talon, *The Standard Babylonian Creation Myth Enûma Eliš*, p. 33.
② J. Black and A. Green, *Gods, Demons and Symbols of Ancient Mesopotamia*, p. 75.
③ I. L. Finkel and M. J. Geller, *Sumerian Gods and Their Representations*, STYX Publications, 1997, p. 5.
④ 参见吴宇虹、杨勇、吕冰:《世界消失的民族》,山东画报出版社,2009年,第24页。
⑤ M. Krebernik, "Muttergöttin. A. I. In Mesopotamien," *RIA*, Vol. 8, 1997, p. 503.

大母神还是"有关丰产的女神"①，所以在一些艺术品中宁胡尔萨格手中还会拿着谷物，装饰上也绘有楔形文字大麦等符号②。

马尔杜克最初是一位地方性的城邦保护神，随着其所属城邦在政治上的兴起，其逐渐成为全国性的保护神，顺理成章地在创世神话中扮演创世神的角色。为了体现其在诸神中的至高地位，连其外貌也与众不同。"他的身体是高贵的，目光似火，他从出生就是个英雄，从一开始就是个强壮有力的神。"③（泥板一 第87—88）"他长得比较高，在各方面都远超诸神。他的胳膊和腿精致得令人难以理解，不可能去想象，很难去想象。他有四只眼睛和四只耳朵，当他动一动他的嘴唇，火就会从它的嘴里喷出，令人生畏的是他那四倍强的察觉力，眼睛同样也能看到每一个方向。在诸神中他是最高的，他的外形超群，他的手脚是巨大的，在出生之时就已超越众神。"④（泥板一 第92—100）从整体上看，马尔杜克是一个巨型怪物形象，手脚巨大且精致，四只眼睛和四只耳朵使其洞察力强于普通神灵，嘴里还可以喷火。这种描写有些夸张成分在其中，作者主要是想通过外貌的不同突出其在诸神中的地位，以及为下文马尔杜克迎战提阿马特做铺垫。在一些艺术创作中，马尔杜克的形象则呈现出普通人类的特征。从巴比伦国王马尔杜克扎吉尔舒米一世献给马尔杜克的天金石印章上的雕像⑤来看，马尔杜克是一位身材魁梧的男性神灵，浓密的发须，身着华丽的服饰。与其他神灵不同的是，此时马尔杜克所戴的帽子不再是带角的帽子，而是一顶圆形并绘有多种图案的帽子。他左手拿着一根权杖和一个手环，右手拿着一把三角头的铲子，帽子上是大麦图案，反映了其最初作为当地农业神的历史背景。另外他身边还趴着一只"蛇龙神兽"⑥。与

---

① T. Jacobsen, *The Treasures of Darkness: A History of Mesopotamian Religion*, New Haven and London: Yale University Press, 1976, p. 104.

② 参见吴宇虹、杨勇、吕冰：《世界消失的民族》，第25页。

③ P. Talon, *The Standard Babylonian Creation Myth Enūma Eliš*, p. 36.

④ P. Talon, *The Standard Babylonian Creation Myth Enūma Eliš*, pp. 36-37.

⑤ 参见 J. Black and A. Green, *Gods, Demons and Symbols of Ancient Mesopotamia*, p. 129.

⑥ "蛇龙神兽"，头上长着角，拥有蛇的身子和脖子，狮子的前肢和鸟类的后肢。从阿卡德时期到希腊化时期其被选作许多神灵的代表物，且并不属于任何特定的神灵。最初该神兽是埃什努那城邦保护神宁那祖的仆从，阿卡德时期或者古巴比伦早期提什帕克取代宁那祖成为城邦保护神之后，"蛇龙神兽"又成为提什帕克的仆从。巴比伦国王汉穆拉比征服埃什努那之后，该神兽又成了马尔杜克神的所属之物，继而属于其子纳布神。最后巴比伦的征服者、亚述国王辛那赫里布将"蛇龙神兽"带到了亚述，并使其成为亚述城邦保护神阿淑尔的神兽。

《埃奴玛·埃里什》中所述战斗中的马尔杜克完全不同，此时的马尔杜克已经褪去原始野蛮性质，表现出一种高贵、典雅与大气的气质。

阿淑尔神最初是与其同名的阿淑尔城的城邦保护神，随着亚述国家力量的不断增长，阿淑尔神逐渐成为统一国家和帝国内的最高神灵。关于阿淑尔神的起源和发展的具体过程并不清楚，兰伯特先生指出："亚述城坐落在底格里斯河西岸的杰布——马胡尔山的支脉上，河水的冲刷使它变得十分陡峭，大概从史前时期就成为一个神圣的地方，因此阿淑尔神可能源于山的神化。"① 其"通常被描绘为一个带翼的圆盘，或骑在公牛身上，或飘升于空气中"②。随着亚述国家的发展和其与南部地区的文化交流与联系，阿淑尔神逐渐开始吸收苏美尔和巴比伦主要神灵的特征。如"公元前 1300 年左右，阿淑尔开始被称为'恩利尔'，成为亚述人的'诸神之主'，恩利尔的妻子宁利尔也成为阿淑尔的妻子"③。亚述国王辛那赫里布为了在政治和军事上征服巴比伦，开始从文化上入手，把巴比伦创世神话中马尔杜克神的品质和属性归于阿淑尔，尤其是对巴比伦的创世史诗《埃奴玛·埃里什》的套用，如在亚述的创世神话中，对阿淑尔神的外貌描写与在《埃奴玛·埃里什》中对马尔杜克神的描写相同。但是从其他艺术品或者考古出土物中，可以看出阿淑尔神也具有自己的特色。如从一块在阿淑尔城的私人房屋中发现的、大约属于公元前 9 世纪到公元前 7 世纪的上釉砖板④上可以看到，阿淑尔神是一位身材魁梧的男性神灵，发须浓密且着华丽衣帽，手里拿着一个顶端为太阳圆盘的权杖和手链，还有就是光着脚。因为其手中拿着太阳圆盘权杖，所以很多学者认为其和太阳神沙马什有必然联系，后来发现太阳圆盘图案在亚述时期的艺术创作中很流行，已经不单属于太阳神沙马什的标志物。从中亚述时期圆筒印章上的阿淑尔神图案可以看到，除了上述特征外，阿淑尔神左手拿着权杖和手环，右手拿一把斧子，脚下踩着一头狮子。面前跪着一位朝拜者，朝拜者前面由一位不知名的神灵引导，后面跟着亚述人的风暴神阿达德。带有阿淑尔神图案的圆筒印章经常被亚述国王阿萨尔哈东用来加盖各种条约和契约，使阿淑尔

①　W. G. Lambert, "The God Aššur", *Iraq*, vol. 45, 1983, p. 82.

②　于殿利：《巴比伦与亚述文明》，北京师范大学出版社，2013 年，第 601 页。

③　J. Black and A. Green, *Gods, Demons and Symbols of Ancient Mesopotamia*, p. 38.

④　同上。

神成为国家政治生活的重要组成部分。

（二）古代中国创世神外貌形象分析

从零散的古籍以及实物资料中，我们可以看到古代中国的创世神相对于古代两河流域的创世神而言，外貌形象更加丰富多样。如关于古代中国第一创世女神——女娲的形象，几乎形成一种统一的认识，即"人首蛇躯"。《楚辞·天问》王逸注："传言女娲人首蛇身，一日七十化，其体如此，谁所制匠而图之乎？"① 曹植《女娲赞》曰："或云二皇，人首蛇形。神化七十，何德而灵。"② 《山海经·大荒西经》郭璞注："女娲，古神女而帝者，人面蛇身，一日中七十变，此腹为此神。"③ 《帝王世纪》卷一曰："女娲氏亦风姓也，承庖牺制度，亦蛇身人首——号女希，是为女皇。"④ 伏羲和女娲本无瓜葛，西汉之前两者都是作为独立神格而存在。两者首次并列出现是在西汉时期，《淮南子·览冥训》曰："伏戏、女娲不设法度，而以至德遗于后世，何则？至虚无纯一，而不喋喋苟事也。"⑤ 原因在于，当人类意识到男女结合才能生育人类之时，便安排一男一女作为人类的始祖神，且这一男一女，又只能是同一氏族或者家庭的兄妹或者姐弟，"因为他们若是分属两个氏族或者两个家庭……最后还要再回到同一氏族或同一家庭中来"⑥，所以伏羲和女娲以兄妹和夫妻的关系存在。作为同一家族的两兄妹，外貌形象自然具有相似之处，所以伏羲的很多形象和女娲一样，即"人首蛇身"。如《列子·黄帝篇》说："庖牺氏、女娲氏……蛇身人面。"⑦ 《拾遗记》说："又见一神，蛇身人面……示禹八卦之图，列于金版之上。……蛇身之神，即羲皇也。"⑧ 《太平御览》卷七八引《皇王世纪》曰："太昊帝庖羲氏，风姓也，蛇身人首。"⑨ 《太平御览》卷七八引《帝系谱》曰："伏牺人头蛇身，以十月四日人定

---

① ［汉］王逸：《楚辞章句》，上海古籍出版社，2017 年，第 78 页。
② ［魏］曹植：《曹子建文集》卷七，国立北京大学出版社，1944 年，第 4 页。
③ 袁珂：《山海经校注》，北京联合出版公司，2013 年，第 329 页。
④ 徐宗元：《帝王世纪辑存》，中华书局，1964 年，第 9 页。
⑤ 何宁：《淮南子集释》，中华书局，1998 年，第 497 页。
⑥ 赵国华：《生殖崇拜文化论》，中国社会科学出版社，1996 年，第 243 页。
⑦ 叶蓓卿评注：《列子》，商务印书馆，2015 年，第 61 页。
⑧ ［晋］王嘉：《拾遗记校注》卷二，中华书局，1981 年，第 38 页。
⑨ ［宋］李昉：《太平御览》卷七十八，上海古籍出版社，2008 年，第 746 页。

时生。"①

　　除了女娲和伏羲这对创世神之外，古代中国最著名的创世神当属盘古。关于盘古的外貌形象，《广博物志》载："盘古之君，龙首蛇身。"② 但是笔者认为盘古神话中的盘古形貌已经褪去了女娲和伏羲形貌的奇幻色彩，已经是一个生理学上"人"的形象。《五运历年纪》载："元气蒙鸿，萌芽兹始，遂分天地，肇立乾坤，启阴感阳，分布元气，乃孕中和，是为人也。"③ 但是这个"人"又与现代人不完全相同。《三五历纪》载："天日高一丈，地日厚一丈，盘古日长一丈。如此万八千岁，天数极高，地数极深，盘古极长。"④ 可知盘古应该是一个无比硕大的巨人。"身之诸虫，因风所感，化为黎氓"⑤，则体现了盘古的原始人形象。明代周游《开辟演绎》中也曰："（盘古氏）渐渐长成一人，身长三丈六尺，头角峥狞，神眉怒目，獠牙巨口，遍体皆毛。"⑥

　　综上所述，盘古是一个体型无比硕大、还未完全褪去兽形的原始巨人形象。

二、创世神的个性特征分析

（一）古代两河流域创世神个性特征分析

1. 性格多样，情感丰富

　　古代两河流域的创世神除了在形体上与人类相同之外，在性格上也如人类一般拥有丰富多样的性格。即古代两河流域的创世神与人同形同性，他们如人类一样拥有喜、怒、哀、乐的情感，如人类一样拥有吃喝、恋爱和生育的生活需求，性格上也如人类一般拥有正直、勇敢、胆怯和懦弱的品性。他们不像古代中国的创世神那样高高在上，不食人间烟火，他们是走下神坛的神灵，他们会恣情徜徉于天界、人间、阿普苏和地下世界。如在创世神话《埃奴玛·埃里什》中，原始始祖神阿普苏嫌弃诸神吵闹，竟和自己的信使密

---

① ［宋］李昉：《太平御览》卷七十八，上海古籍出版社，2008 年，第 747 页。

② ［明］董斯张：《广博物志》卷九，上海古籍出版社，1992 年，第 178 页。

③ ［清］马骕：《绎史》卷一，上海古籍出版社，1993 年，第 69 页。

④ ［唐］欧阳询：《艺文类聚》卷一，上海古籍出版社，1999 年，第 2 页。

⑤ ［清］马骕：《绎史》卷一，第 69 页。

⑥ ［明］周游：《开辟演绎》，华夏出版社，2017 年，第 9 页。

谋如何杀死诸神，心机深沉且险恶；当原始母神知道阿普苏的打算后竟号啕大哭，知道自己的丈夫被杀之后悲伤且愤怒，决心报复诸神；安努和埃阿面对提阿马特的强大气势，表现出胆怯与懦弱，相继退缩回来；当安努看到自己的孙儿马尔杜克神长得如此神奇，脸上露出欣喜的表情；当诸神知道马尔杜克可以迎战提阿马特、拯救诸神时，他们欢呼雀跃；当马尔杜克打败提阿马特之后，诸神又欣喜若狂，竞相为马尔杜克庆功。总之，古代两河流域的创世神不仅是自然力量的象征，更是人性戏剧化的表现。

2. 尚武好斗，有仇必报

古代两河流域民族历来具有尚武精神，因此其创世神也深受此精神浸染，性格上表现出尚武好斗，有仇必报。在《恩基和宁胡尔萨格》神话中，为了报复恩基的多情和不断与自己的女性后代结婚，宁胡尔萨格设计让恩基吃了自己创造的八种植物，导致恩基奄奄一息。后来，在多方斡旋之下，宁胡尔萨格才救治了危在旦夕的恩基。在《恩基与宁玛尔赫》神话中，恩基逐渐掌握对人类的创造权，这引起宁玛尔赫的不满，并发起对恩基的挑战，最后宁玛尔赫一败涂地，落得背井离乡的结局。巴比伦创世神话《埃奴玛·埃里什》一开始便围绕诸神之间的斗争展开。先是阿普苏密谋消灭诸神，结果埃阿先下手为强杀死了阿普苏；接着提阿马特为给丈夫报仇，挑起战争；最后马尔杜克出战杀死提阿马特，神界战乱至此平定，马尔杜克才开始创造宇宙万物和建立宇宙秩序。可见古代两河流域的创世神在遇到矛盾和争端时不会选择息事宁人、隐忍大度，而是有仇必报，而且以武力斗争的方式解决。

3. 功利心强，居功自傲

两河流域创世神的功利色彩浓厚是相对于中国创世神的默默无闻、无私奉献而言的。古代两河流域的创世神为神界或者人类做事一般都是有目的、要求回报的。如在《恩基和宁胡尔萨格》中，宁胡尔萨格之所以回来救治恩基，是因为雌狐与其达成某种协议，协议具体内容为何，由于泥板缺损已不得而知。就连雌狐请缨去请回宁胡尔萨格，也是恩利尔许诺给雌狐一定的回报，雌狐才去请的。在《埃奴玛·埃里什》中，马尔杜克之所以同意去迎战提阿马特，也是提出一定条件的。"如果我确实为你而斗争，征服提阿马特，拯救了你们的生命，召开大会，授予我最伟大的天命。你们要心情舒畅地在诸神会议大厅就座，当我说话时，让我代替你授予天命，让我所做的一切事情都不被改变，我所说的一切也不被废除或更改。"① 诸神商议答应马尔杜克的条件后，马尔杜克才积极应战提阿马特。这些都体现了古代两河流域创世神功利心强的一面，而且勇于推荐自己。创世神面对自己为诸神做出的贡献，不会谦虚礼让，诸神为了表示感谢而给予回报时，创世神也不会推脱谦让，而是乐于接受和享受。这些都与古代中国创世神的不求回报、无私奉献精神形成鲜明对比。

（二）古代中国创世神个性特征分析

1. 高高在上，不食人间烟火

古代中国创世神话中的创世神，是原始人类通过想象力创造出来的，起初还是具有人性的，但是经过后期各种文化的选择和重塑，神灵们仅有的人性被剥夺了，剩下的只有远离社会、脱离人类、高高在上、虚无缥缈，与西方神话中"人神同体同性"的神形成鲜明的对比。人之所以为人是因为人具有社会性，和周围的人物和事物具有千丝万缕、切割不断的联系。而在古代中国的创世神话中，各位神之间接触很少。如"女娲造人"神话和"盘古开天辟地"神话，整个神话中就一位神在孤军奋战。即使在伏羲及其配偶神共同创造天地的神话中，两者之间也缺乏基本的情感交流。在神与人的关系方面，二者联系更少，在几篇创世神话中，除了提到人被创世神创造出来之外，没有看到神与人的任何交流。也许是受到"颛顼受之，乃命南正重司天以属神，命火正黎司地以属民，恢复旧常，无相侵渎，是谓绝地天通"② 的影响，神与人本就是两个界限之外的物种。也许只有让神远离尘世，才能更加体现其神秘性和神圣性。古代中国的创世神与其他文明的创世神相比，一个明显的特征便是没有统一的神谱，没有清楚的血缘关系，没有明确的神界社会分工。如盘古自出现就孑然一身，没有父母、兄弟、姐妹，与其他神灵也没什么关系。即使后人为这些神灵制造了一些神谱，但也是混乱错杂的，很难形成统一完整的神灵谱系，因而使得各个神灵之间独来独往，各自为营，从而失去了社会性，显得高高在上，不食人间烟火。

---

① P. Talon, *The Standard Babylonian Creation Myth Enūma Eliš*, p. 50.

② ［战国］左丘明：《国语》，上海古籍出版社，2015 年，第 376 页。

2. 守礼禁欲，克己为人

这种行为准则是儒家用来规范人的行为准则，却被用到了创世神身上，只能说是创世神话被儒家"熏陶"的结果。古代中国的创世神给我们呈现出的是一种没有七情六欲的形象。比如创世神话中的情感世界就非常贫瘠，个人情感的追求几乎是空白，甚至被定义为"不可触及的禁地"①。即使有婚姻的存在，但也是没有感情的婚姻，神的结合是为了创造天地、繁衍人类，而不是出于情感需求。每个民族都经历过群婚，但中国神话对这段历史的记忆却是朦胧和简单的，每一个神都洁身自好，生活在高于"礼"的世界之上。即使是其他类型神话中的反面角色，在私生活方面也无懈可击。这与希腊神话中神灵的声色犬马形成鲜明对比。希腊诸神可以无拘无束、肆意妄为，古代中国的创世神远远达不到这种程度，他们不苟言笑，从不戏谑人类，更不嫉妒和残害人类，所有的行为都在"礼"的范围内。创世神被刻画成人类行为的榜样，所以"当人类向他们看过去的时候，只会仰面向上，顶礼膜拜，而不会有丝毫的不恭不敬"②。

3. 无私奉献，牺牲自我

无私奉献、牺牲自我是我国古代创世神最显著的个性特征。他们不辞辛苦，为了天下苍生可以鞠躬尽瘁，死而后已，拥有高度的责任感和使命感。女娲为了造人，不畏劳苦，先是亲自用手一个个捏造泥人，最后力不暇接，才用绳索造人。在炼石补天神话中，女娲先是炼彩石、补苍天，后是断鳌足、立四极，接着杀黑龙、济冀州，最后是积芦灰、止淫水。全过程一气呵成，任劳任怨，毫无推诿之意。在盘古身化万物神话中，盘古开辟天地后，身体各部位化为日月星辰、山川林泽、草木人兽，即使是死亡，也要身化万物，造福人类。盘古无私奉献的精神是值得后人学习和敬佩的。还有神农为了给百姓寻良药，尝百草，一日而遇七十毒，这种爱民保民行为，实在是可歌可泣。总之，创世神的这种大公无私、拥有高度社会责任感的行为，无论在古代还是现代社会都是值得提倡的。

---

① E. M. Barnes, *The Myths and Legends of Ancient Greece and Rome*, 100K Media LLC, 2011, p. 47.

② 闫德亮：《论中国上古神话的尚德精神——兼与西方神话比较》，《中州学刊》2003 年第 6 期。

三、余论

古代两河流域创世神的外貌从整体上大多已具有人类的体貌特征，即与人"同形"。同时他们还具有自己独一无二的标志物，如武器、权杖、手环、神兽等，这些标志物对于神灵具有重要意义，因为"神权的主要表现形式是神的衣着、神的装饰物或者神的武器等，当神拥有这些衣着、装饰物和武器的时候他们的神权就存在，但当脱掉或失去的时候，他们的神权也会随之消失"①。如在著名的神话《伊南娜下冥府》中，女神伊南娜每经过一道地府的门就要脱去一件自己的衣服和装饰物，当经过第七道门后，伊南娜已经脱去所有的衣服和装饰，因此她的神权也随之消失，于是很轻易地就被其姊冥府女神杀死。因此，人间统治者为了神化世俗王权，便会模仿诸神灵戴上带角的帽子。古代两河流域的创世神除了具有与人"同形"的特征外，还具有与人"同性"的特征。他们会表现出尚武好斗、功利性强、高调傲慢等特征。任何文化都根植于一定的自然环境和社会环境，这也是古代两河流域的创世神与人同形同性的原因。首先，其所处的自然环境较为恶劣，气候、水文和土地盐碱化使两河流域的人们深感只有拥有强大的力量才能对抗和征服自然，于是他们将这种强大的力量赋予想象出的神灵。同时，古代两河人的文化性格偏重于求"真"，于是在解释自己生存环境的过程中，更善于用朴素唯物主义思想去探索世界。因此，在赋予神灵强大力量的过程中，他们也将自己的样貌与性格赋予神灵。其次，美索不达米亚平原地区四周毫无屏障，也就促使周边游牧民族不断涌入，从而引起不断的战争，政权灭亡与重建，促使古代两河流域民族逐渐养成了崇尚武力的精神。只有武力强大，才能在民族战争中立于不败之地，获得长久的生存。因此，他们的创世神大多尚武好斗，孔武有力。同时由于天然木材资源和矿产资源缺乏以及便利的地理位置，为两河流域进行对外贸易提供了动机和优势条件，商业的顺利进行需要武力为其护航，所以对外商业的发达也促使其尚武思想不断加强。无论是政治原因，

---

① G. S. Holland, *God in the Desert Religion of the Ancient Near East*, Rowman & Littlefield Publishers, Inc., 2009, p. 112.

抑或商业原因，都促成古代两河人的开拓冒险精神以及张扬的个性。最后，古代两河流域多民族林立，政权不断更迭，后继统治者为了稳固政治统治，在文化与思想上采取宽容政策，这有利于民主思想的形成。同时，因战争、外交和贸易而促成的对外部文化的吸收，有利于古代两河流域人形成自由、开放与真实的个性。古代两河人把这些精神和理念赋予了神，之后神又为人树立了榜样。

而通过对女娲、伏羲和盘古等创世大神的外貌形象分析，我们可以发现其经历了"半人半兽"到"全人"的发展历程，按照原始思维发展规律，在这两者之前应该还有一个"全兽"的阶段，而且在中国少数民族的创世神话中存在创世神为"全兽"的情况，如傣族创世神话《布桑戛西与雅桑戛西》中创世神就为一只名为"诺列领"的滴水鸟①。但在汉民族的现存文献和文物中没有发现类似情况，按理它们应该是存在的，只是没有被记录和遗留下来而已。创世神相貌特征的变化反映着宗教信仰的变化。宗教信仰经历了自然崇拜、图腾崇拜和祖先崇拜三个阶段，其中掺杂着生殖崇拜和信仰，同时也反映着人类思维的不断发展和进步。人类逐渐意识到自己与动物的区别，于是将自己从动物群体中抽离出来。这也反映了人类心理状态的变化过程：最初由于恐惧和自卑的心理，产生了对自然力量和图腾物的崇拜；后来心理不断强大，自信心渐涨，所以转换到对自己的祖先的崇拜。总之，创世神形象的发展变化是各种文化要素综合发展变化的结果。

相较于古代两河流域的创世神性格，古代中国的创世神体现出的是全善、全美、全能形象，即是"有理智的、谦恭的、和善的、讲理的，把良心、理性责任感看成法律"②，完全是神化的人形象，这与古代中国的文化特征密切相关。古代中国的文化特征具有明显的"尚德"内涵，一个民族的文化传统开始形成的童年时期所遭遇的事件，对他的定势发展具有规定性的刺激作用。对古代中国文化特征的形成具有规定性的刺激主要发生在西周时期。周代商出现了政权上的更迭，但是殷人的天命观念无法解释现存的政治更迭，周初统治者便提出一套"以德配天"的思想理论以解决政权合理性问题，统治者

①　傣族创世神话《布桑戛西与雅桑戛西》，见陶阳编：《中国神话》（全四册），商务印书馆，2023 年，第 46 页。

②　［意］维柯著，朱光潜译：《新科学》，人民文学出版社，1987 年，第 432 页。

可以通过提高自己的德行修养来获得和维持天命，同时上帝的权威也主要通过德行仲裁和惩恶扬善等行为来体现，上帝与道德紧密结合起来，自然作为上帝臣属的其他神灵也与道德紧密相关。后世儒者大多出于周之王官，自然受"以德配天"思想的严重熏陶，所以周代的道德观念受到儒者们的大力推广和提倡，贯穿于整个古代中国社会，即便对当今的核心价值观也颇有影响。"属神的本质就是属人的本质，并且，是处于其绝对的自由与无限性之中的主观地属人本质。"① 与古代两河流域创世神的性格相比，古代中国创世神的性格更符合道德标准，这是人类性情的理想化存在。反观古代两河流域的创世神，性格虽然张扬放纵、傲慢不羁，但却是对当时世俗社会人类的真实映射。

马克思说，看起来相似的事情出现在不同的历史环境中会引起截然不同的结果，所以我们要把不同的内容分别进行研究，在细致比较的基础上，就很容易"找到理解这种现象的钥匙"②。本文论述的古代两河流域和古代中国文明中的创世神形象，只是我们管窥两种文明发展特征的一个点，正是从这一点让我们看到了由于历史环境的差异所形成的古代文明多元性的局面。

Analysis of the images of the gods of creation in ancient Mesopotamian: Also compared with the images of the gods of creation in ancient China

Song Jiao, Li Haifeng

Abstract: There are abundant creation myths in ancient Mesopotamia and ancient Chinese civilization, which have important historical value for the study of the civilizations in the two regions. The images of the gods of creation include not only the physical appearance that can be directly felt, but also the personality characteristics that can be indirectly perceived. Most of the gods of creation have human physical characteristics in ancient Mesopotamia, along with some superhuman char-

---

① ［德］路德维希·费尔巴哈著，荣震华、王太庆、刘磊译：《费尔巴哈哲学著作选集》（下卷），商务印书馆，1984 年，第 222 页。

② ［德］马克思，恩格斯著：《马克思恩格斯全集》（第 19 卷），人民出版社，1963 年，第 131 页。

acteristics, while in ancient China, there used to be a transition from being half-human, half-beast to all-human. Regarding personality traits, the creation gods of ancient China were powerful, good, and beautiful, while the creation gods of the Mesopotamia in ancient time were martial, utilitarian, and arrogant beings. This difference reflects the cultural characteristics of the two regions and also highlights the diverse characteristics of ancient civilizations.

Key words: Ancient Mesopotamia; Creation God; Image; Ancient China; Civilization diversity

尼罗河的馈赠

——生态女性主义视域下埃及神话中的水崇拜

南京师范大学外国语学院　颜都烨①　汪　凯②

摘　要　自 19 世纪埃及学作为一门独立学科诞生以来，其考古学和历史学研究便一直是学术界的热门，然其神话研究却因体系庞杂、文献零散而发展相对缓慢。20 世纪后期，女性主义神话学崛起，更多女性主义学者将目光投向了古代创世神话，其中就包括对希腊罗马神话产生过深远影响的埃及神话。本文将通过文学人类学的研究方法聚焦于古埃及中王国和拉美西斯时期的两首赞美诗《尼罗河颂歌》，以埃及神话背景下的水崇拜为研究对象，从生态女性主义视角出发，探究早期人类原始的生态思想和女性意识，以及其对解决现代社会的生态与精神危机和化解二元对立的启示和意义。

关键词　《尼罗河颂歌》；古埃及神话；水崇拜；生态女性主义

---

①　颜都烨，南京师范大学外国语学院比较文学与世界文学专业硕士研究生，主要研究方向为比较文学与跨文化研究、生态女性主义的文学批评、文学人类学与神话学。

②　汪凯，南京师范大学外国语学院硕士生导师，文学博士，副教授，国防科技大学国际关系学院英语语言文学博士后，研究方向为英美文学、美国文明。

　　古代埃及是一个多神崇拜文明，其神话系统庞大复杂，关于埃及神话的材料零散、支离破碎，现今提到的"埃及神话"是从公元前 3050 年到公元 1世纪、由不同来源的资料汇集而成的①。根据崇拜中心的不同，埃及学家把神话分为若干个系统，最主要的有赫尔莫波利斯八元神系（Ogdoad of Hermopolis）、孟斐斯普塔赫神系（The Memphite Triad of Ptah）、底比斯阿蒙神系（The Theban Triad of Amun）以及赫里奥波利斯九柱神系（Ennead of Heliopolis）。其中，起源于"太阳城"赫里奥波利斯②的九柱神崇拜在历史上扮演了尤为重要的角色，在埃及帝国时期一度影响了周边国家，远至地中海以北的希腊罗马，大多数埃及神话传说也以此为中心展开。

　　由于尼罗河上游的季节性降水循环③，洪水每年都从埃塞俄比亚高原冲下，带着肥沃火山土的河水浸透了尼罗河三角洲的平原。一旦洪水退去，作物就可以种植在肥力恢复的土壤上，土壤中足够的水和养分可以让作物茁壮成长。这就是埃及农业的起源，古埃及文明也依附于尼罗河带来的水源与沃土而生，因此被希罗多德称为"尼罗河的馈赠"④。在许多以神话为基础的赞美诗中，如被广泛认为是中王国第 12 王朝诗人赫蒂（Khety）创作的《赫蒂的尼罗河颂歌》（Khety's Hymn to the Nile）和新王国的《拉美西斯时期尼罗河颂歌》（Ramesside Hymn to the Nile）就描绘了尼罗河泛滥后万物生长、欣欣向荣的景象。埃及人对水的崇拜可以比肩太阳崇拜，他们认为水是世界的起源与终结，将其奉为创世神明，并将水的流转与生命的孕育和死亡并置。德国心理学家埃利希·诺伊曼（Erich Neumann）在他的专著《大母神：原型分析》（The Great Mother：An Analysis of the Archetype）中提出，"大母神不仅给予生命，同时也给予死亡"⑤。由于埃及神话中"水"这一女性的或母性的特质，许多与"水"相关的神祇都以女性或双性同体的形象出现，这反映出古埃及人的原始生态思想和女性意识之间有一种天然的内在联系。这固然存在本质主义的局限性，却蕴含了早期人类朦胧的自然观和性别观，这样的潜在

---

　　①　［英］加里·J·肖著，袁指挥译：《埃及神话》，民主与建设出版社，2018 年，第 3 页。

　　②　赫里奥波利斯（Heliopolis），古代埃及最重要的城市之一，下埃及第十三诺姆首府，今开罗。

　　③　［美］劳伦斯·C·史密斯著，周炜乐译：《河流是部文明史》，中信出版集团，2022 年，第 19 页。

　　④　Seifulaziz Milas, *Sharing the Nile：Egypt, Ethiopia and the Geo-Politics of Water*, Pluto Press, 2013, p. 2.

　　⑤　［德］埃利希·诺伊曼著，李以洪译：《大母神：原型分析》，东方出版社，1998 年，第 66 页。

基础为我们通过生态女性主义视角进行阐释提供了依据。

　　20 世纪后半叶以来，女性主义神话学崛起，探讨以往神话研究中被忽略的女性问题，然而西方神话和民间文学研究多聚焦于希腊罗马、希伯来与阿拉伯世界，对人类文明最早起源地之一的埃及关注较少，仍未走出西方中心主义的局限。本文将从生态女性主义的角度出发，尝试以上文提到的两首"尼罗河颂歌"中的水崇拜为切入点，结合创世神话中体现出来的原始生态思想和女性意识进行阐释，并且反思其对现世的价值和意义。

一、生态女性主义与神话

　　生态女性主义诞生的社会背景是 20 世纪的环境危机和人的精神危机——人类对环境的破坏、对自然的掠取、不同种族之间的屠杀、男性对女性的暴力等。这个概念最早由 20 世纪 70 年代的法国学者奥波尼（Eaubonne）提出，她率先使用了"生态女性主义"（ecofeminism）这一术语，呼吁女性领导一场生态革命以拯救地球，推动了一场人类与自然、男性与女性之间的新型革命①。在男性话语体系下，现代工业文明的发展带动了城市化的进程，可也加剧了水体污染、土地贫瘠、森林退化等环境问题。与此同时，男性针对女性的暴力随着父权制的巩固变本加厉，女性对自己的身体和命运并没有绝对掌控权，正如自然一样处在被支配地位。生态女性主义聚焦于女性与自然在父权制下同属的边缘化地位，以男性中心主义和人类中心主义所造成的二元对立——即逻各斯中心主义（Logocentrism）为批判的核心。因此，生态批评与女性主义的这一同构性决定了"生态"与"女性"将顺理成章地走向联合，共同反对逻各斯中心主义的压迫②。在解构男权—人类中心时，生态女性主义强调对立双方的和解与共存，发挥女性文化中包容的特质来倡导多元化文明的存在③，实现男性与女性、人与自然间的和谐共生。

　　生态女性主义作为一种社会思潮，在发展中逐渐融入文学批评，成为一

---

　　①　Carolyn Merchant, *Radical Ecology: The Search for a Livable World*, Routledge, 2005, p. 194.

　　②　韦清琦：《知雄守雌——生态女性主义于跨文化语境里的再阐释》，《外国文学研究》2014 年第 2 期。

　　③　韦清琦、李家銮：《生态女性主义》，外语教学与研究出版社，2019 年，第 22 页。

种新兴的研究视角。越来越多的学者注意到生态女性主义与各民族早期创世神话的关联，黑兹尔·亨德森（Hazel Henderson）就相信，"当今的生态女性主义正在恢复'女神崇拜和母系社会的'较早的史前历史及其艺术的各种仪式。它将自然尊为一种秩序，人类对此无法了解的确切原因是人类属于自然的一部分"①。美国学者格里塔·加德（Greta Gaard）则引用了印度、埃及、苏美尔、亚述和巴比伦等创世神话，指出这些神话把女性、自然和水结合起来，并将三者都尊奉为神圣的创造之源②。然而，随着父权制的发展，母神信仰逐渐衰落，以父神信仰为核心的希腊文明和希伯来文明崛起，人定胜天的观念让人类有了征服母神与土地的欲望，早期创世神话主张的"和谐共生"被男权社会主张的"对抗征服"所取代，人类失去了对自然的敬畏之心。种种危机在 20 世纪开始不断涌现：人类对自然资源涸泽而渔式的掠夺，"水危机"的加剧，男性针对女性的暴力，所有这些自杀式的行为都引起了女性主义神话学者的注意。在此背景下，强调人与人之间的平等、两性之间的和谐、人与环境合一的史前神话就成为人类自我认识与自我拯救的一种工具③，从生态女性主义视角对神话进行解读是对早期信仰的新书写，具有返璞归真、价值再发现的重要意义。

二、《尼罗河颂歌》中的水崇拜

在两首《尼罗河颂歌》中，对水的崇拜以不同的形式和神祇的形象出现，其中最有代表性的分别是原初之水努恩（Nun）/瑙涅特（Naunet）、掌管天空和降雨的女神努特（Nut）、天狼星女神索普德特（Sopdet）和泛滥的尼罗河之神哈比（Hapi）。诗中水意象的流转可以构成生态系统中的水循环，与尼罗河特殊的地理环境和整个生命循环相对应，折射出古埃及人重视循环的生死观、原始的生态思想和女性意识。

---

① Léonie Caldecott and Stephanie Leland, *Reclaim the Earth*: *Women Speak out for Life on Earth*, Women's Press, 1983, p. 207.

② ［美］格里塔·加德著，李莉、韦清琦译：《女人，水，能源：生态女性主义路径》，《鄱阳湖学刊》2015 年第 1 期。

③ 王倩：《20 世纪希腊神话研究史略》，陕西师范大学出版总社有限公司，2011 年，第 224 页。

（一）原初之水——创世

> 惊涛拍岸，
>
> 大地一片混乱，就像努恩一样。
>
> ——《拉美西斯时期尼罗河颂歌》①

在《拉美西斯时期尼罗河颂歌》的第二诗节中，代表着世界起源的原初之水出现了。埃及人认为，创世之前的宇宙是一大片黑暗的、原始的、混乱的无限水域，各种元素尚未分离，没有天地，没有时间，也没有生死。在埃及，人们相信所有流入世界的水都来自这片水域，尼罗河也不例外。尼罗河每年泛滥时，洪水吞噬土地，埃及似乎又回到了原初之水的混乱状态。这一特性与母亲的子宫相对应——同为混沌的世界起源，一个孕育生命，一个孕育文明。孕育本是女性的特征，然而埃及神话中的原始水域是双性的，如诺伊曼所说的乌罗伯洛斯状态，未分化且具有元素性，同时包含着男性和女性两种因素②，因此这片原初的水域在赫尔莫波利斯八元神系中被人格化为一对古老的神祇——男性的蛙首神"努恩"（Nun）和女性的蛇首神"瑙涅特"（Naunet）。蛙与蛇都是象征着多产和肥沃的丰饶形象，因此原初之水具有存在与再生的潜力——重获肥力的土地从洪水中浮现出来③。正是在这片水域中，太阳神诞生了，宇宙间才有了光明，有了生命。

超越了生物学概念的"双性同体"（androgyny）在人文研究领域具有重要意义。这一思想指引女性主义走出二元论的怪圈，通过与男性合作而非对抗来实现真正的解放④。作为创世物的水，它可以哺育万物，但同时也可以充满力量，其本质是有硬度的包容，兼有双性的特点。努恩与瑙涅特的并立符合这一平等的、生态的思维，男性与女性、人类与自然并非一方驱逐或奴役另一方的二元对立关系，而是可以协商、互补的伙伴关系。埃及人在构想本

---

① 原文为"Wave fights riverbank, and earth is in chaos, like Nun."，笔者自译。John L. Foster, *Hymns, Prayers, and Songs: An Anthology of Ancient Egyptian Lyric Poetry*, Scholars Press, 1995, p. 119.
② ［德］埃利希·诺伊曼著，李以洪译：《大母神：原型分析》，东方出版社，1998年，第47页。
③ ［英］加里·J·肖著，袁指挥译：《埃及神话》，民主与建设出版社，2018年，第7页。
④ 韦清琦、李家銮：《生态女性主义》，外语教学与研究出版社，2019年，第40页。

民族的神话体系时，潜移默化地将这种思想投射其中，认识到男性可以具备"阴性"特质、女性也能具备"阳性"特质后，神话体系中不乏暴虐的、富有攻击性的女神形象，也不乏起到守护作用的男性神形象。故而在埃及创世神话中，男性与女性、力量与孕育能够合二为一，共同构建世界。追溯到起源问题，埃及人将水视为创世之源的原因与其地理因素息息相关。发源于尼罗河河谷与三角洲地区的古埃及文明被沙漠、戈壁、高原和海洋环绕，只有尼罗河沿岸的一小片绿洲适宜居住。在这样的环境下，水作为自然资源的重要性在埃及不言而喻——它是生命之源，是人类赖以生存和发展的最基本物质条件，甚至是维持社会稳定的一大根源。古埃及历史上几次分裂的中间期都能与洪水的低水位联系到一起①，当代生态批评学者也指出气候变化会引起政治、经济和文化等领域发生翻天覆地的巨变②，人类活动与生态环境紧密相连。早在文明伊始时，人类就深刻意识到了自然在文明进程中的意义，将最具影响力的水奉为最古老的神来崇拜，始终对自然抱有敬畏之心，这种原始的生态思想是贯穿古埃及文明始终的重要精神支柱之一。

（二）降雨——流动的桥梁

> 他（哈比）浇灌太阳神创造的土地，
> 赋予每一个小生灵生命，
> 甚至连远离水边的干渴山丘也能得到浸润——
> 他就是从天上降下的雨；
> 等待的大地爱他，他养育了新生的谷物，
> 工匠的手工艺品在埃及蓬勃发展。
>
> ——《赫蒂的尼罗河颂歌》③

---

① ［美］劳伦斯·C·史密斯著，周炜乐译：《河流是部文明史》，中信出版集团，2022年，第4页。

② 王守仁等：《战后世界进程与外国文学进程研究》第四卷《新世纪外国文学发展趋势研究》，译林出版社，2019年，第621—622页。

③ 原文为"He waters the landscape the Sun god has formed, giving life to every small creature, Assuaging even the thirsty hills, far from the water's edge—for his is the rain, as it falls from heaven; Loved by the waiting Earth, he nurtures the new-born grain, and crafts of the Fashioner flourish in Egypt."，笔者自译。John L. Foster, *Ancient Egyptian Literature*: *An Anthology*, University of Texas Press, 2001, p. 111.

当水进入生态循环,最后会变为雨回归大地。《赫蒂的尼罗河颂歌》第一诗节就把泛滥的尼罗河与降雨进行类比,凸显了水的母性与神性意义。掌管降雨的是天空女神努特(Nut),人们相信原初之水漂浮在天空之上,是努特的身体支撑着那片水域才让世界不至于被洪水吞没。努特是埃及水崇拜最直接的化身——她是湿气女神泰芙努特(Tefnut)的孩子,名字由埃及语中的"水"(nw)演化而来,标志物是一个水罐。水罐是个典型的容器,与容器象征具有关联的元素包括乳房、子宫和水,努特女神作为神圣水罐,象征着慷慨的自然,既是天上之雨的女主人——作为天国的母牛,努特以她的乳汁哺育大地;也是地上之水的女主人——作为子宫,她是一个在分娩时被从内部"打破"而流出水来的水罐①,女神哺育和滋养的能力即是深藏在底下的水——河流、湖泊和海洋,它们是生命的源泉②。在远古时代,人们不论阶级均乞求降雨,便反映出"下雨"这一自然现象中暗含的生育力的决定意义,水哺育着万物,甚至决定了万物的生死。

然而除了母性和神性特质外,降雨作为流动的水,在埃及神话中连接了天上之水努恩和地上之水哈比,架起了人与自然、男性与女性之间沟通的桥梁。具有包容性的水不仅是用于孕育和滋养的生命原始子宫,其流动性也赋予了降雨新的人文意义,原初之水与尼罗河水通过水循环联结起来,这是女性交流、关联与沟通性能的隐喻。生态女性主义学者加德指出,生态系统里所有的水体都相通,"水也在空气里流淌,蒸腾自海洋湖泊、江川河溪,气化为云……冷却为雨雪倾泻而下"③。天空女神通过降雨化作泛滥的洪水,与大地男神盖布(Geb)建立联系,带来了充沛的水源和沃土,孕育了人类和文明,女神与男神平等地维系着世界的运转,都是生态系统的一部分。在这样的表达中,埃及神话中的"天地"和"男女"被平等地赋予了亲近自然的意义,打破了传统的"女性天生比男性更接近自然"的刻板印象。所以女性被诺依曼认为是"最早的先知,是从深海中、从潺潺溪流中获得智慧的女神,因为'水的语言是先知最初的声音'"④,女性借助水这一媒介传达自己的力

① 即努特幼子战争之神赛特(Seth)撕开母腹出生的传说。
② [德]埃利希·诺伊曼著,李以洪译:《大母神:原型分析》,东方出版社,1998年,第127页。
③ [美]格里塔·加德著,韦清琦译:《根:家园真相》,江苏凤凰教育出版社,2015年,第20页。
④ [德]埃利希·诺伊曼著,李以洪译:《大母神:原型分析》,东方出版社,1998年,第306页。

量、智慧和声音。将水与女神联系起来，体现了埃及人朴素的生态思想和对
性别平等的认同。

（三）天狼星"偕日升"——繁荣

　　　　然而（星星）闪耀时他（哈比）涨起来了，大地欢欣鼓舞，

　　　　每个人的肚子都被喜悦填满，

　　　　万物的脊骨因笑声而颤抖，

　　　　牙齿闪着光，露出欢迎的微笑。

　　　　　　　　　　　　　　　　　　　　——《赫蒂的尼罗河颂歌》①

　　在《赫蒂的尼罗河颂歌》的第三诗节，诗人提到了尼罗河泛滥前的预
兆——（星星）闪耀。天狼星索普德特（Sopdet）② 是埃及人心目中最重要的
恒星，它的出现与尼罗河每年规律性的泛滥息息相关，通常被认为是九柱神
系中最重要的女神——伊西斯（Isis）的恒星显化形式③。无论是在以希腊罗
马为源头的西方社会，还是神话体系自成一脉的东方，天狼星（Sirius）都常以
男性化形象出现；而在埃及，索普德特是一名强大的女神形象，便显得尤为特
殊。自古王国第一王朝起，她就被称为带来新年和大洪水的繁荣女神——每年
天狼星约有 70 天无法被观测到，然而在七月中旬的黎明时分，在尼罗河大洪水
到来前，天狼星将于太阳初升前重新闪耀在天空中，也代表着古埃及新年的开
始。这一现象被称为天狼星的"偕日升"（the heliacal rising of Sirius）④。

　　因索普德特可以与伊西斯等同，有时也以伊西斯—索西斯（Isis-Sothis）
的形态出现，尼罗河的泛滥也被视作伊西斯的眼泪。根据乌那斯金字塔铭文

---

① 原文为 "Yet when sparkling he rises, the land stands rejoicing, every belly is filled with elation, Bones of the creatures are shaken by laughter, teeth gleam, bared by welcoming smiles.", 笔者自译。John L. Foster, *Ancient Egyptian Literature: An Anthology*, University of Texas Press, 2001, pp. 111—113.

② 索普德特的希腊名为索西斯（Sothis）。

③ Geraldine. Pinch, *Handbook of Egyptian Mythology*, ABC – CLIO, 2002, p. 208.

④ Leo Depuydt, "Sothic Chronology and the Old Kingdom", *Journal of the American Research Center in Egypt*, 37（2000）, p. 168.

478 号①、532 号②和索尔特纸草第 825 号③的记述，伊西斯是掌管王权、生命
和魔法的丰饶女神，上下埃及之王欧西里斯（Osiris）的妻子。在战争之神赛
特（Seth）篡位并杀死欧西里斯后，伊西斯在悲痛中不断寻找，终于找齐了
欧西里斯的尸体，用魔法将其复活：

> 强大的伊西斯，她保护着她的兄弟，不知疲倦地寻找他，她在地上
> 徘徊恸哭，一刻不曾停息地找到了他。她用她的羽毛形成荫凉，用她的
> 翅膀制造气息，她为她的兄弟欢呼，她与兄弟结合，把没有气力的兄弟
> 从迟钝中唤起，接受了他的种子，孕育了子嗣……
>
> ——阿蒙摩斯石碑上的《奥西里斯大颂歌》④

　　女性的身体是哺育或再生的容器，女神在死亡与再生方面担当着综合性
的精神角色⑤，但女性鲜少被形容为"强大"。在《奥西里斯大颂歌》中，则
凸显了伊西斯坚忍不拔、强有力的一面，而埃及人对女性这样的特质同样予
以尊重和称颂。伊西斯为欧西里斯的死亡而哭泣，这些液体把再生的力量注
入了无生命的土壤，使其恢复肥力；这些水进入了欧西里斯的尸体，让他得
以复活，使得女神与生命、繁荣紧密联系在一起。欧西里斯是掌管万物生长
的农作物之神，他的复活也意味着植物重新焕发生机、农业的繁荣和生命循
环的生生不息。女性力量促进了农业和文明的发展，在神话中男性与女性、
生命与繁荣、文明与自然再次体现出和谐共生的特性。在拉美西姆⑥的天花板
上，也出现了伊西斯—索西斯的相关铭文：

---

①　J. P. Allen, *The Ancient Egyptian Pyramid Texts*, SBL Press, 2015, p. 275.

②　J. P. Allen, *The Ancient Egyptian Pyramid Texts*, SBL Press, 2015, pp. 169 – 170.

③　L. Bareš, et al. *Egypt in Transition: Social and Religious Development of Egypt in the First Millennium BCE*, Charles University in Prague, 2010, p. 412.

④　原文为 "mighty Isis who protected her brother, who sought him without wearying, who roamed the land lamenting, not resting till she found him, who made a shade with her plumage, created breath with her wings, who jubilated, joined her brother, raised the weary one's inertness, received the seed, bore the heir…", 袁指挥译。[英] 加里·J·肖著，袁指挥译：《埃及神话》，民主与建设出版社，2018 年，第 61 页。Cited M. Lichtheim, *Ancient Egyptian Literature Volume II*, University of California Press, 2006, p. 83.

⑤　[美] 马丽加·金芭塔丝著，叶舒宪等译：《活着的女神》，广西师范大学出版社，2008 年，第 8 页。

⑥　拉美西姆（Ramesseum），拉美西斯二世的纪念神庙。

新年伊始，像伊西斯—索西斯那样在星空中闪耀，愿她为你预见许多节日新年和洪水。

——拉美西姆天花板铭文①

这一铭文展示了天狼星偕日升与大洪水之间的密切联系，也解释了为什么索普德特被埃及人认作是代表丰饶和繁荣的女神，她预示着尼罗河的泛滥和土壤肥力的恢复，与伊西斯的结合更直接地体现出女神坚韧强大的一面，埃及人选择一位女神作为天狼星的化身便有了朴素的女性主义意识。

（四）尼罗河的泛滥——向死而生

埃及人按照尼罗河的活动将一年分为三个季节——泛滥季、生长季和收获季。每年7月，尼罗河迎来了长达4个月的泛滥季，人们也迎来了最盛大的节日：

　　……恐惧；
　　因为他（哈比）就像一头狮子跃出！
　　埃及被唤醒了，
　　它的嗜睡消失了！
　　所有的生灵都在庆祝
　　当他绿化了尼罗河两岸，
　　当他浇灌出丰饶
　　在老人和年轻人之间。

——《拉美西斯时期尼罗河颂歌》②

泛滥的尼罗河之神哈比（Hapi）常常被描绘为一个蓝绿色皮肤的双性神，

---

① 原文为 "Shines like Isis Sothis in the starry sky on the day of the beginning of the year, may she foresee for you many festive years and inundations."，笔者自译。Mona Ezz Ali, "Goddess Sopdet in Ancient Egyptian Religion", *Journal of Association of Arab Universities for Tourism and Hospitality*, 03, 20 (2021), p. 22.

② 原文为 "……dread; for he is like a lion who has sprung forth! Egypt is awakened, its lethargy is gone! All the creatures celebrate, when he greens the Two Banks of the Nile, When he pours forth abundance, among the old and the young alike."，笔者自译。John L. Foster, *Hymns, Prayers, and Songs: An Anthology of Ancient Egyptian Lyric Poetry*, Scholars Press, 1995, p. 119.

他有着男性的胡须和女性的腹部及乳房，手捧莲花和莎草。他双性同体的特征与原初之水对应，暗含了洪水的双重作用——既有男性摧毁一切的破坏力，又有女性多产丰饶的孕育功能。决堤的洪水摧毁大地上的一切，重新使土地变得肥沃，农作物、亚麻和莎草才能够生长，两首赞美诗中都描绘了洪水过后繁荣欢腾的景象："他掌管了两土地，填满仓库，堆满粮仓，把他的礼物送给穷人"① "先有粮食，后有繁荣"② "所有的土地都生出食物，罐子里装满了奶油"③ ……人们歌颂哈比，因为在危险的大洪水后，等待他们的是又一个生命的轮回，本诗节末句中提到的 "年轻人" 和 "老人" 便是这个轮回的始与终，万物都遵循生长—繁荣—毁灭—再生的季节性流转，而他们歌颂的是洪水带来新生的力量。

遵循天上之水和地上之水对应的原则，擅长观星的埃及人将尼罗河摧毁一切又孕育一切的季节性流转与每天的日升月落联系了起来。《努特书》（Book of Nut）中描绘道，白天太阳神拉沿着天空中的原初之水航行；到了晚上，太阳被群星之母努特吞噬；黎明时分，努特又重新生下它。同样地，她也会吞下月亮和星星，在黄昏时再生下它们④。这种对天体死而复生的美好幻想促成了埃及人的轮回观和生死观，母神不仅孕育、指引着生命，还把她所养育的一切带回象征起源的子宫——即死亡，这一特征符合诺伊曼的美善母神（给予生命）和恐怖母神（掌管死亡）的分类。自此，自然成了母神信仰不可或缺的一部分，神话中的水是母神和自然的象征，不仅施与和保护生命，也攫取和收回生命⑤，人死后回归自然，也意味着回到母神的怀抱。

---

① 原文为 "the Two Lands he takes for his own, Filling the storerooms, heaping the grain sheds, giving his gifts to the poor.", 笔者自译。John L. Foster, *Ancient Egyptian Literature: An Anthology*, University of Texas Press, 2001, p. 113.

② 原文为 "food first, let prosperity follow.", 笔者自译。John L. Foster, *Ancient Egyptian Literature: An Anthology*, University of Texas Press, 2001, p. 115.

③ 原文为 "All plots of ground give birth to food, and jars are filled with cream.", 笔者自译。John L. Foster, *Hymns, Prayers, and Songs: An Anthology of Ancient Egyptian Lyric Poetry*, Scholars Press, 1995, p. 121.

④ [英] 加里·J·肖著，袁指挥译：《埃及神话》，民主与建设出版社，2018 年，第 99 页。Cited S. Symons, *Ancient Egyptian Astronomy: Timekeeping and Cosmography in the New Kingdom*, University of Leicester, 1999, p. 168.

⑤ [德] 埃利希·诺伊曼著，李以洪译：《大母神：原型分析》，东方出版社，1998 年，第 43—45 页。

不仅神与人类的生命循环如此，整个世界与文明也不例外：

　　我要摧毁我所创造的一切，这个世界将会重返水域（努恩）和洪水，就如最初的状态。

——《亡灵书》咒语175①

　　在埃及人的设想里，万事万物皆有其边界，死亡就是生命的边界。神的生命也会终结，届时在一切的边界、时间的尽头，世界将重新回归到被努恩之水淹没的状态。但是死亡并不是结束，正如在毁灭一切的原初之水中并非完全看不到前景，因为这片创造一切又毁灭一切的原始水域内部流动着再生的力量，正如尼罗河水不断泛滥又退潮，带来沃土，孕育生命又摧毁生命；努特吞噬日月星辰，又将它们重新生下；人从母亲的子宫里降生，死后又回归自然母亲的怀抱，生与死在这片土地上不断循环。埃及人通过生命的流转总结出自然运作的规律——生老病死乃是不可抗拒的自然法则，但是在他们眼里死是另一种形式的生，人死后只是像夜晚的太阳神一样去了杜阿特②继续生活，而无论在哪个世界的生活都是极其重要的。因此，他们珍爱生命，也重视死亡。这种向死而生的精神是一种朴素的死亡哲学观念，即在迈向死亡的过程中感受强烈的生的渴望，以此激发生命的活力。埃及人通过正视死亡来感受生命的美好、认识自我、了解存在的意义和价值，然而这一重视生命循环的文化被后来父神信仰下的线性生命轨迹观所取代，与之对应的是母神文明与早期生态思想的衰落。

　　女神、水、自然与生死观的对应，印证了美国文化生态女性主义学者斯普雷纳克（Spretnak）的观点：女神有少女、母亲与智慧的老妇人这种类似于三位一体的角色，这些形象对应着自然界的诞生、成熟与死亡的规律，这类

　　① 原文为"I am going to destroy all I have made, and this world is going to return to the Water (Nun) and the Flood, like its first state.", 袁指挥译。[英]加里·J·肖著，袁指挥译：《埃及神话》，民主与建设出版社，2018年，第180页。Cited J. P. Allen, *Genesis in Egypt: The Philosophy of Ancient Egyptian Creation Accounts*, Yale Egyptological Seminar, 1988, p. 14.
　　② 杜阿特（Duat），古埃及人想象的死者所在之地，被视为深不可测的、幽暗的、无限的地下世界，通常与夜间星体联系在一起。

创造性与更新性的特征与自然界的关系非常接近①。尼罗河的泛滥不仅与女神创造—毁灭的职能紧密相连，还是水与整个自然的象征，它的存在联结了女性、自然与水，创世神话中折射出的人类早期朴素的生态女性意识便由此体现。这与加德在《水，女人，能源：生态女性主义路径》（Women，Water，Energy：An Ecofeminist Approach）中的论述不谋而合：她从创世神话的角度展开，将女性与水的联系投射到生与死、创造与毁灭的对应上，"其存有的理念认为，生命乃是可更新而循环不绝的，顺应创造—保存—毁灭的季节性轮转"②。水如同一条有生命的纽带，具有循环往复、融通四方的生命力，将世间万物联结在一起，这种力量被赋予了消解二元论的象征意义——生命与死亡、男性与女性、人类与自然、历史与现实、种族文化与宗教信仰，都通过水相互融通。"水"在古埃及被赋予了这样的人文内涵，这种重视生命循环的文化看到了女性、自然与水之间的联系，然而这种思想却在父权制和父神信仰的崛起中逐渐湮灭，生态女性主义学者重提创世神话就有了借古讽今的现实意义。

三、结语

上古时期人们探索世界，往往把自然力量、大地和女神联系在一起，这种联结体现出的是早期人类对女性力量和自然馈赠的赞美和向往，也是远古人民最基本的美好愿望。回溯到几千年前的古埃及，人们借《尼罗河颂歌》来表达对女性、水和自然莫大的敬畏之心。埃及人将尼罗河的泛滥和女神信仰结合，他们相信无论是破坏力还是丰产力，都是女神的馈赠，是自然的馈赠。他们重视女神传统，珍惜河流的馈赠，遵循自然法则，无不体现了人类早期淳朴的自然观。

然而作为人类早期文明成就的一部分，埃及神话中体现的生态思想和女性意识在现代虽然有一定的积极作用，却并未走出文化生态女性主义的局限，即看重女性与自然之间天然的联系这一本质主义问题。这种观点没有上升到

---

① 王倩：《20世纪希腊神话研究史略》，陕西师范大学出版总社，2011年，第225页。

② ［美］格里塔·加德著，李莉、韦清琦译：《女人，水，能源：生态女性主义路径》，《鄱阳湖学刊》2015年第1期。

理论层面反对人与自然、男性与女性相对立的二元论，将女性与自然合二为一，没能完全地解构父权制和人类中心主义的压迫①。现代的批判性生态女性主义强调的是女性与自然同样遭到父权—人类中心主义的压迫这一后天关联，因此创世神话中这种蒙昧的状态虽然有其进步作用，却并非现代文明需要回归的状态，而是要经过不断的思想解放和文明进步之后，重新认识到与自然和谐共生的积极意义；女性的作用也并非单纯强调其生殖、生产的隐喻价值，在现代社会还应表现为创造性与建设性等力量。因此，对神话的生态女性主义研究不应止步于此，女神所代表的史前文明反映的源头是一个以女性为中心的史前社会形态，女性是社会的核心和中坚力量②，埃及神话中拥有强大领导能力的女战士哈托尔（Hathor）与掌管正义的真理女神玛阿特（Maat）等女神形象尚未被深入挖掘，她们的存在直接影响了后来的希腊罗马神话和以此为源头的西方文明，故而对埃及神话中女神的阐释仍有待进一步探究。对于面临精神危机的现代人而言，创世神话中的文化属性能够在生态女性主义的阐释下焕发出新的生命力，达到开化思想、化解二元对立、构建命运共同体的目的，就是它对于现世的意义。

Gift of the Nile:
Water worship in Egyptian mythology under an ecofeminist interpretation

Yan Duye, Wang Kai

Abstract: Since the birth of Egyptology as an independent discipline in the 19th century, its archaeological and historical study has been popular in the academic world. However, the study of mythology has developed relatively slowly due to its complex system and scattered documents. In the late 20th century, with the rise of feminist mythology, more feminist scholars began to examine ancient creation myths, including Egyptian myths which had a profound impact on Greek and Roman myths.

---

① 韦清琦、李家銮:《生态女性主义》，外语教学与研究出版社，2019 年，第 13 页。
② 王倩:《20 世纪希腊神话研究史略》，陕西师范大学出版总社，2011 年，第 237—238 页。

This paper will focus on the two versions of *Hymn to the Nile* from the Middle Kingdom and Ramses Period in Ancient Egypt through the methodology of Literary Anthropology, taking water worship under the background of Egyptian mythology. The objective is to explore the ecological thinking and female consciousness of primitive people from the perspective of ecofeminism, and the significance to solve the ecological and spiritual crisis of modern society and to break the binary oppositions.

Key words:*Hymn to the Nile*; ancient Egyptian mythology; water worship; ecofeminism

中华女娲神话在尔玛地区流传之考察①

四川大学中国俗文化研究所　李祥林②

摘　要　女娲神话流传久远、分布广泛，在多民族的中国除了以汉族为主要传承者外，也在其他民族中流传。目前中国唯一的羌族聚居区在四川，学界关于女娲神话在羌地的流传情况关注有限。实际上，女娲神话在羌族地区不但有传播，而且有在地化案例。尔玛人有关女娲神话的地方性讲述，同样是整个中华女娲神话体系不可缺少的部分。从文学史料学来看，羌族口头文学中诸如此类在地化的女娲神话资料，也是今天我们在筑牢民族共同体背景下研究中国文学不应忽视的。

关键词　女娲神话；羌族口头文学；中国文学

2015 年 11 月，以"中国多民族文学的建构与当代文学史的重构"为主

---

① ［基金项目］文本为教育部人文社科重点研究基地重大项目"中国古代民间神灵信仰研究"（项目编号：11JJG750010）、国家文化艺术智库项目"藏羌彝文化走廊四川各区域特色文化总体布局与发展战略研究"（项目编号：17ZK10）成果。

② 李祥林，四川大学中国俗文化研究所教授，中国艺术人类学学会常务理事，中国傩戏学研究会常务理事，中国俗文学学会理事，四川省民俗学会副会长。

题的第五届中国新锐批评家高端论坛在西南民族大学举办。会上，笔者以"有选择的认同和认同的建构性"为题发言，结合女娲神话在羌族地区的流传论述了文化认同问题。下面从羌族的神话传说、仪式歌谣以及民间美术、民俗实践等入手，就其中的接受和选择、建构与认同等加以考察。

一、从羌族释比法冠说起

"羌"是来自汉语的族群他称，"尔玛"（羌语记音）是羌人的自称，族源古老的羌族有语言无文字。当今中国唯一的羌族聚居区在四川，人口30多万，主要分布于汶川、茂县、理县、北川以及松潘、平武等县。蜀地学者任乃强著有《羌族源流探索》，1984年由重庆出版社出版。书中述及"华族与羌族的关系"时，曾提出"中华古史传说的'三皇、五帝'中，所谓伏羲氏，女娲氏，其实就是指的是羌人"的观点[1]。从行文看，这属于他作为研究者的一家之言，主要建立在对古代文献的阅读上（未进而详细论证），并没有来自田野支撑的实证。那么，在尔玛人聚居的川西北岷江及涪江上游，女娲神话传说是否留下了印迹呢？

2017年5月，笔者随巴蜀网的朋友去了北川羌族自治县，行走在青片、马槽、桃龙等乡镇的大山中。在青片河流域，年逾花甲的五龙寨羌民杨华贵（他是我们的向导）在介绍某城隍庙遗址时谈到菩萨造像，随口道出一句"女娲圣母是个神，外是黄土内是金"，这句话提醒我们此地过去或有女娲塑像。早在1986年7月，在马槽羌族乡坪地村，从76岁不识字的羌族农民赵张氏口中采录到一则《妇女为啥要缠脚》，收入《中国民间文学集成·北川县资料集·羌族篇》，云："古时候有个皇帝，有一回到庙子里去烧香，看到塑的观音菩萨跟到活人一样，就动了邪心，抱到观音菩萨到处摸。观音菩萨气得不得了，就派狐狸精变了个比自己还漂亮的女娃子去缠皇帝。皇帝是个一看到漂亮的女娃子连命都不要的人，跟到就封狐狸精做他的大老婆。"狐狸精变的

① 任乃强著，任新建编：《川大史学·任乃强卷》，四川大学出版社，2006年，第638页。这种观点在羌地学人著述中有共鸣，如杨光成著《桃坪史话》（2007年10月，《西羌文化》编辑部编印，内部资料）称"伏羲、女娲、炎帝均出自西羌族团"，后来《平武羌族》（2004年）等书对女娲故事的讲述或受了该观点影响。

美女，"就是一双脚变不过来，生怕皇帝看出来，就用布缠了又缠，穿了点点小的一双尖尖鞋，走路一点一点的。皇帝左看右看，就说女的把脚缠小点走路硬是好看，就喊天底下的女的从小都要缠脚。女人家缠脚的习惯就是这样来的"①。熟悉小说《封神演义》的读者，一眼就能看出此乃封神榜故事的翻版，故事中的观音原本是女娲，那个无名姓的皇帝即荒淫残暴的殷纣王，他去烧香的庙子就是女娲庙。1986 年在川东奉节县乡下搜集的《缠脚的传说》云："纣王无道，不理朝政，在女娲庙焚香题词。惹伤了女娲娘娘的肝火，当时就招三妖到场，令下凡败纣王的江山"，千年毛狗精化身美女妲己入宫，但"唯独一双脚变得难看，便灵机一动，用布把脚缠得紧紧的，尖尖的。她这一进朝，貌似天仙，两只小脚格外好看。人人便跟到皇帝娘娘学起了缠脚"②。出自马槽乡羌民之口的尖尖脚来历故事，尽管发生了变异，主角换了人，但故事基本脉络还在，主要情节也已保留下来。

女娲之名明确见于北川县搜集的口头文学作品中，如擂鼓镇流传的《耍龙灯的来历》开篇即言："古时候，有一回伏羲和女娲喝醉了酒……"说到这里，有个问题需要谈谈。2009 年《羌族口头遗产集成·神话传说卷》收入两则跟女娲直接有关的羌族神话传说，《神仙造人》和《千佛山和佛祖庙》分别采录于 1987 年 7 月和 1986 年 5 月，二者均见于《中国民间文学集成·北川县资料集》（1987 年）之"故事·羌族篇"，前者见于"神话"而后者见于"传说"。纵观全书，《中国民间文学集成·北川县资料集》之"故事·汉族篇"亦收录一则《女娲补天》，神话讲述者是小坝羌族藏族自治乡白花村 64 岁不识字羌民王兴海，曰："盘古后头，出了一个共工。这个人能上天能入地，要走哪里去，头往地下一钻，钻个洞就走，上天把天顶个洞就去。他每天到处乱跑，把天上、地下钻得到处都是洞。天上的洞多了，水就漏到地上，把地上的人淹死了好多好多。女娲神看人都要淹死完了，就连忙炼顽石做成矾，把这些矾弄到天上去，用自己的身子和矾把天上的洞补好，水就再也没有漏下来了。"对比可知，羌民王兴海讲的《女娲补天》跟墩上乡岭岗村 68

---

① 本书编辑委员会编：《中国民间文学集成·北川县资料集》（内部资料）上册，1987 年，第199 页。

② 本书编辑委员会编：《中国民间故事集成·四川省万县地区卷》（内部资料）中册，1988 年，第 321—322 页。

岁羌民苟玉明讲的《千佛山和佛祖庙》颇有相近（天上有洞漏水，女娲补天把身子也用上了；从中国西部横贯南北的藏羌彝文化走廊看，女娲补天把自己的身体也用上了的叙事在甘肃天水采录的女娲神话版本中亦有①）乃至关联之处（后者仅言天上有洞漏水，前者指出天上漏洞是共工所致），当时编书者将这两个故事作了羌、汉分界，大概是因为1923年出生的王兴海"解放前，靠帮人为生，在汉区也有一段生活经历"（见书中王氏小传）。而循此编纂体例，2008年"5·12"汶川地震后出版的《羌族口头遗产集成·神话传说卷》也没有将王兴海讲的《女娲补天》收入。其实，研究川西北羌族史可知，北川尽管昔为羌人聚居地而今为羌族自治县，但由于种种缘故，明清以来其地其民高度汉化，当地文化具有多民族交融特征。因此，考察女娲神话在此地的流传，若是硬要在羌、汉之间做严格乃至苛刻的划界，有相当难度。况且，该《女娲补天》原本是从羌族老人那里口头采录的，即使不认为这属于纯粹的羌族神话，至少也是汉族神话在羌族民间传播后多多少少"在地化"的产物。此外，不能不看到，讲述这个《女娲补天》故事的王兴海，也是被划归"羌族神话"的《神仙造人》的讲述者。同一位羌民讲述的两个故事，一个被划归"羌"，而另一个被划归"汉"②，未免让人费解。撇开由编书者裁决的人为划分，正视羌民口头讲述，我们所见只有女娲神话在川西北尔玛民间传播的客观事实。

从民间美术来看，大神女娲之像亦出现在羌族释比头戴的法冠上。研究羌族文化，不可不知晓释比。释比熟知本民族社会历史与神话传说，主持春祈秋报的重大祭祀仪式，进行驱鬼治病除邪镇祟的活动，他们实际上是羌文化极重要的掌握者以及传承者，在羌民社会中占有不可取代地位并享有崇高威望。笔者去川西北羌族村寨做田野调查，屡听羌锋老释比王治升、县文化

---

① 本书编委会编：《中国民间故事集成·甘肃卷》，中国 ISBN 中心，2007年，第5页。

② 小坝乡白花村羌民王兴海从小就受口传文学的熏陶，20世纪80年代后期做民间文学三套集成时，不识字的他给采录者讲、唱了民间文学作品62篇（首）在《中国民间文学集成·北川县资料集》中，由羌民王兴海讲述而被划归"汉族篇"的有神话《盘古王开天地》《女娲补天》《九州的来历》《伏羲兄妹造人烟》《冰雹是怎样来的》《牛魔王种草》《太阳》《月亮》《神仙造人》，有传说《杨角哀与佐伯涛》《桃园三结义》《神仙洞》《干鱼坝》《走马岭》《老虎、豹子和猫的来历》《端午雄黄酒》，有故事《聪明的幺媳妇》《吴良心》《马桑树儿长不高》，有笑话《瓜娃子》《瓜女婿》，等等。2008年汶川地震后，这些口头文学作品有的收入《羌族口头遗产集成》，有的则没有收入，书籍编纂时采用的判定标准也未免有人为之嫌。

馆老馆长汪友伦（皆羌族）谈起释比文化，他们称此为羌民族的"核心文化"①。释比在祭神还愿仪式中，头戴的法帽有猴皮帽也有五花冠（或称"五佛冠"）。2016 年底，有关方面送来请笔者审阅并撰序的书稿《传承者说——羌族文化传承人口述史》中，有走访茂县沟口乡释比肖永庆的篇章②，后者在介绍释比法冠时说上面分别画着女娲、太上老君、真武祖师等。在接受采访时，肖老释比先讲述了羌年的来历，说从盘古开天地以后，伏羲姊妹置了人烟，接着讲神农皇帝为解决人类的粮食问题上天宫找来五谷种植，又说老君菩萨打錾子錾磨子以便磨麦子、青稞，"青稞麦子收了，就开始祭盘古王了、伏羲姊妹了、神农皇帝了，祖宗先王炎帝，这下子就祭祖了，开始报答牛王菩萨了"。不难看出，出生于释比世家的肖永庆熟悉三皇五帝之类开天辟地、创生人烟的神话。接着，他向来访者介绍羌族释比文化中的释比法器时说："这个法冠，是释比的帽子。法冠上画的，一个是女娲，一个是太阳，一个是太上老君，一个是北山真武祖师，一个是三清道祖。胸前挂的是朝珠，这些都是辟邪的嘛。"书中附有俗称"五花帽"的照片，绘有神灵的五片冠叶铺开，第五片是头有发髻的女性神灵，也就是老人说的女娲。这种释比法冠由七块牛皮组成，有五块牛皮形状一样（另外两块作装饰），上部呈三角形，而下部为梯形。五块牛皮上各绘一位神灵画像，正中为元始天尊，左右依次为太上老君、真武祖师和女娲娘娘等。2014 年农历十月初一，在岷江西岸中国羌城（茂县）举行羌年庆典，祭祖仪式由肖永庆主持，他所戴法冠左侧第一幅便是头上挽着发髻的女神（女娲）像。这法冠是笔者熟悉的，他的徒弟刘正傲（也是肖老释比侄女的儿子）头上也戴着同样的法冠。以上表明，不仅女娲神话见于川西北羌族口头文学，连女娲娘娘的形象也绘制在羌族释比的法帽上，这恐怕让许多人都会感到意外。

　　道教在岷江上游羌族中有不小影响，"五花帽"上的神灵在茂县沟口、渭门释比中间说法多样。追溯历史，四川号称"移民大省"，来自外省的移民也进入羌族聚居地区，带来异质性元素。比如平武县当地有羌族，受外来文化影响，亦有端公戏见于尔玛村寨，如县志所言："羌民中有半农半巫端公，职

　　① 李祥林：《人类学比较视野中的羌族释比》，《宗教学研究》2019 年第 2 期。
　　② 参见《传承者说——羌族文化传承人口述史》第一章，四川大学出版社，2017 年。

事为驱鬼禳灾'跳神',或为羌民办丧事。"杀白鸡祭神时,戴猴头羊角帽的端公也挂上脸壳子,跳起羊皮鼓,口中念念有词,"因无文字记载,端公所念经文系世代口传心授,虽能念出,却不知其意"①。这些羌族身份端公的仪式唱词中,亦见叙事唱史的"三皇五帝年辰远,女娲治水洪不传"之类。外来移民迁入川西北羌族聚居地,既见于涪江上游,也见于岷江上游。移民文化背景无疑为女娲神话在尔玛民间传播提供了有利条件。此外,有史学家谈到羌文化特征时指出:"贵妇人,党母族,盖去女系时代未久也。"② 羌族自有特色的本民族女神崇拜体系即滋生在此土壤上③,如此传统也为女娲神话在尔玛民间传播提供了可能。由此看来女娲神话在羌族中有多样化投影和地域化呈现,便容易理解。

二、在地化的川西北尔玛神话

汶川、理县、茂县和北川,是川西北羌族聚居区的四个核心县份。2007年10月,有走访者从茂县三龙乡桌子坝羌民那里口头采录了一首羌语民歌,汉文记音如下:"哦不得呢哎斯勒哎阿勒卓,哦兹得呢呀什不呀哦哦呢角呀,哦呀哟嗯呀索则呀哦哦勒学呀。"搜集者将此歌归类为"历史歌",收入《羌山采风录》,并介绍歌词大意为:"有了天,才有地;在大洪水之后,才有了人类。女娲造出了男和女,男结婚,女嫁人……"④ 三龙乡位于茂县西部,距县城30多公里,地处高山区,是羌族聚居乡,辖勒依、黄草坪、纳呼、富布、卓吾等6个村委会。桌子坝属三龙乡黄草坪村,接受采访的羌民姓杨,1921年出生,是年逾八旬的老人。据介绍,此乃村民在婚礼上唱的古歌。以上歌词的大意翻译,是来自歌唱者本人还是来自搜集者代言,抑或是来自通晓羌、汉语的第三者帮助,因书中未注明,不得而知;所录歌词是仅此一小段还是有更多内容,著者未叙说;歌词中所述女娲故事是祖辈传下来的还是融入了现代元素,该书亦无考论。三龙乡是20世纪50年代初由三齐乡与龙

① 平武县志编纂委员会编:《平武县志(1991—2005)》,电子科技大学出版社,2019年,第926页。
② 吕思勉:《中华民族源流史》,九州出版社,2009年,第267页。
③ 李祥林:《羌族民间文学中的女神崇拜与族群意识》,《文化遗产》2012年第1期。
④ 万光治主编:《羌山采风录》,人民音乐出版社,2011年,第108页。

坪乡合并而来的，三齐乡原属理番县（今理县），是 1950 年也就是中华人民共和国成立后划归茂县的。在岷江支流杂谷脑河畔的理县，羌族口头文学中有关于女娲的篇章。按照当地习俗，农历正月初八或初九到十五之间，羌族村寨民众要去深山大庙如铁灵寺、白空寺、子林山等处拜香祭神（羌语称为"讷达阿泊切"），一般是为了替父母或家人消灾解厄而许愿、了愿。此外，每三年全村寨共同杀羊还小愿，六年则还牦牛大愿。正月举行的拜香仪式，是下午在家里起香，众香友聚集一堂，深夜到达寺庙交香。有拜香童子，由年轻男子担任，手捧插着香烛的小凳，头戴有三个小结的红布，身穿白色短衣。同去灵山的香友，通常二三十人不等。人们手捧香烛、纸钱、刀头、馍馍、清油、酒等，走出家门，前往寺庙。一路上，敲锣打鼓，吼唱不息，引香人唱一句，众人齐声应和，场面可观。所拜神灵，乃是儒、释、道三教俱全，体现出川西北羌区民间神灵信仰的杂糅性。整个祭祀拜香过程分三阶段，先从家神拜起，出门后再拜各路神灵，最后入庙祭神。其中第二阶段行路过程中所拜神灵便有女娲，且听其唱词《拜女娲》①：

> 玉皇差你把凡下，手拿法宝到朝堂。
> 七十二变神通大，腾身又不怕刀枪；
> 收了孽龙平风浪，永止西蜀有威名。

以上记录的这段唱词里，"止"疑有误，或为"治"，或为"正"（镇）。关于尔玛民间的这种风俗，又见于其他作者笔下，据其所言，此文是他结合了自己早年记忆的"如实记述"，其中祭女娲之"永止西蜀"为"永正西蜀"，祭土主之"普贤能给万人缘"为"普贤能结万人缘"②。从乡民们祭拜神灵的顺序看，拜女娲之前是拜川主："朝拜川主二郎神，永镇蜀川有功劳；仙姑娘娘生下你，外公就是玉皇尊。"拜女娲之后，紧接着是拜土主："六里九枯皆保佑，三番四土你常安。风调雨顺民安乐，五谷丰登庆太平。文殊能做千家好，普贤能给万人缘。"在此与女娲并列的川主和土主，均系地方保护

---

① 王科贤：《羌族拜香词》，载何江林主编：《留住我们的记忆——理县藏羌民族民间文化集》（内部资料），2011 年 1 月印。

② 陈光武：《拜香》，《西羌文化》2004 年第 1 期。

神。羌族民众心目中这个女娲,是奉玉皇大帝之旨来到凡间的,她手执法宝,神通广大,刀枪不入,收服孽龙,治理水患,甚至具有孙悟空般七十二变的本领。不仅如此,这里与川主、土主并列的女娲,还被尔玛人"在地化",视为镇守蜀川、保佑地方平安的大神。其对女娲神迹的如此描述,明显不同于汉族地区常见的女娲故事,具有文化人类学所讲的"地方性知识"(local knowledge)特征,体现出当地人对女娲的某种文化赋予甚至重构,是女娲神话传入地羌族化的版本。以当年做民间文学三套集成时的调查资料为基础,"5·12"汶川地震后成书的《羌族口头遗产集成·神话传说卷》收录了两则直接有关女娲的神话,一是《神仙造人》(流传于北川县小坝乡白花村),称远古时期大水之后,人类灭绝,女娲、伏羲、黎山老母等神灵一道用泥巴造人,男神造男而女神造女,各有分工;一是《千佛山和佛祖庙》(流传于北川县墩上乡岭岗村),讲西天生就不全,到处都是烂洞,天水顺着洞往地下流,于是女娲神炼五彩石补天,后来去西天取经的唐僧向佛祖奏其功并为之建庙,从此有了每年农历四月初二的千佛山庙会①。在此读者看到,传入羌地的女娲神话经过人文地理环境的"在地性"(localization)陶冶,融入多种文化元素,形成了羌族民间自有的叙事特点。两则故事均由年逾花甲而且不识字的乡下羌民口述,属于典型的"口头传统"(oral traditions)。且看1987年7月搜集、羌民王兴海讲述并载入"中国民间文学三套集成"四川绵阳市卷的神仙造人神话:

> 女娲、伏羲、轩辕、梨山老母和红云老母看世上的人都遭大水淹死完了,就打(搭)伙在一起用泥巴造人。伏羲和轩辕做男人,女娲、梨(黎)山老母和红云老母做女人。伏羲和轩辕一人做了五十个男人,一共就是一百个男人。梨(黎)山老母和红云老母、女娲做女人时,还给女人做了些花衣裳,一人做了三十个,三三就是九十个。做好以后,就给泥巴人吹了口气,泥巴人就活了。后来男人总比女人多,女人又爱穿花衣裳了。

---

① 这两则神话分别采录于1987年和1986年,原本均见是书编辑委员会编:《中国民间文学集成·北川县资料集》(内部资料),1987年10月印。

关于人类起源的神话，北川羌族中间有多种讲述。如青片乡一带羌族传说，盘古王开天辟地后，地上没有人烟，是一根杉树变成姐姐，一根柏树变成弟弟，姐弟俩长大后结为夫妻，从此开始了人类的繁衍。小坝乡一带有的村寨羌民则说，太古时期，天上有九个太阳把大地烤焦了，只有姐弟俩躲在一株神树上才没被晒死；弟弟用神树的枝丫夺（川话：戳）下了八个太阳，随后姐弟通过滚石磨、烧烟烟、隔山种竹等难题的考验结成夫妻，生下肉坨坨，将其砍碎之后，从此有了人类。流传在尔玛村寨的口头作品中也有伏羲、女娲造人的神话。据《北川羌族史略》①介绍，都坝、太洪、贯岭羌族乡流传的《洪水朝天》① 云：

> 远古时候有一只猴子，沿着马桑树爬到天上，到处翻腾，把天神装水的金盆打翻了，结果造成了人间的洪水泛滥，唯有伏羲和女娲姐弟俩钻进一个大黄桶内才得以生存下来。后来，姐弟俩经过了滚石磨、烧烟烟、种竹子的考验后结为夫妻。成亲时怕羞，便用一块红布把头遮住。从此，伏羲姐弟俩繁衍了人类。

千佛山位于茂县、北川、安县交界处，在北川县墩上乡南面，面积约220平方公里，海拔3000余米，上有相传始建于唐代的佛祖庙，山门所存清光绪年间的石刻对联云："圣名显应唐宋创修昭千古，佛国威严清造石宝垂万载。"2008年"5·12"汶川地震前，笔者曾去千佛山，当时山上有县里携手绵阳市共同打造的仿古街，景色、气候都很好，还建有表演藏羌歌舞的演艺大厅，可惜这些设施在地震发生时均被泥石流摧毁了。关于此山此庙，羌族民间有奇妙的神话传说（除了女娲神话，还有药王孙思邈在此山收羌女为徒的传说）；地处川西北岷江、涪江上游的尔玛人，身居自然灾害频发的环境中，对"大水"的体验和记忆深刻，每每投映在口头文学中，并跟千佛山联系起来。若论女娲神话在羌区在地化的例子，《千佛山和佛祖庙》更见典型，其中女娲补天不但拯救了人世，也拯救了佛祖所在的西天。这个在地性神话讴歌了女

---

① 北川县政协文史资料委员会编，王清贵编著：《北川羌族史略》（内部资料），1991年10月印，第174—175页。1987年5月采录于北川县墩上羌族乡、由76岁羌民苟玉书讲述的《兄妹射日制人烟》，也是兄妹经过难题考验后结婚繁衍人类的故事，但导致世上人类灭绝的前提是十个太阳而不是大洪水。

娲补天治水的牺牲精神，还解释了当地千佛山庙会的来历。故事曰：

> 很早以前，西天到处都烂的是洞，天上的水就顺到洞往地下流。女娲神搞慌了，就炼些五彩石来补。天那么高，女娲神又咋个补得到嘛？女娲神就弄些石头和泥巴来垒了一座山，爬到山上去用自己的身子和五彩石把洞挨到挨到一下补到了，水再也没往地上流了。后来，唐僧去西天取经的时候，就给西天佛祖说，全靠女娲神垒山补天，才救了西天和地上的人。佛祖听了以后，就喊唐僧在女娲神垒的山上去修一座庙子，每年农历四月初二这天，西天佛祖就喊天底下的佛爷和菩萨都到庙子头去拜女娲神。人们就把这座山叫"千佛山"，把庙子叫"佛祖庙"。直到这阵，农历四月初二千佛山庙会这天，都还有好多好多的人上山去烧香呢。

女娲神话在多民族的中国有较广泛的传播。纵观中国西部民族的迁徙走廊，女娲神话也是川西北羌族口头遗产的组成部分之一，其中同样有尔玛人的族群意识和历史心性的投映。在前述新锐批评家高端论坛上，笔者以女娲神话在羌区流传为例论述相关问题时，指出从中国多民族文学看文化认同，需要注意四个层面：首先是认同的发生，它常常在有选择性中进行；其次，正因为有选择，认同往往伴随着建构的发生；再次，无论选择还是建构，都是认同主体的传统积淀和现实诉求所造就的；最后，这种伴随着选择和建构的认同从某种角度看具有一定普遍性，这是我们从事中国多民族文学研究文化认同时应多加关注的地方①。着眼文化认同，笼统言之，女娲传说犹如大禹传说等之于尔玛人可谓是华夏认同的体现之一；细致审视，当地民间对之的信仰和认同实为有选择性的，而从当代羌区对之的文化表述中也不难看出某种建构性特征。归根结底，这种选择性和建构性受制于地域环境和族群诉求，其作为"地方性知识"，是我们立足多民族中国语境研究女娲神话时不应忽视的个案。

---

① 何江花：《中国多民族文学的建构与当代文学史的重构——第五届中国新锐批评家高端论坛学术综述》，《海南师范大学学报》（社会科学版）2016 年第 2 期。

三、女娲故事的地方流传及当代讲述

2021 年秋，羌族作家王明军从汶川送来他的《禹迹岷山》书稿请笔者作序，其中有他以章回体小说形式创作的《大禹治水故事》，从"开天辟地·女娲黄泥造人烟"开篇，到"禹治九州·万邦归顺建夏国"结尾，中间包括"临危受命·鲧大战怪兽妖孽""梦游月宫·禹知鲧事誓治水""紫坪导水·禹开山斧战夔牛""大禹提亲·木姐送礼到涂山""化猪拱山·东别沱江治西海"等章节，如此叙事融会着历史、地域、族群等诸多元素，颇有趣味。又，在岷江上游地区，以保存碉楼群著称的茂县黑虎乡有赶"娘娘会"的民俗，日子在农历三月三。壬辰（龙）年三月三（公历 2012 年 3 月 24 日），四川大学文学人类学研究生蔡丽萍等前往黑虎乡小河坝村鹰嘴河组做田野调查，目睹了村民赶娘娘会的情况。赶会地点在川主庙，该庙"文化大革命"时被捣毁，今仅存废墟，所祭神灵以石块砌台上挂着红布的简易木龛为标志，其中有娘娘神的牌位。赶娘娘会去川主庙并不奇怪，过去岷江支流杂谷脑河畔理县桃坪的川主庙，除了正殿主祀二郎神（李冰之子），侧殿供奉的是送子娘娘及观音①。黑虎乡三月三这天，赶会的主要是妇女，村民说娘娘会供奉的是三霄娘娘、眼光娘娘等。甲午年（2014）农历十月初一，笔者去茂县参加羌年庆典，前一天，随当地朋友去了高山上的黑虎羌寨。在川主庙遗址尚存的山坡上，遇见两位老年羌族妇女在给神灵上香烧纸钱。问她们哪个神龛是供娘娘的，答曰左边第二个。说到娘娘，她们提到了观音，未言及女娲。据悉，该羌寨仅有杨太明老人说起女娲娘娘，进而询问之，他向来访者出示了自己抄写在笔记本上的两页文字。一页为《拜女娲神》（加括号注明"叫娘娘神"），曰："玉皇差你把房下，手拿法宝到朝堂，七十二变神通大，腾身又不怕刀枪，收了孽龙平风浪，永正西蜀有威名。"这跟前述理县羌族民间祭祀唱词《拜女娲》相同，其中"房"为"凡"之音讹，当是根据他人之口述记录的。另一页为《女娲神娘》，依然突出的是女娲救世英雄的神迹，文字如下

---

① 卢丁、工藤元男主编：《羌族社会历史文化研究——中国西部南北游牧文化走廊调查报告之一》，四川人民出版社，2000 年，第 260 页。

（错别字较多）：

> 女娲神娘娘，上古女神，他（她）为了相救，创造为百性（姓），拾大山，无稽的岩，炼成高十二丈，见方二十四丈的五彩石，分三万六千五百零一块，用五彩石补好天空屈（缺）口。又杀一只大龟，斩下头（大）龟的头脚，矗立四方把天空掌（撑）起来，用绿草烧灰，诸（堵）住滔天洪水，杀死各种怪兽。

> 女娲神平息了这场灾难，挽救了人类。女娲神娘娘是中国各民族的著名的美神，也是羌民族的最高崇拜的美神灵之一。

抛开手抄本中的错别字不论，故事行文之书面化与口头性结合的痕迹明显，尤其是"中国各民族"这种提法很有现代色彩。访谈对象杨太明老人当时68岁，他当过会计，初中文化，曾在北川打工，是尔玛协会黑虎乡的负责人。作为该协会在黑虎乡的负责人，杨大爷就其年龄段而言乃属于寨子里为数不多的上学念书较多的文化人，他是一位自觉的羌族文化守护者和宣传者。杨大爷出示的笔记本成色尚新，可见他对此女娲神话的记录不是很久，其中还烙印着他从各方面汲取的文化信息。比较可知，杨大爷笔录的女娲神话，既谈到治理洪水，又述及以石补天，还有断鳌足立四极、以草木灰止洪水，其叙事基本上是古籍《淮南子·览冥训》所载内容的翻版（古籍说女娲"积芦灰以止淫水"，杨大爷的记录中"用绿草烧灰"之"绿"在四川方言中读"lù"，与"芦"音近），只不过带上了口语化痕迹。看来，对老人笔下不乏当代色彩的女娲神话不必刻意追问其来源①，而根据民俗学"以表演为中心"（performance centered）的理论，从川西北羌寨中这位尔玛协会成员自觉笔录、叙述和展示女娲神话的行为本身，我们可以感受到当代尔玛人对中华文化体系的积极认同。

平武县少数民族的文化特色有二：一是白马文化，属藏族，地处偏北的夺补河流域；一是尔玛文化，属羌族，地处偏南的清漪江流域。2012年，有

---

① 2012年10月29日，在四川大学研究生院我给研究生上民俗学课时，蔡丽萍说她在我的提醒下，再次见到杨大爷时曾追问其抄录的女娲故事来自何处，杨大爷仅仅说他是从很远的地方得来的，仍未告诉出处。

平武羌族朋友送来由他作序、当地作者编撰的《平武羌族》，该书讲述羌族史从"传说时代的古羌人"说起，先讲西王母，再讲伏羲和女娲①。书中写道："相传，伏羲是西方华胥氏之子……后来，伏羲与人首蛇身的妹妹女娲结婚，成了中华各民族的'人文初祖'。羌民族则认为，当洪水泛滥之后，天底下只剩下伏羲、女娲两兄妹了，于是只好兄妹结婚，生下了人类。因此，把伏羲、女娲作为创世神、始祖神和生育大神。"该书称"西王母又名黑虎女神"，属于牦牛羌黑虎支系，女娲氏亦属"西王母的女姓支系"之一。以上内容显然难以直接归入羌地古已有之的口述传统。诸如"中华各民族的'人文初祖'""中华民族伟大的母亲"之类说法传递着近世以来国族认同下的观念，表达的是羌地知识阶层对女娲神话的讲述，带有当今社会的语境化烙印。如著者所言，该书关于古羌史的讲述"是根据一些文献资料和神话传说所描述的"，其中对女娲神话的讲述实际上混融着书面文本与口头传说，体现出著者身为当代知识分子对这些信息的"组合"与"重构"。

着眼现实，上述"组合"与"重构"也不好说全是凭空产生，其顺应着今天地方文化建设中彰显"我族"的文化诉求。纵观《平武羌族》，书中结合西王母、女娲等关于尔玛人"我族"历史的讲述，与其说是理据严谨的学术考证，毋宁说是不无想象的"集体记忆"。这种"集体记忆"之于川西北羌族并非凭空捏造，其植根于族群生活与族群心理，可谓是某种"立足现在而对过去的重构"②，具有并非不明显的为当下社会服务的色彩。该书可谓是当地尔玛人之心声的代言，羌族作序者即称赞其是"一部全面反映平武羌族的书"。透过书中对女娲神话及羌族历史的叙述可见，当地人与其说是在陈述往古故事，不如说是在表达当代情怀；与其说是在挖掘固有传统，不如说是在建构现实符号。这种立足现实的建构，也是服务当下的展演，呼应着目前尔玛地区强化族群认同、张扬地方文化的需要。

---

① 向远木：《平武羌族》第一章"羌族的族源及其早期历史"，中国文联出版社，2004年。作序者陈显辉，羌族。本段引文均见此章，不再一一注明页码。

② 关于这个问题，法国学者莫里斯·哈布瓦赫在《论集体记忆》（毕然、郭金华译，上海人民出版社，2002年）中有详细论述，可供参阅。

四、结语

中华大地，女娲神话流传久远，分布广泛。中国以汉族人口为最多的国情是历史形成的，据《女娲溯源》统计，在所搜集到的 247 个明确有女娲出现的神话中，有 235 个是汉民族中传播的，占总数的 95% 以上。而在少数民族中，女娲极少出现，现在搜集到的明确与她相关的神话共有 12 则，其中苗族 3 则、藏族 2 则、瑶族 1 则、水族 1 则、毛南族 1 则、土家族 2 则、仡佬族 1 则、蒙古族 1 则①。该书有《少数民族女娲神话分布表》，其中四川地区仅列出川南苗族中流传的"女娲阻止天狗吃月"等 3 则故事，未见涉及羌族以及其他少数民族②。总的说来，该书中不见有文字言及川西北羌族口头文学中的女娲神话传说。目前出版并修订的《羌族文学史》，在远古神话部分提到了女娲与红云老母等合作造人的故事③，尽管未做展开论述，但仍是可贵的。上述表明，从过去到现在，女娲神话在川西北羌族聚居区不但有传播，而且有在地化案例。尔玛人有关女娲神话的地方性讲述，同样是整个中华女娲神话体系不可缺少的部分。在多民族大杂居小聚居的地带上，女娲神话在当地尔玛人的口头文学中烙下印迹实不奇怪。此外，从文学史料学看，羌族口头文学中诸如此类在地化的女娲神话资料，也是今天我们在筑牢民族共同体背景下研究中华文学不应忽视的。

A survey on the spread of Nuwa myth in Erma area

Li Xianglin

Abstract：The myth of Nuwa has been spreading for a long time and is widely distributed. Besides the Han nationality as the main inheritors in multi-ethnic China,

---

① 杨利慧：《女娲溯源——女娲信仰起源地的再推测》，北京师范大学出版社，1999 年，第 18 页。
② 关于女娲神话在巴蜀地区的多民族传播，笔者另有专文论述，此处不赘。
③ 李明主编：《羌族文学史》，四川民族出版社，2009 年，第 42 页。

it is also spreading among other nationalities. At present, the only Qiang inhabited area in China is in Sichuan. Scholars have paid limited attention to the spread of the Nuwa myth in the Qiang region. In fact, the myth of Nuwa has not only spread in the Qiang area, but also has local cases. Erma people's local narration of Nuwa myth is also an indispensable part of the whole Chinese Nuwa myth system. From the perspective of literature historical materials, such local Nuwa mythological materials in the oral literature of the Qiang nationality are also what we should not ignore when studying Chinese literature under the background of building a strong national community.

Key words: Nuwa myth; Qiang oral literature; Chinese literature

陌生人国王理论视角下的爪哇、巴厘王权神话分析

上海市崇明区民族和宗教事务办公室　高原星①

摘　要　本文以当地神话、历史故事和学者著述为分析文本，试图从萨林斯提出的"陌生人国王"理论视角出发，分析爪哇和巴厘印式王权神话的文化性质。本文分析了《爪哇史颂》中体现满者伯夷王室来源的三种说法，作为陌生人国王典型案例的普利图故事在巴厘的转写以及印式衰降神话与爪哇、巴厘王室神话的联系。综合上述分析，本文认为，相较于扶南与占婆王权神话中地理意义上的陌生人国王特点，对于爪哇和巴厘王权神话来说，陌生人国王的概念更多体现于文化结构中。尽管爪哇和巴厘的王权神话存在与印度本土王权神话的形似，但更根本的则是印度王权观念被本土化改造，借以顺应爪哇与巴厘的文化发展。

关键词　王权神话；陌生人国王；《爪哇史颂》；东南亚

---

① 高原星，2023 年毕业于厦门大学社会与人类学院民族学专业，获法学硕士学位，研究方向为印度神话、百越神话、东南亚神话。现供职于上海市崇明区民族和宗教事务办公室。

　　自公元 2 世纪起，在东南亚地区兴起了一系列采用印度王权模式的王国①。这些王国任用皇家婆罗门并受到梵语的文化影响，采用印度历法，修建佛寺和印度教神庙。对于东南亚印式王国的文化内涵，先前的学者给出了各自的观点。历史学家 G·赛代斯认为，在印度式的外表下，（东南亚的）全体居民都保持着他们自己的主要特征，婆罗门教在外印度具有了国王崇拜的特殊表现形式，它基本上是一种属于贵族的宗教，并不是为群众而设的②。人类学家克利福德·格尔茨认为东南亚的印式王权是印度王权向东南流布时的突变形态，东南亚印式王权中国王与僧正的互补搭档关系，完美刹帝利和完美婆罗门在社会巅峰处的对向唱和，是巴厘政治制度最典型的印度教特征，也是这些印度教王权政治制度在向东、向南流布过程中发生突变的明显例证③。谭拜尔认为，在东南亚，神圣王权的原型被转化为转轮王，这样的模式在泰国形成了星系政体④。大卫·P·钱德勒注意到吴哥王权中印度教文化元素与东南亚祖先信仰的糅合，国王不是一个土地神或者一个僧侣，而是印度史诗里的英雄。D·P·辛加尔认为，东南亚的本地文化只采纳那些它们赞同的印度特征，本地民族从来没有完全丧失自己首创精神的自由⑤。林志亮注意到婆罗门教仪式已经深深扎根于泰国人的传统文化当中，并将产生这种影响的原因追溯到历史上泰国王室对于婆罗门教的推广，当时（素可泰王朝和阿瑜陀耶王朝）的泰国刚刚建立了第一个政治意义的国家，它需要与之相适应的阶级社会立法体制，具有社会等级制度特征的婆罗门教适应了这个需要⑥。张亚辉关注东南亚的印式王权与印度本土王权在表象上的相似与实质差异，认为整个东南亚的王权都没有走向印度的世俗王权模式，东南亚和太平洋岛上的

---

　　①　［法］G·赛代斯著，蔡华、杨保筠译：《东南亚的印度化国家》，商务印书馆，2008 年，第 412 页。

　　②　同上，第 65 页。

　　③　［美］克利福德·格尔茨著，赵丙祥译：《尼加拉：十九世纪巴厘剧场国家》，商务印书馆，2018 年，第 113—114 页。

　　④　何贝莉：《历史与结构——读谭拜尔的〈世界征服者与遁世修行者〉》，《西北民族研究》2016 年第 2 期。

　　⑤　［印］D·P·辛加尔著，庄万友等译：《印度与世界文明（下册）》，商务印书馆，2019 年，第 220 页。

　　⑥　转见郑筱筠：《东南亚宗教研究报告：东南亚宗教的复兴与变革》，中国社会科学出版社，2014 年，第 220 页。

神圣王权，则更倾向于将神圣性以恰当的方式分布到整个社会中去①。综上所述，先前的学者分别从东南亚印式王权与印度本土王权实践的形似与内在差异、印式王权进入东南亚的历史原因和过程等方面对于东南亚印式王权的文化性质进行分析。本文基于先前学者和历史文献的呈现，以当地神话历史文本和学者著述为依据，试从萨林斯提出的"陌生人国王"的理论角度，对于爪哇、巴厘印式王权的王权神话进行分析讨论。

一、萨林斯的陌生人国王理论

美国人类学家马歇尔·萨林斯（Marshall Sahlins）在《陌生人/国王或斐济人中的杜梅齐尔》一文中基于斐济人的王权神话和亲属制度提出了陌生人国王的理论。萨林斯认为，国王最初是以陌生人的身份来到当地，然后得到土著的接纳②。国王被视为在结构上处于社会之外，既高于社会，也超越社会③。典型的情况是，这些统治者并非像原住民那样出生于大地，他们来自天堂或具有最出众的族群血统④。萨林斯还列举了一个典型的斐济神话，解释了当前统治氏族的来源：一位陌生人在海难中被鲨鱼驮上沙滩，他走进内陆而得到当地头人的收留，并最终与头人的女儿结了婚，由此诞生了掌权头人的世系⑤。陌生人国王的王权观念在世界各地都可以找到相应的文化案例。鲁思·本尼迪克特认为，日本人关于天皇的概念类似于太平洋诸岛上的同类概念，在大洋洲，他是神圣首领；在一些岛屿上，他参与政治；在另一些岛屿上，则存在神圣首领与世俗政治的区隔⑥。《古事记》中的"让渡国土"神话亦体现出陌生人国王神话的叙事逻辑，建御雷神自天神居住的高天原降临大国主神统治的丰苇原出云国，大国主神将国土和王权悉数让渡给了象征大和

---

① 张亚辉：《亲属制度、神山与王权：吐蕃赞普神话的人类学分析》，《民族研究》2014 年第 4 期。
② ［美］马歇尔·萨林斯著，蓝达居、张宏明等译：《历史之岛》，上海人民出版社，2003 年，第 105 页。
③ 同上，第 110 页。
④ 同上。
⑤ 同上，第 110—111 页。
⑥ ［美］鲁思·本尼迪克特著，吕万和、熊达云等译：《菊与刀：日本文化诸模式》，商务印书馆，2017 年，第 75 页。

王权的高天原的天神，但依然保留了在出云国修造"像天之御子即位时所坐的宏壮的宫殿那样"① 壮丽宫殿的权力，这座宫殿也即供奉大国主神的出云大社。这可以看作是出云国在让渡了国土和王权之后对于宗教权力的某种保留。在印度喀拉拉邦神话传说中，每年八到九月，在与毗湿奴的竞争中将天界和地界交给天神并被赶入大海的国王巴利得以重返喀拉拉土地，当地人举行奥那姆节庆祝国王一年一度的回归。陌生人国王理论在罗马城邦形成的神话历史中体现为，土著的拉丁人向特洛伊人赠送土地以感谢他们在战争中的帮助，特洛伊人埃涅阿斯与拉丁努斯国王女儿拉维妮娅结婚②。而在东南亚，较为著名的陌生人国王神话则是扶南印式王权神话故事中的混填（憍陈如）故事：混填梦见他熟悉的神交给他一张神弓，叫他去乘一艘船到海上航行。早晨他来至寺庙，在神树下拿到一张弓。乘船出海后，神使他的船在扶南靠岸。扶南女王柳叶想劫取这只船，然而混填用神弓射穿了柳叶的一艘船的侧面。柳叶惊恐之下，就投降了。此后混填娶她为妻，并为她制作了衣服。从此混填世系统治了这个国家③。公元 658 年的占婆铭刻中提到了混填（憍陈如）故事的另一个版本，王室的祖先、婆罗门憍陈如将一柄从《摩诃婆罗多》史诗婆罗门英雄马嘶那里得到的标枪插在大地上，并和那迦的女儿成婚④。将祖先追溯到外来的婆罗门憍陈如，体现出在占婆王国的王室起源神话观念中，认为王室是由婆罗门和当地头人女子的婚姻而产生。根据赛代斯的整理，除了扶南与占婆，在吴哥以及南印度帕拉瓦王朝的王权中也保留了对于这一外邦人与本地人结合的记忆⑤。

二、《爪哇史颂》的印式王权神话

《爪哇史颂》（*Nagarakretagama*）完稿于 1365 年，是印度尼西亚满者伯夷

① [日] 安万侣著，周作人译：《古事记》，中国对外翻译出版公司，2000 年，第 35 页。
② [美] 马歇尔·萨林斯著，蓝达居、张宏明等译：《历史之岛》，上海人民出版社，2003 年，第 114 页。
③ [法] G·赛代斯著，蔡华、杨保筠译：《东南亚的印度化国家》，商务印书馆，2008 年，第 70—71 页。
④ [印度] K·M·潘尼迦著，简宁译：《印度简史》，新世界出版社，2014 年，第 86 页。
⑤ [法] G·赛代斯著，蔡华、杨保筠译：《东南亚的印度化国家》，商务印书馆，2008 年，第 72 页。

王朝宫廷诗人普腊班扎所写的赞美诗。诗中记述了王室家族的历史，并对诗人所处的王朝时代予以细致的记述，其中亦包含着诸多与王朝和王室相关的神话。相较于扶南、吴哥、帕拉瓦的王权观念中明确体现出王室家族溯源神话中始祖国王是来自外部的陌生人的观念，《爪哇史颂》则并未提及王室祖先从爪哇岛外而来的过程，也并未体现出王室祖先是婆罗门的观念。相较于外来国王的观念，这部史书中透露出来的信息则更表达出本土生长出来的王室世系观念。在《爪哇史颂》中，满者伯夷王室将自身的血统追溯到印式王权中的佛陀和当地的山神，并将山神视为佛陀在人间的化身，这样的观念有着印度、东南亚历史上的渊源。在印度奥里萨沙伊罗巴瓦部落的政治实践中，他们崇拜摩亨德罗山（Mahendragiri），把它奉为他们的族山①。而当高棉的印式王权兴起时，摩亨德罗山（Mahendraparvata）也被用于王国城市的名字。摩亨德罗，意为"伟大的因陀罗"，体现出印度武士文化的影响。在赛代斯的总结中，同样认为东南亚的印度化王国建立时，要在一座天然的或人工建造的山上确立对一个印度神的崇拜，该神与国王的外表合二而一，象征着该王国的统一②，可见山神信仰与印式王权政治的紧密结合。

《爪哇史颂》一方面提到，"山神是佛陀人间的化身，是国王祖先，为世间崇拜"③；"想了解国王的祖先和神灵，祭祀供奉的对象。就以卡根南甘神开始吧，讲述山神之子的历史"④；"塞伽历1231年，国王逝世，奉为耆那神，被安葬于安塔布腊城并以此为陵寝，被供为湿婆神"⑤；"塞伽历1250年，查亚纳加腊归天。被供奉于宫殿，以毗湿奴为雕像"⑥。国王作为佛陀、湿婆和毗湿奴在大地上化身的观念产生出被称为"神王"（Devaraja）的宗教实践。著名的吴哥窟即体现出神王宗教实践的影响。B·N·普里认为，"神王"宗

---

① ［德］赫尔曼·库尔克、［德］迪特玛尔·罗特蒙德著，王立新、周红江译：《印度史》，中国青年出版社，2008年，第156页。
② ［法］G·赛代斯著，蔡华、杨保筠译：《东南亚的印度化国家》，商务印书馆，2008年，第53页。
③ ［印尼］普腊班扎著，徐明月、刘志强译：《爪哇史颂》，商务印书馆，2016年，第95页。
④ 同上，第99页。
⑤ ［印尼］普腊班扎著，徐明月、刘志强译：《爪哇史颂》，商务印书馆，2016年，第115页。
⑥ 同上，第117页。

教实践是由南印度传播到爪哇，再由中爪哇传播到占婆和真腊①。另一方面，《爪哇史颂》亦将作为山神后裔的满者伯夷王室视为印度史诗英雄婆罗多的后裔，"无上崇敬献予历史的缔造者——腊查沙·纳加腊大帝——满者伯夷之王。他掌握国家大权命脉，承袭婆罗多神苗裔血脉"②。婆罗多的后裔实为般度族在古印度史诗《摩诃婆罗多》中的称号，类似于古希腊荷马史诗《奥德赛》中奥德修斯常常被称为莱尔忒斯之子，都是对于王室身份的书写。廖裕芳认为，《摩诃婆罗多》在爪哇有非常深刻的影响，以至于爪哇人把印度史诗中的英雄当作自己的祖先③。这样，在《爪哇史颂》对于满者伯夷王室起源的诠释中，就出现了山神、佛陀以及史诗中的婆罗多族三种不同的版本。也即在神话英雄和神圣辉度的层面，满者伯夷王室作为婆罗多后裔，而在王权政治的层面，满者伯夷王室作为佛陀的人间化身（神王），也即山神后裔，体现出神山/祖先信仰与印度教宇宙观念的结合。从《爪哇史颂》的记述中我们可以知道，在当时的满者伯夷帝国，有着大量的佛教僧侣、湿婆教僧侣和密教大师，将山神信仰与神王化身信仰相联系，也有助于强化国王之于社会而言的整全性，特别是为之加上了一层神圣王权的色彩。杜蒙认为，从印度向外传播的只是类似种姓的文化要素，而非祭司的优越地位，在中南半岛和印尼等地区似乎都没有发现国王完全丧失其宗教权威和功能的情形④。杜蒙用"把对反涵括在内"⑤一词来形容类似种姓的事物，并认为涵括者比被涵括者更为重要，正像整体比其部分重要⑥。也即在印度本土，国王被置于祭司编纂的形而上学的宇宙之中，祭司代表了阶序的整全性；而在东南亚的印式王国中，祭司成为神圣国王的司仪，代表了社会整全性的神圣国王，因此可以将自身攀附于象征形而上学整全性的佛陀、湿婆和毗湿奴，由此形成神王的文化实践。

① Dr. B. N. Puri, *The Cult of Devaraja in Kambuja and in India*, Proceedings of the Indian History Congress, 1955, Vol. 18 (1955), pp. 114—120.
② ［印尼］普腊班扎著，徐明月、刘志强译：《爪哇史颂》，商务印书馆，2016 年，第 22 页。
③ ［新加坡］廖裕芳著，张玉安、唐慧等译：《马来古典文学史（上卷）》，昆仑出版社，2011 年，第 129 页。
④ ［法］路易·杜蒙著，王志明译，《阶序人：卡斯特体系及其衍生现象》，浙江大学出版社，2017 年，第 334—335 页。
⑤ 同上，第 367 页。
⑥ ［法］路易·杜蒙著，王志明译，《阶序人：卡斯特体系及其衍生现象》，浙江大学出版社，2017 年，第 150 页。

格尔茨在《尼加拉》中认为，在东南亚的印式王权中，"国王们没有拥有两个身体，他们只有一个。他们不是信念的护卫，也不是上帝的牧师，或奉天承运者；他们就是'神圣'本身的化身"①。在笔者看来，这一看法的片面之处在于过于看重东南亚密教中小宇宙/大宇宙的观念，以致仅仅关注东南亚印式王室作为湿婆、佛陀与毗湿奴之化身的层面，而忽略了王室与英雄祖先的联系。在作为佛陀化身的山神后裔的层面之外，还存在着作为婆罗多后裔的神圣英雄的层面，在这一层面上，满者伯夷王室以作为婆罗多后裔的般度族为祖先，并视当下为卡利时代②。正是在这样的层面，《爪哇史颂》的记述带有历史的文化性质而非纯粹形而上学的文化性质。天神化身与英雄后裔的两类文化层面反映出东南亚印式王权国王身份范畴兼具宗教和政治领域的特点。这种范畴的多重性其实也受到印度史诗文学的影响，在史诗《摩诃婆罗多》中，英雄往往作为某一天神的化身降世，成为王室世系的一员，最后升入某一天神的神殿。比如英雄阿周那作为因陀罗和那罗的化身下凡成为婆罗多族般度族英雄，又在升天后升入梵界与黑天在一起。在笔者看来，《爪哇史颂》中山神（及山神后裔）作为佛陀化身的说法可与英雄阿周那作为因陀罗与那罗化身下凡相对应，而腊查沙·纳加腊大帝作为婆罗多苗裔可与阿周那作为婆罗多族般度族英雄相对应，满者伯夷诸王在归天之后被供奉为印度教神祇可与阿周那在雪山升天之后进入梵界与黑天在一起相对应。

三、巴厘的印式王权神话

《爪哇史颂》记述道，"塞伽历 1202 年，大帝打败臭名昭著的恶人马希夏·朗卡。塞伽历 1206 年，进军巴厘，大败巴厘后其国王被俘"③。格尔茨在《尼加拉》中也记述了满者伯夷将印式王权拓展到巴厘的王权神话："据说，在 1343 年，东爪哇王国满者伯夷的大军在拜京击败了一个猪头人身的神怪

---

① ［美］克利福德·格尔茨著，赵丙祥译：《尼加拉：十九世纪巴厘剧场国家》，商务印书馆，2018 年，第 112 页。

② ［印尼］普腊班扎著，徐明月、刘志强译：《爪哇史颂》，商务印书馆，2016 年，第 108 页。

③ 同上，第 106 页。

'巴厘王'。"① 格尔茨发现，满者伯夷武士成了巴厘人的身份认同，"除了少数例外，他们（巴厘人）都自命为爪哇入侵者的后裔"②。无论猪头人身的神怪与马希夏·朗卡的关系如何，他们至少都象征了印式王权之前的巴厘武士社会。D·P·辛加尔根据考古证据告诉我们，在满者伯夷入侵巴厘之前，古代巴厘与印度之间可能存在着直接的而非经由爪哇的文化交流，而在满者伯夷的时代，也存在着两大王国的政治文化交流。如在 11 世纪时，东爪哇印式王国马打兰王朝的公主与巴厘的王子成婚③，因此说明早在满者伯夷向巴厘传播印式王权观念之前，巴厘已有印式王国的存在。在这样的文化前提下，《爪哇史颂》和《尼加拉》中的王权神话历史至少向我们透露出这样的信息，即至少在当地人的文化观念上，巴厘 13、14 世纪的印式王权国家的起源是由一位外来的印式国王取代了本土原有的政治，建立了新的王室政治。

萨林斯在阐释"陌生人国王"概念的时候，引述杜梅齐尔的观点认为，"对古代印度国王普利图继位的最好注释，'恐怕就是最近发生在斐济岛的标志着王位继承的场景'"④。在斐济岛的王位继承仪式中，一位地方的头人会把一条白色的斐济树皮布绑在最高头人的胳膊上，象征最高头人获得了土地⑤。印度的普利图故事同样也将陌生人国王同土地的再生产能力联系起来，暴君吠那受婆罗门仙人们的诅咒而死去，仙人们搅拌吠那的右臂，从中诞生了作为毗湿奴神化身的国王普利图。大地女神由于吠那离去，世间没有了国王，因而将物产都藏了起来。最终，普利图从大地女神的原型母牛那里挤出了众生所需的物产。杜蒙以印度的普利图故事为例，认为在印度社会国王与祭司的关系中，国王依然保有一种独属于他人身和职能固有的巫术宗教的特性⑥。在张玉安《东南亚古代神话传说（下）》所记载的爪哇、巴厘地区的神话中，《神鸟送稻种》的巴厘神话体现出普利图故事在巴厘的在地化影响。吠

① ［美］克利福德·格尔茨著，赵丙祥译：《尼加拉：十九世纪巴厘剧场国家》，2018 年，第 12 页。
② 同上，第 13 页。
③ ［印度］D·P·辛加尔著，庄万友等译：《印度与世界文明（下册）》，商务印书馆，2019 年，第 185 页、第 200 页。
④ ［美］马歇尔·萨林斯著，蓝达居、张宏明等译：《历史之岛》，上海人民出版社，2003 年，第 109 页。
⑤ 同上，第 117 页。
⑥ ［法］路易·杜蒙著，王志明译：《阶序人：卡斯特体系及其衍生现象》，浙江大学出版社，2017 年，第 441—443 页。

那在巴厘转写为"沃奈"，普利图则转写为"普莱图"。由于沃奈的暴君属性，包括僧侣在内的臣民们便想设法铲除他。在沃奈赏花之际，几位潜伏的武僧将国王打倒在地。从毙命的国王口中出来一个男婴，转眼间长大成人。人们给他取名为普莱图，意为受害者，因为他出自受害的沃奈的身体。普莱图是毗湿奴神的化身，他决心为臣民寻找到更好的食物。湿婆神通过三只鸟将稻种送给了普莱图，毗湿奴的妻子稻作女神斯丽也从天宫来到凡间，进入稻种中保护稻子①。

　　在笔者看来，巴厘的普莱图故事与印度的普利图故事有许多相似点，比如两位国王都是作为陌生人国王，特别是毗湿奴神的化身来到凡间，都为众生找到了所需的食物，实现了王权与土地再生产力量的结合。但两个故事的不同点也同样明显：在印度的普利图故事中，普利图生自被婆罗门仙人们搅拌的吠那王的手臂；而在巴厘的普莱图故事中，普莱图生自沃奈王的口中。沃奈王的口与吠那王的手臂的区别并非偶然，联系到印度教种姓观念中口的婆罗门祭司隐喻和手臂的刹帝利隐喻，我们可以看到在巴厘的王权观念中，陌生人国王正是作为社会阶序的顶端而被创造出来的，并将稻种的文化范畴提升到天空。因此出现了两个故事的第二个不同点：印度的普利图国王是直接从大地化身的母牛那里挤出众生所需的食物的，而巴厘的普莱图则是从湿婆天界得到了稻种，体现出普莱图兼具通天之祭司与王权的职能。东南亚的印式王权观念与印度本土王权观念的区别正如格尔茨所认为的，相较于印度本土王权观念中刹帝利与婆罗门分别扮演的世俗君主与沟通君王与诸神的使者角色，东南亚印式王权的国王则是神圣君主，而王室婆罗门则是这位神圣君主的大司仪②。

　　尽管巴厘的普莱图故事传承自印度的普利图故事，这一故事却不仅仅是一个陌生人国王故事，还兼带说明了巴厘王权观念中国王与稻作生产社会之间的关系，神鸟送稻种的情节表明了二者的相互依赖，也同时为农民的稻作生产本身披上了一层神圣色彩，即稻种是由天空降到大地的。尽管稻作生产是与社会的第三功能即生产联系在一起，但依然分享了与天堂相关的神圣性。

---

① 张玉安：《东方神话传说（第七卷）》，北京大学出版社，1999年，第106—109页。
② ［美］克利福德·格尔茨著，赵丙祥译：《尼加拉：十九世纪巴厘剧场国家》，2018年，第114页。

稻米神话与马来群岛宇宙论的联系相当程度上独立于印度王权观念施加的影响。在加里曼丹地区的部落神话中，稻作女神神话即被整合在当地宇宙论当中①，一如大贯惠美子提到的稻神在日本神话中的情况②。而在受到印度文化影响的爪哇、巴厘稻作神话中，与村社相关的稻作女神也同样与巴塔拉·古鲁（湿婆）一起出现在当地印度教万神殿神话叙事中③。在前述巴厘的普莱图故事中，稻作女神更是作为神圣君王的妻子，出现在与印式王权宇宙论相关的土地再生产的神话中。尽管我们并不确定巴厘普莱图神话的产生与满者伯夷军队打败巴厘猪头人身王的神话产生的时间孰先孰后，但二者皆体现出印式王权观念在巴厘在地化演变的特点。

四、衰降观念与王权

源自印度本土的大时代观念认为存在着四个大时代，且世界的正法和道德依时代的更替而衰降。一方面，《爪哇史颂》中的书写体现出大时代观念在爪哇的在地化发展演变，并将满者伯夷的佛教信仰实践与大时代的衰降观念联系在一起，"史载，般度族王从达瓦帕拉时代（三分时）开始统治，于塞伽历前 3179 年执掌大权。国王驾崩后卡利时代（四分时）来临。只有深谙佛法的国王才能拯救世界。这就是大帝笃信佛法的原因，他创立并坚守佛教五戒，并把它奉为耆那——广为人知的耆那神"④。另一方面，道德或人格的衰降也被认为是因某种仪式行为的过失或诅咒而造成的。在爪哇的印式神话中，作为巴塔拉·古鲁（湿婆）之子、掌管地下世界的巨魔巴塔拉·迦罗（意为"时间"）的诞生被认为是由于某种冲动和不理智造成的。

巴厘王室的王权神话综合了时间层面和道德层面的两种衰降观念。时间的衰降观念在爪哇、巴厘的民间信仰中以巴塔拉·古鲁之子迦罗的形象出现。许多巴厘人相信，每当巴厘新年的前三天，迦罗便会下界吃人，所以必须向

---

① 张玉安：《东方神话传说（第七卷）》，北京大学出版社，1999 年，第 92—94 页。

② ［美］大贯惠美子著，石峰译：《作为自我的稻米：日本人穿越时间的身份认同》，2015 年，第 60 页。

③ 张玉安：《东方神话传说（第七卷）》，北京大学出版社，1999 年，第 109—111 页。

④ ［印尼］普腊班扎著，徐明月、刘志强译：《爪哇史颂》，商务印书馆，2016 年，第 108 页。

他供奉特别的供品，以避免不幸①。而在王权神话的层面，在格尔茨《尼加拉》的记述中，在满者伯夷的大军击败巴厘王之后，满者伯夷的名相卡查马达将巴厘分封给一位爪哇婆罗门僧正的第四个孙子凯巴吉孙②。当凯巴吉孙到达巴厘伊始，即从婆罗门衰降为刹帝利，这一神话类似于中南半岛上婆罗门憍陈如后世为王的神话。凯巴吉孙很快使得巴厘化乱为治，然而由于凯巴吉孙的后任君主发疯而将妹妹嫁给一匹马以及后来的大叛乱等原因，王室不得不多次迁都③。在 7 世纪南印度小说《十王子传》中提到了印度神话中人、人格化神祇与动物的神婚，并将之归入"激情"一类："……太阳神追逐母马，风神与（母猴）安遮娜结合……阿特利与雌鹿结合……"④ 人与动物神婚的神话最初是吠陀神话的一部分，在后来的婆罗门教中则象征道德层面的衰降观念。

引人深思的是，作为婆罗门教衰降观念之体现的时间与非道德和爪哇、巴厘的印式王权神话与实践之间为何存在着密切的联系。温迪·多尼格认为，在印度教神话中，神创造恶作为宇宙的积极成素，有意或非有意的，神在宇宙内创造了必要的恶与善⑤。这显然是印度文化中祭司使自身宇宙观容纳一切的结果，并且这一观点也深深影响了东南亚的印式王权神话。与野兽的神婚情节也出现在斯里兰卡僧伽罗人起源的神话中，僧伽罗人的祖先是一头狮子和一位四处闲荡的印度梵伽皇帝的女儿所生的后代⑥。布鲁斯·卡培法勒认为，"这一主题在佛教和印度教中不断地出现，在这里人类的构成以及所有的自然界中的物质形式都被看成是产生差异和破裂以及痛苦的原因"⑦。

在东南亚的印式王权中，皇家祭司的角色可以从婆罗门祭司扩展到在印度本土属于虔信派别的祭司。拉奥在分析柬埔寨印式王国的皇家祭司时认为，在柬埔寨王国中，婆罗门的称号被赋予湿婆教和密教的祭司，二者实现了某

---

① 张玉安：《东方神话传说（第七卷）》，北京大学出版社，1999 年，第 112 页。
② ［美］克利福德·格尔茨著，赵丙祥译：《尼加拉：十九世纪巴厘剧场国家》，2018 年，第 13 页。
③ 同上。
④ ［印度］檀丁著，黄宝生译：《十王子传》，中西书局，2017 年，68—69 页。
⑤ ［美］温迪·多尼格著，刘琼云、谢薇娜译：《恶之必要》，《中国文哲研究通讯》2013 年第 1 期。
⑥ 王铭铭：《20 世纪西方人类学主要著作指南》，世界图书出版公司，2008 年，第 440 页。
⑦ 同上，第 441 页。

种程度上的混同①。在《爪哇史颂》中，同样描写到一位皇家的佛教密宗大师恩布·巴拉达，他隐居修行于墓地之中，使用圣瓶中的水分开了爪哇大地。一方面，诗人将密宗大师的力量称为"人类无法逾越界限的超自然力"②；另一方面，诗人也认同国王修建雕像所带来的王权力量。在描述了密宗大师的力量之后，诗人笔锋一转，"然而女王雕像的建立，爪哇再度统一"③。大师和国王分别体现出满者伯夷王权观念中祭司与国王的功能分化，祭司代表了分开土地的自然力量，而国王则代表了王权政治本身，尽管王权亦无法超越自然演化的过程，却可以在其之上建立统一国家的文化概念。对于巴厘的王室而言，由于他们的祖先是满者伯夷的婆罗门祭司，巴厘岛亦是作为卡查马达赠送给婆罗门的礼物，与婆罗门观念有关的自然衰降观念便与王室称号的衰降巧妙地联系在一起；而对于满者伯夷的王室而言，与他们的祖先相联系的是英雄婆罗多、湿婆、佛陀与毗湿奴以及山王，其中神山象征宇宙之轴，湿婆、佛陀与毗湿奴则代表了形而上学的整全性，格尔茨所描述的巴厘王室葬礼也同样体现出这样的神秘主义。在前文的分析中，我们已经了解到，在满者伯夷王室来源的三种说法中，山王后裔和佛陀化身的说法对应着印式英雄的化身观念与超脱观念，而婆罗多后裔的说法则对应着英雄在凡间的王室身份。印式英雄的王室身份与婆罗门教衰降观念之间的关系正如韦伯对于印度本土印度教刹帝利的分析那样，"依其固有的基准而独具一格且完全独立"④。斯地格·维堪德即指出，在印度史诗《摩诃婆罗多》中，（作为婆罗多后裔的）般度族五兄弟复制了最古老的吠陀神话系统中由行使三种功能（祭司、武士、生产者）的神祇组成的分等级的集团⑤。也即在般度族王室内部已形成了一个功能完整的社会，其并非经由婆罗门衰降观念而来，在神话观念中化身为般度五子的法王阎摩、风神伐由、战神因陀罗以及双胞胎双马童也均不是婆罗门种姓的神祇。可见这种王室的独立性有着与印度史诗时代

---

① Nalini Rao, The Role and Status of the King's Priest in Kāmbujadeśa, Nidān, Volume 2, No. 1, July 2017.

② ［印尼］普腊班扎著，徐明月、刘志强译：《爪哇史颂》，商务印书馆，2016 年，第 154 页。

③ 同上。

④ ［德］韦伯著，康乐、简惠美译：《印度的宗教》，广西师范大学出版社，2005 年，第 184 页。

⑤ ［法］乔治·杜梅齐尔著，施康强译：《从神话到小说：哈丁古斯的萨迦》，生活·读书·新知三联书店，1999 年，第 3 页。

英雄之间的文化联系，并借用了这种文化联系。

在《爪哇史颂》和《尼加拉》中，时间导致的衰降分别诠释了满者伯夷王朝帝王作为婆罗多后裔而笃信佛法的原因，以及巴厘王室称号从巴塔拉（神）一路沿世系向下衰降的原因。这样源自印度的衰降观念并未造成爪哇和巴厘王权政治的消沉，相反，其为爪哇和巴厘王室建立寺庙、进行统一王国的战争以及富有活力的声望竞争提供了观念基础。

五、结论

东南亚的印式王权大都具有文化挪用的特点，也大多伴随着印度移民与本土文化交流融合的历史。在这些交流融合中，扶南、占婆王权神话中的外来国王与当地王室女子的婚配体现出明显的陌生人国王文化特点，王室来自印度的观念背景成为王室诠释自身的文化资源。而在满者伯夷王朝的《爪哇史颂》中，王室的陌生人国王性质并非体现为王室祖先在地理上来自印度，而是体现在文化结构上区别于民间社会的英雄传说，印度史诗《摩诃婆罗多》中的婆罗多族英雄被认为是王室的祖先。大约一千年前，即达摩旺夏国王在位期间（990—1016 年），便有用爪哇语写出 18 篇之长的散文体《摩诃婆罗多》简写本[1]。梁立基教授认为，《爪哇史颂》之前的爪哇宫廷作家都是借印度史诗神话故事来歌颂本朝帝王的[2]。我们在《爪哇史颂》的王室神话中发现的是一个信仰神山的爪哇族群在吸收了印度王权观念之后，将之用于对自身文化身份进行诠释的故事。尽管这一故事异于扶南混填故事中国王自海外而来的身份范畴，却依然阐释了王室与民众、国家与村社等政治文化范畴。而对于巴厘的普莱图故事来说，普莱图同样被视为是本土自然产生的国王，他作为陌生人国王的文化性质是通过作为印度教神祇化身以及沟通天界的力量体现出来的，亦并非通过国王在地理上自印度渡海而来的神话得以体现。由于印度浓厚的祭司文化特点，在东南亚与印度的文化交流中，作为"陌生人"来到东南亚的，不只有国王，还有祭司，因此，婆罗门教的衰降观念也

---

① ［新加坡］廖裕芳著，张玉安、唐慧等译：《马来古典文学史》（上卷），昆仑出版社，2011年，第 129 页。

② 转见［印尼］普腊班扎著，徐明月、刘志强译：《爪哇史颂》，商务印书馆，2016 年，第 17 页。

被用来诠释爪哇、巴厘的王权实践。在满者伯夷，大时代的衰降观念与王室对于佛教的推行联系在一起；在巴厘，衰降观念则与王室自身的等级衰降联系在一起。与其说爪哇、巴厘的王权实践透露出的是印度文化的影响，倒不如说这些神话观念来自当地人对于本土文化意义的创造，并让印式神话适用于这些文化意义。因此，或许我们关注的重点应该从爪哇、巴厘的王权神话与印度王权神话在外表上的相似，而转移到这些印式文化要素在当地文化意义中所扮演的独特角色方面，这也是对爪哇、巴厘王权神话的分析所给予我们的启发。

An analysis of Javanese-Balinese kingship myth from the perspective of stranger-king theory

Gao Yuanxing

Abstract: Based on local mythology, historical stories and scholars' writings, this paper attempts to analyze the cultural nature of Javanese and Balinese kingship myths from the perspective of the stranger-king theory proposed by Marshall Sahlins. This paper analyzes the triple interpretation of the origin of the Majapahit royal family reflected in *Nagarakretagama*, the Balinese localization of the Prithu story as a typical case of stranger-king, and the connection between the Indian myth, which explores the theme of decline, and the myth of the Javanese-Balinese royal family. Based on the above analysis, this paper holds that compared to the geographical stranger-king feature in the Funan-Champa kingship myth, the concept of stranger-king in the Javanese-Balinese kingship myth is more embodied in the cultural structure. Although the Javanese-Balinese kingship myth is similar in appearance to the Indian kingship myth, it is more fundamental that the Indian kingship concept was localized to adapt to the Javanese-Balinese cultural development.

Key words: kingship mythology; stranger-king; *Nagarakretagama*; Southeast Asia

古代日本的战争观批判

——以"记纪"神话为中心

北京师范大学历史学院　　王　涵[①]

摘　要　日本的共同体神话主要保存在成书于 8 世纪的《古事记》和《日本书纪》中。作为日本最早的官修史书，两书保留的神话内容与古代日本的民族意识和文明认同联系密切，亦对今天的日本思想有着一定影响力。故此，本文谨以"记纪"神话部分的战争叙述为对象，基于史学研究视角，批判性地分析其战争叙述中表现的思想观念和历史映射，从中得出古代日本基于"对内"与"对外"两种时代需要而形成的两大战争观：神国观和帝国观。本文所得结论，对于辩证理解当代日本的国家行为与思想导向应具有一定借鉴意义。

关键词　记纪；战争叙述；战争观；古代日本；神话史学

通常观念认为，历史学诞生的标志是文字成为人类历史过程的记录载体[②]。然而，众所周知，人类活动的历史远比文字产生和发展的历史更为久

---

① 王涵，北京师范大学历史学院硕士研究生，研究方向为神话史学、中外古代史比较。

② 林芊：《论古代希腊神话话语中的史学内涵》，《贵州教育学院学报》（社会科学版）1998 年第 1 期。

远。正如马克思曾经指出，历史诞生于人类的劳动当中，"整个所谓世界历史，不外是人通过人的劳动而诞生的过程"①。柯林武德也曾定义，历史学的研究目的就是要"弄明白人类的活动事迹"②，即要通过复原人类的历史来更新人类的自我认知。而要想完整地复原人类自诞生以来的活动事迹，显然不能忽视人类在劳动出现之后、在文字出现之前的历史活动。那么，在漫长的前文字时代，人类会将他们的历史记忆保留在哪里？我们又该如何把握这一时期的历史？

针对这一问题，结合"历史记忆"作为人类意识的本质属性，马克思和恩格斯曾强调，人类的意识"一开始就是社会的产物"③，而"语言和意识具有同样长久的历史"④。由此推之，人类最早期的"历史记忆"和由此引发的一系列思想情感，显然应留存在与之同时诞生的语言和一系列社会活动当中。因此，作为人类语言交流的重要内容和祭祀、占卜等诸多社会活动的目的体现，"神话"对于古代史研究的意义不言自明。诚然，神话在其产生和传播过程中不可避免地要被不断加工、改造和层累，我们也许终究找不到它们的最初形态，但其被人为加工、改造、层累的过程和结果也是一个文明发展历程的重要见证，是体现着人类社会和思想不断进步的重要材料。由此，我们可总结出"神话"的两重属性：其一，是作为一个文明共同体信仰起源的"文明性特征"；其二，是在其融入史书和嬗变过程中，作为文明发展史之见证材料的"历史性特征"。一言蔽之，"神话"与"历史"并不是完全对立的，而是共生互补、相互映照的关系。因此，在人文社科高度发展的当代，结合多学科研究成果，重申神话的历史学研究价值，与史学研究的"求真"目标也并不冲突。

《古事记》和《日本书纪》（以下称"记纪"）先后成书于公元 8 世纪，是日本最早的官修史书，也是日本重要的神话典籍。与广义的神话不同，"记纪"当中的"神话"不仅具有文学性质，更是一种以政治服务为目的、以神

---

① ［德］马克思：《1844 年经济学哲学手稿》，人民出版社，2014 年，第 89 页。
② ［英］柯林武德著，何兆武、张文杰译：《历史的观念》，商务印书馆，2011 年，第 37 页。
③ ［德］马克思、恩格斯：《德意志意识形态》，人民出版社，2018 年，第 26 页。
④ 同上。

话构思为表达的历史性叙述，其实质是"政治思想借用神话形式所作的表述"①。古人道"国之大事，在祀与戎"。故此，本文谨以"记纪"神话的战争叙述为研究对象，结合史学与文学的分析方法，以期得出古代日本的战争观，并结合"记纪"撰述的历史背景，对这一观念的成因、影响略作探讨。

一、神与神的战争

"记纪"的神话部分是以在日本各地古传的神话传说为基础而改造形成的、以天照大神为核心的共同体神话。其中的战争叙述，以战争主角来划分，可分为神的战争、英雄的战争两部分②。从纵向来看，这一主角的演变顺序也反映着"记纪"的历史时间观，即"从神到人"的国史发展过程。这种"人出于神"的历史观念显然不会是历史真实，但却可由此看出"记纪"撰述者试图推动"君权神化"的政治努力。

神与神的战争，通常是各民族神话中较重要的内容。例如，古希腊神话的提坦之战、印度神话中的甘露争夺战等，皆为极惨烈的诸神战争。但在日本的"记纪"中，神与神之间的惨烈战争却很少见。即使双方已摆出了严阵以待的架势，通常也只会以相对和平的方式、以天皇神族（即天神）一方的绝对胜利而结束。这种具有明显偏向性的处理方式，或许便体现了"记纪"撰述者想要由此建造一个堪比古代中华文明的海上"神国"文明的政治目的，而古代日本人的"神国"幻梦亦是由此开始。

为了渲染"神脉流传悠久，神国必然胜利"的观念，且为了完成神化君权的时代目的，"记纪"以时间顺序塑造因果联系，将"神话"元素有意融入到"历史"当中，并将之作为真正的史实来书写。在"记纪"中，按照时间先后，神与神之间的战争主要有三次：其一发生在创世神伊邪那岐与伊邪那美之间；其二，发生在天照大神与其胞弟须佐之男之间；其三，发生在高天原的"天神"与苇原中国的"国神"之间。

---

① ［日］家永三郎著，刘绩生译：《日本文化史》，商务印书馆，1992 年，第 29 页。

② "记纪"实际上并未明确提出过"英雄"的称呼。本文谨根据西方神话史学的研究传统，按照古希腊《荷马史诗》和希西阿德《神谱》的划分方式，将"记纪"神话中只在人间活动的、具有神明血统的"半神"角色定义为"英雄"。

（一）创世神之间的战争

日本神话中的创世神、兄妹神伊邪那岐与伊邪那美之间的战争发生在黄泉国。"记纪"的记载分别如下：

> 于是伊邪那岐命，见畏而逃还之时，其妹伊邪那美命，言令见辱吾，即遣豫母都志许卖，令追……且后者，于其八雷神副千五百之黄泉军，令追……最后其妹伊邪那美命身自追来焉。尔千引石引塞其黄泉比良坂。其石置中，各对立①。

> 然后，伊弉诺尊追伊弉冉尊，入于黄泉，而及之共语。时伊弉冉尊曰：'吾夫君尊，何来之晚也！吾已飡泉之灶矣。虽然，吾当寝息，请勿视之。'伊弉诺尊不听，阴取汤津爪栉，牵折其雄柱以为秉炬，而见之者，则浓沸虫流……伊弉诺尊已至泉津平坂，故便以千人所引磐石，塞其坂路，与伊弉冉尊相向而立。遂建绝妻之誓②。

如上所记，伊邪那美因难产而死，死后去往亡灵所在的黄泉国。伊邪那岐不舍妻子，追到黄泉国后，因违背"不偷看"的誓言而发现妻子满身蛆虫的丑态。伊邪那美大感受辱，率领"黄泉军"③对丈夫穷追不舍，逼得伊邪那岐不得不放下隔绝地界与黄泉界通路的巨石才逃得一命，而日本的阴阳两界也从此分开。

从这一战争经过来看，尽管在情节中出现了"军队"元素，且战斗双方的力量悬殊，但战争的结果竟无流血，只以"阴阳分开"和"三贵子降世"为结局。在其他文明的神话中，主神之间的战争大都伴随着神界政权的交替，因而通常是极血腥和残酷的，但"记纪"神话却是以一种相对和平的方式完成了神界政权的交替。对此，有学者认为，这一战争叙述是对史前时代男性开始夺取女性政权的历史映射④。换言之，正是通过女神伊邪那美的牺牲，日

---

① ［日］仓野宪司校注：《古事记》，日本岩波文库，2018年，第243页。
② ［日］舍人亲王：《日本书纪》，四川人民出版社，2019年，第9页。
③ 舍人亲王：《日本书纪》，第9页。其中记为"遣泉津丑女八人"。
④ 范宗朔：《被杀的女神与被抢的权力——伊邪那美之死的神话学解读》，《长江大学学报》（社会科学版）2021年第2期。

本才进入了由"三贵子"统治的新神时代,这或许体现了古代日本开始从母权制转到父权制的史实。但笔者以为,相比于反映了上古时期的史实,"记纪"神话应当更直接地体现着其撰述时代的历史。因此,结合"记纪"成书的8世纪的日本时代情况,笔者推测这一情节或许反映了当时逐渐掌权的日本女帝与男性政权之间的权力斗争和日本由带有奴隶制残余的朴素平等社会风气逐渐转向封建制的"男尊女卑"的时代特征①。这一矛盾斗争的特点在"记纪"神话的其他情节中也有体现。例如,死后的伊邪那美并未完全退出神话舞台,而是成了黄泉国的统治者;在"三贵子"降生之后,尽管他们的权力和地位实质上是来自父神伊邪纳岐之命,但作为高天原统治者和日本天皇家祖先神的天照大神也是女性神。

(二)"三贵子"之间的战争

天照大神与胞弟须佐之男命的战争发生在高天原。在"三贵子"降世之后,伊邪纳岐将他们分别安排到高天原、夜原和海原②。天照大神和月读命都接受了分配,唯有须佐之男坚持要到黄泉国寻母。他向天照大神辞行,天照大神却误以为他要来争抢国土,于是身穿戎装,严阵以待。为了表示自己并无异心,须佐之男与天照大神在军阵前以无性生殖的方式进行"较量",最终须佐之男因其佩剑生出了女孩而"获胜"。

"记纪"对于这一战争经过的记载如下:

> 故于是速须佐之男命言,然者请天照大御神将罢,乃参上天时,山川悉动,国土皆震。尔天照大御神闻惊而诏,我那势命之上来由者,必不善心,欲夺我国耳……尔速须佐之男命答白,仆者无邪心……尔天照大御神诏,然者汝心之清明,何以知。于是速须佐之男命答白,各宇气比而生子③。

---

① "记纪"的成书时代分别处于8世纪的女帝元明天皇和元正天皇的统治时代,且两书均以女帝推古天皇为结卷,可由此推知女性统治者对两书的影响力。但与此同时,当时的日本政治依旧保持着以男性为核心的特征,且男尊女卑的社会风气逐渐自上而下地推广开来。因此,男性与女性之间的夺权斗争和社会风气逐渐改变。详见〔日〕斋藤英喜:《古事记:不思議な1300年史》,日本新人物往来社,2012年。

② 《日本书纪》中记为高天原、沧海原和天下,详见舍人亲王:《日本书纪》,第10页。

③ 仓野宪司校注:《古事记》,第246页。

天照大神素知其神暴恶，至闻来诣之状，乃勃然而惊……乃结发为髻、缚裳为袴，便以八坂琼之五百个御统（原注：御统，此云美须磨屡。），缠其髻鬘及腕，又背负千箭之靫（原注：千箭，此云知能梨。）与五百箭之靫，臂著棱威之高鞆（原注：棱威，此云伊都。），振起弓彇，急握剑柄……素戈鸣尊对曰：……"请与姊共誓。夫誓约之中，必当生子。如吾所生是女者，则可以为有浊心。若是男者，则可以为有清心。"①

神与神的战争不依靠武力强弱，而是通过生子的性别来判断，这一情节的设置着实让人忍俊不禁。结合须佐之男又被渲染为"国神"始祖的特殊地位，这一情节或可视为"国神"（即苇原中国的土神）对"天神"统治的绝对服从。自此之后，"天"对"地"的绝对统治优势便开始建立起来，而这种"天神血脉必胜"的思想也在此后贯穿于整个"记纪"的战争叙述之中，成为古代日本人构造"神国"文明的开端。

此外，在这场战争叙述中，我们还可发现："记纪"的神明并非全知全能、毫无缺点，而是存在着人性的优劣特征。并且，虽然"三贵子"是各界统治者，但其犯了错也要受到惩罚。例如，须佐之男在此战获胜之后便借故大闹高天原，在闯下杀害织女、吓坏天照大神等诸多祸事后，便被天界众神合议惩罚下界。笔者认为，这一情节或许也可视为8世纪的日本政治情况的历史映射。天界众神绕开天照大神的主持、自主合议惩罚须佐之男的情节，即体现了当时权力日盛的官僚贵族对于天皇权力的制约。

（三）天神与国神的战争

"记纪"中神与神之间的第三次战争，便是天神对国神的征服战争。

须佐之男命因罪被逐下界后，其孙大国主神②成了地界苇原中国的统治者。此后，天照大神派其子天忍穗耳命③下界接管苇原中国，但天忍穗耳命认为地界动荡不安，不愿下界。天照大神便召集众神商议平定。她先后派天菩比神、天若日子④下凡，但他们在下界后竟都臣服于大国主神。天照又派出建

---

① 舍人亲王：《日本书纪》，第13页。
② 《日本书纪》中记为大己贵神。
③ 《日本书纪》中记为欲派孙子琼琼杵尊下凡。
④ 《日本书纪》中记为天穗日命、武三熊志大人、天稚彦。

御雷神①下凡，建御雷神最终以比武的方式让以大国主神为代表的国神称臣让国。

在《古事记》中，建御雷神在下凡后坦言"苇原中国者，我御子之所知国，言依赐。故，汝心奈何"②，其作为入侵一方的张扬态度可见一斑。然而，在面对入侵者的"让国"要求时，大国主神却并未组织有效抵抗，反而态度暧昧地表示要让自己的儿子决定是否让国，"仆者不得白，我子八重言代主神、是可白"③。结果，大儿子八重言代主神同意让国，但小儿子建御名方神却不肯，坚持要与建御雷神比武分胜负，"欲为力竞"④。建御雷神便展示神力，将其手臂捏碎，令其求饶献国。

与前两次神代战争相比，此次战争终于有了血腥色彩，但其无论从规模上还是方式上仍相对简单。基于天神之于国神的悬殊力量差距，天界在没有大规模交战的情况下便顺利完成对地界的征服，唯一的"反征服者"（建御名方神）则遭到了双臂粉碎、险些被杀的悲惨命运。到了《日本书纪》中，这位反抗者甚至被删去了姓名和事迹。当代表天界的建御雷神要求让国时，大国主神和其子事代主神便立即进献了象征统治权力的"平国长矛"，以示让国称臣了⑤。由此可见，"记纪"中三次神代战争的情节设置，都是为了一个政治目的服务，即渲染"天神血脉必胜"的观念。

二、英雄与英雄的战争

随着天孙降临地界，"记纪"神话的主角也从天神转向了作为天神后裔的天皇身上。虽然此时的神话角色们仍有"命""尊"等神明专属称号，但因其活动范围只在地界，为与之前的天神区分，笔者谨以古希腊神话诗人希西阿德在《神谱》中对古希腊神话人物的划分方式，将"记纪"神话中的这一阶段定义为"英雄时代"。

①　《日本书纪》中记为经津主神，武翁槌神陪同。
②　仓野宪司校注：《古事记》，第 263 页。
③　同上。
④　同上。
⑤　舍人亲王：《日本书纪》，第 29 页。

"记纪"神话中英雄与英雄的战争，主要包括神武东征、倭建命征夷和神功皇后侵略新罗这三个大情节。到此阶段，"记纪"的战争叙述才开始体现出真实战争的残酷一面，但在记叙方式上却仍有着古代日本文明的独特之处。

（一）神武东征

承上文所述，苇原中国被征服之后，天孙琼琼杵尊下凡，并与地界的山神之女木花开耶姬成婚，生下三子。一子火远里命又与地界的海神之女丰御比卖结婚，生四子。他的一个儿子又与其姨母玉依毗卖结婚，生下了神武天皇。按此记载，神武天皇便是天孙琼琼杵尊的直系曾孙。通过这种溯源方式，"记纪"的撰述者便为日本天皇家披上了一层"天神血脉"的神化外衣，由此开始了"君权神化"的政治努力。

根据"记纪"所载，神武天皇继位后，带兵从祖先下凡的日向高千穗出征，是为神武东征。为论述方便，笔者谨以《日本书纪》为基础，在此将神武东征的经过和结果总结如下（表1）：

表1　神武东征的经过和战争方式

地点	《日本书纪》原文	战争方式
速吸之门	"其年冬十月丁巳朔辛酉，天皇亲帅诸皇子、舟师东征，至速吸之门。时有一渔人，乘艇而至。天皇招之，因问曰：'汝谁也？'对曰：'臣是国神，名曰珍彦，钓鱼于曲浦，闻天神子来，故即奉迎。'"①	和平献国
筑紫国	"行至筑紫国菟狭，时有菟狭国造祖，号曰菟狭津彦、菟狭津媛。乃于菟狭川上，造一柱腾宫，而奉飨焉。"②	和平献国
安艺国	"十有二月丙辰朔壬午，至安艺国，居于埃宫。"③	和平献国
吉备国	"乙卯年春三月甲寅朔己未，徙入吉备国，起行馆以居之，是曰高岛宫。"④	和平献国

① 舍人亲王：《日本书纪》，第51—52页。
② 同上，第52页。
③ 同上。
④ 同上。

续表

地点	《日本书纪》原文	战争方式
白肩之津	"时长髓彦闻之曰:'夫天神子等所以来者,必将夺我国。'则尽起蜀兵,徼之于孔舍卫阪,与之会战……乃引军还,虏亦不敢逼。"①	残酷战争
兄猾弟猾	"秋八月甲午朔乙未,天皇使征兄猾及弟猾者……兄猾获罪于天,事无所辞,乃自蹋机而压死。时陈其尸而斩之,流血没踝,故号其地曰菟田血原。"②	谋杀失败后和平献国
吉野	"是后天皇欲省吉野之地,乃从菟田穿邑,亲率轻兵巡幸焉。至吉野时,有人出自井中,光而有尾……"③	和平献国
国见丘	"冬十月癸巳朔,天皇尝其严瓮之粮,勒兵而出。先击八十枭帅于国见丘,破斩之。"④	残酷战争
磯城彦	"十有一月癸亥朔己巳,皇师大举,将攻矶城彦……果以男军越墨阪,从后夹击破之,斩其枭帅兄矶城等。"⑤	残酷战争
长髓彦	"皇师遂击长髓彦,连战不能取胜。时忽然天阴而雨水,乃有金色灵鸱,飞来止于皇弓弭……由是长髓彦军卒,皆迷眩不复力战。"⑥ "时长髓彦乃遣行人言于天皇曰……天皇素闻饶速日命是自天降者,而今果立忠效,则褒而宠之。此物部氏之远祖也。"⑦	残酷战争后和平献国
葛城	"又高尾张邑有土蜘蛛……皇军结葛网而掩袭杀之,因改号其邑曰葛城。"⑧	残酷战争
片居	"夫磐余之地,旧名片居……是时,矶城八十枭帅于彼处屯聚居之。果与天皇大战,遂为皇师所灭。故名之曰磐余邑。"⑨	残酷战争

注:本表为笔者根据《日本书纪》内容自制。

① 舍人亲王:《日本书纪》,第53页。
② 同上,第54页。
③ 同上,第55页。
④ 同上,第57页。
⑤ 同上,第58—59页。
⑥ 同上,第59页。
⑦ 同上,第60页。
⑧ 同上。
⑨ 同上。

　　由上表可知，在神武东征期间共发生过 12 次较大的事件，其中有 6 次是冲突性战争，主要集中在东征后期。除了冲突战争之外，在神武东征期间也存在着过半数的"和平献国"方式。按照《日本书纪》的说辞，此时的各地统治者们也与神代的须佐之男命、大国主神父子一样，都是出于对所谓的"天神之孙"的强烈敬畏心，才甘愿以建宫、引路、泄密等方式向神武天皇称臣，并因此得到了皇命封赏或至少得以善终。而那些反抗过神武天皇的人或势力则皆被彻底剿灭，即使暂时取得了优势（如长髓彦），也会由于天照大神对天皇的"托梦"等保驾方式，终究无法摆脱被征服的命运。

　　然而，不同于其他文明的神话或史书撰述，为了充分渲染"天神血脉必胜"的"神国"观念，"记纪"并未着力于描写神武天皇的军事才能或是军队战斗力，反而更侧重描写了神武天皇在东征期间遇到的各种"神迹"，并为此融合了诸多中国的神话故事和儒家统治思想，以彰显这场征服战争的"仁义"与"吉祥"。例如，在我国的传说中，贤君周文王曾收服垂钓的姜太公为臣，"记纪"也写到神武天皇曾收服垂钓的"国神"槁根津彦为臣；我国的周武王曾有"白鱼赤乌"以示伐纣之吉祥，"记纪"便也写到神武天皇有天照大神托梦赠予的"八尺乌"助其取胜①。此外，在"记纪"所载的神武天皇诏令中也可发现诸多中国色彩。例如，神武天皇在东征结束之后昭告天下称，"上则答乾灵授国之德，下则弘皇孙养正之心。然后兼六合以开都，掩八弘而为宇，不亦可乎"②。此句中的"养正""六合""八弘"等词皆照搬于我国的经史子集。由此，学者马兴国一针见血地指出，记纪神话中的神武东征神话，是吸收了中国古帝王神话与周朝传承的复合体③。而"记纪"如此撰述的目的，显然是在以作为古代东方文明交流核心的古代中国为标杆。换言之，"记纪"之所以将神话作为历史真实撰述，是由于受到了当时日本逐步过渡到封建制的时代和社会普遍智识特征所限制，其目的既是为了渲染日本"神国"历史悠久，又是为了适应君主专制逐步确立的需要，给天皇统治披上"神圣"与"文明"的外衣。

---

① 　舍人亲王：《日本书纪》，第 53—54 页。

② 　同上，第 61 页。

③ 　马兴国：《中日史前神话探微》，《东北师大学报》1993 年第 5 期。

（二）倭建命的征夷战争

根据"记纪"记载，在景行天皇时期，天皇的幼子倭建命曾奉命征服东夷，并取得成功。虽然他本人最终死于凯旋途中，但其英雄事迹却为"记纪"所称颂，其子孙也因此功劳得以继承皇位。

仍以《日本书纪》为基础，有关倭建命的战争叙述主要在《日本书纪·景行天皇纪》的后半段。笔者谨在此总结如下（表2）：

表2　倭建命征夷的经过和结果

战争对象	《日本书纪》原文	战争方式和结果
熊袭	"秋八月，熊袭亦反之，侵边境不止。冬十月丁酉朔己酉，遣日本武尊①，令击熊袭。时年十六。"②	男扮女装、刺杀敌方首领。取胜后获得了对方的名字，"是以贱贼陋口，以奉尊号"③。
东夷（东国）	"四十年夏六月，东夷多叛，边境骚动……于是日本武尊雄诰之曰：'熊袭既平……臣虽劳之，顿平其乱。'……虾夷贼首、岛津神、国津神等，屯于竹水门而欲距。然遥视王船，豫怖其威势……因以俘其首帅，而令从身也。"④	行军途中被假意投降者欺骗，又遇到海上风暴，但最终抵达虾夷。虾夷和平献国。
信浓国、越国	"于是日本武尊曰：'虾夷凶首，咸伏其辜，唯信浓国、越国，颇未从化。'"⑤	诛杀山神化身的白鹿，得一白狗引路，最终平定。

注：本表为笔者根据《日本书纪》内容自制。

如上表可见，倭建命征服的对象，主要是熊袭、东夷（虾夷）、信浓国与越国。这些地方都位于当时日本大和政权的边境地区，是所谓的"不朝贡""未从化"的敌对者。从战争方式来看，这场战争与神武东征一样，都存在"残酷战争"和"和平献国"两种方式，只是在战争的具体方式上，倭建命征夷不再是传统的两阵相对的大规模战争形式，而是出现了刺杀、伪装、诈

---

① 日本武尊，在《古事记》中记为倭建命，本文谨以常见名"倭建命"称之。
② 舍人亲王：《日本书纪》，第103页。
③ 同上，第104页。
④ 同上，第104—106页。
⑤ 同上，第107页。

降等诸多以个人活动为主的新型战法。但无论其手段如何、实力如何，在这场被"记纪"定义为"天神血脉"针对不开化的"东夷"发动的战争中，代表"天皇之意"的倭建命始终以一抵万、战无不胜，并最终顺利完成征服。

值得一提的是，倭建命的征夷经过在《古事记》与《日本书纪》中的叙述多有不同之处。其中最大的不同，便是景行天皇和倭建命对于出征的态度。

在《古事记》中，景行天皇是由于忌惮小儿子倭建命的孔武，才会屡次派他独自出征。而倭建命虽万般不愿，但在身为伊势神宫祭司的姑妈倭比卖命和妻子弟橘比卖命的帮助下竟也多次化险为夷，最终完成任务，直到在最后一战的凯旋中丧命①。但在其后成书的《日本书纪》中，倭建命与景行天皇的父子关系则显得光明正派了许多。如上表 2 所示，在《日本书纪》中，倭建命的每一次出征都是主动请缨，而景行天皇也对儿子的勇敢颇为赞许，直言"形为我子，实则神人"②，还在倭建命侵略虾夷时特意叮嘱他要"示之以威，怀之以德，不烦兵甲，自令臣顺"③。倭建命也谨遵父命，唯有在这次侵略时只以威势压服虾夷，令其不战而降。由此可见，相比于《古事记》中坦荡展现的天皇与皇子间因权力而生的嫌隙，更具有官修史书性质的《日本书纪》则更多地汲取了我国儒家"对内君臣和睦，对外以德服人"的政治思想。这一特意的修改显然是为了获得以古代中国为核心的东亚文化圈的认可，展示日本不输于中国的"文明"性质，并在征服周边民族的战争记叙中进一步巩固了"天神血脉必胜"的观念。

（三）神功皇后侵略新罗

神功皇后侵略朝鲜的战争发生在仲哀天皇时代。根据"记纪"所载，仲哀天皇时期，边疆的熊袭再度叛乱。天皇想要出兵平叛，但此时有神明借神功皇后之口发出"神谕"，要求天皇改为侵略新罗④。仲哀天皇不信，坚持征讨熊袭，兵败后暴毙而亡。此后，神功皇后以女性身份上台摄政，先后平定

---

① 仓野宪司校注：《古事记》，第 293—302 页。

② 舍人亲王：《日本书纪》，第 105 页。

③ 同上。

④ "时有神托皇后而诲曰：'天皇何忧熊袭之不服？是膂宍之空国也，岂足举兵伐乎？愈兹国而有宝国，譬如美女之睐；有向津国。眼炎之金银彩色，多在其国。是谓栲衾新罗国焉。若能祭吾者，则曾不血刃，其国必自服矣，复熊袭为服。'"舍人亲王：《日本书纪》，第 117 页。

了反叛的羽白熊鹫和土蜘蛛田油津媛①，随后便准备按"神谕"侵略新罗。

在发动侵略战争之前，为保无虞，神功皇后先后进行了两次"神谕"测试。第一次时，她在河中钓鱼，并祈祷"朕西欲求财国，若有成事者，河鱼饮钩"②，随后果然有鱼咬钩，而当地从此之后只有女人才能钓到鱼。第二次时，她在海边洗发，并祈祷"躬欲西征，是以今头濮海水。若有验者，发自分为两"③。结果，她的头发也真在水中一分为二。有此神兆，神功皇后便放心地率军西征。军队在海上遭遇强风暴时，她也像神武天皇一般遇到了"海中大鱼"④ 主动协助，最后因祸得福，直抵新罗首都⑤。

在尽力渲染神功皇后征服战争的"天佑"迹象之后，"记纪"又对照性地描写了新罗王在兵临城下之际的手足无措。新罗王遥望来自"神国"的"神兵"与"圣主"⑥，最终与神代的须佐之男命、大国主神父子和神武东征时期的许多日本地方的首领一样，选择向神功皇后所代表的天皇政权不战而降，自愿朝贡。而百济、高丽的国王听闻此事，也来到神功皇后的军帐外叩首投降，表示"从今以后，永称西藩，不绝朝贡"⑦。

从战争方式来看，在此战中，战争似乎又再次回到了神代的"和平"方式，而朝鲜三国的臣服理由也与神代的国神、英雄时代的地方族群领袖们一样，是由于他们折服于天皇政权所代表的"天神血脉"，而非迫于军事压力。并且，到了此时，"记纪"已开始将"天神血脉"与"神国"性质逐渐融合。换言之，日本之所以是战无不胜的"神国"，正是由于作为领袖的天皇家是"天神血脉"。通过以神话修饰历史，"记纪"基本塑成了天皇统治的神圣性与合法性，而"天神血脉必胜"的家族性观念也被逐渐转化成了"神国必胜"的国家性观念。

此外，从战争性质来看，以今天的价值观来判断，神功皇后征服朝鲜的

---

① 舍人亲王：《日本书纪》，第 122 页。

② 同上。

③ 同上。

④ "时飞廉起风，阴侯举浪，海中大鱼，悉浮挟船，则大风顺吹，帆舶随波，不劳橹楫，便到新罗。"舍人亲王：《日本书纪》，第 122 页。

⑤ 同上，第 123 页。

⑥ 同上，第 124 页。

⑦ 同上。

战争无疑是非正义性的侵略战争。但为了渲染战争合理性，"记纪"先是通过叙写神谕等征兆的方式加以粉饰，又借新罗王之口，将日本国家和军队神化为"神国"与"神兵"，以此来反复强调其代表"天意"征服"蛮夷"之国的正义性质。但从实质来看，无论"记纪"如何自称师出有名，神功皇后发动的这场战争，都是一场以扩张为目的的非正义战争。尽管神功皇后在历史上的存在与否至今存疑，但结合"记纪"撰述时期的史实，我们亦可由此略窥古代日本对于成为不输于中国的海上文明之国的政治向往和对朝鲜的领土野心。

三、结语

综上所述，笔者谨将"记纪"神话中体现的古代日本战争观归纳如下：

第一，是以"天神血脉必胜"为核心的"神国观"。在"记纪"成书的8世纪的日本，由于受到更先进的中国文明的冲击，日本自上而下地产生了强烈的自卑情绪与危机意识。为了获得以古代中国为核心的东亚文化圈认可，也为了平稳完成向封建制君主专制过渡的时代任务，"记纪"不遗余力地将一系列神话缝合进历史当中，其目的显然不仅是为了对内给天皇的统治披上神圣性与合法性的外衣，更是为了在外交层面上，向中国等彰显日本作为文明国家的性质。同时，用神话重塑的"悠久"而"辉煌"的国史也极大地增强了当时日本的民族自信心。在统一的共同体神话之下，日本的各方势力逐步与天皇政权达成妥协，共同推动日本走向了封建制时代。

然而，日本自比为"神国"的政治幻梦亦是从此时开始。此前已有多位学者指出，"神国思想是日本帝国主义独具的特征"，正是它"助长日本民族主义思想的产生"，也"促进了日本帝国主义思想的发展"①。为了进一步渲染"神国"思想，具有史书性质的"记纪"一改历史撰述的求真要求，反而大量着笔于神迹、神谕等神话元素的描写，有意识地将神话与历史相融合。此外，在我国儒家思想等的影响下，"记纪"神话还大量捏造了"不战而屈人之兵"的理想战争，以此凸显其作为"神国"的仁德与文明。一言以蔽之，基于鲜明

---

① 姚宝猷：《日本"神国思想"的形成及其影响》，《南开日本研究》，2017年，第341—342页。

的政治目的，"记纪"神话通过融合日本古有的多神教和中国儒家等思想，将神话与历史相结合，以诸多人造的"史实"论证了"神国必胜"的战争观。这一观念也成了二战时期日本帝国主义的宣传工具。

"记纪"神话所体现的古代日本战争观之二，便是以"建立海上文明帝国"为目标的"帝国观"。其重要表现，就是在"记纪"神话的战争记叙中大量出现的"征夷""天下""六合"等来自中国儒家思想的词汇。而其根本目的，显然是为了获得以古代中国为核心的东亚文化圈认可，以期建立起自己的文明自尊。这一目的亦可从"记纪"撰述时代前后的中日交流活动中得见①。

总之，在"记纪"神话中所体现的古代日本战争观，既受到了日本古有的多神宗教、社会风气和撰述时代的日本政治形势的影响，又明显融合了以儒家思想为代表的中国思想与文化，是"记纪"的撰述者有意塑造的结果。而其塑成目的亦有着对内和对外两个方面：在"对内"的层面上，"记纪"以"神国观"渲染了天皇统治的神圣不可侵犯，以"神化"君权的方式推动了君主专制的加强；在"对外"的层面上，"记纪"以"帝国观"强调了日本的文明自尊，以与中国相同的儒家思想为外衣，粉饰了其征服行径与领土野心。同时，结合中日文明交流史，我们亦可发觉上述"神国观"与"帝国观"的影响力旷日持久，至今仍有一定残余。因此，在当代促进中日交流之际，我们也应注意日本古有思想对其今日的影响，在和平友好交流之时，亦不懈审慎之心。

Critique of the war concept in ancient Japan:
Centered around myths in *Kojiki* and *Nihon Shoki*

Wang Han

Abstract: The Japanese community myth is mainly preserved in *Kojiki* and *Ni-*

---

① 例如，在《隋书·倭国传》中曾记载日本曾派遣小野妹子为使，向隋朝进贡国书。日本此行的目的是试图以对等国的身份与隋朝建交，但最终无果。详见［日］藤家礼之助著，章林译：《中日交流两千年》，北京联合出版公司，2019年，第82—91页。

hon Shoki, which were written in the 8th century. As the earliest official history books in Japan, the mythological contents preserved in the two books are closely related to the national consciousness and civilization identity of ancient Japan, and also have a certain influence on today's Japanese thought. Therefore, this paper critically analyzes the ideas and historical mappings expressed in the war narration of the Japanese mythology, and draws out the two major views of war in them. The conclusion of this paper should have significance for understanding the national behavior and ideology of contemporary Japan.

Key words: Japanese mythology; narration of war; concept of war; ancient Japan; *Kojiki*; *Nihon Shoki*

征稿启事

为大力弘扬中华优秀传统文化，推动中国神话学的研究和发展，四川省社会科学院神话研究院决定编辑出版《神话研究集刊》（每年两集），现将相关征稿事项公告如下。

一、栏目设置

《神话研究集刊》围绕以下研究方向征集稿件：

1. 中国神话典籍文献整理研究；

2. 神话与中国思想文化研究（历史与当代）；

3. 巴蜀神话研究；

4. 道教与神话研究；

5. 少数民族神话研究；

6. 神话与文学、艺术、美学、考古、历史、民俗等跨学科研究；

7. 外国神话研究；

8. 神话理论的译介与研究。

本刊将根据来稿内容设置相应栏目。

二、内容及字数

稿件观点新颖、论据充分、文字表达准确流畅，能够代表神话研究的最新成果。文责自负，严禁抄袭。每篇稿件实际字数在8000—15000字之间，以10000字左右为宜，特殊稿件不超出15000字，包括摘要（100—300字）和关键词（3—8个）。稿件内容包含中文标题、摘要、关键词、正文、注释；文尾附作者姓名、单位、学历、职务或职称、联系方式。注释采用当页脚注。此外，稿件应附英文标题、内容摘要和关键词。未依本刊格式提供的稿件，将不能进入审稿程序。

三、格式

稿件采用简体中文。标题小三号宋体，正文小四号宋体，行距 1.5 倍。注释用小五号宋体，单倍行距，置于页下，每页重新编号。注释序号采用圈号，如①、②、③（包括正文和脚注）。脚注引文格式如下：

1. 期刊

例：袁珂：《〈山海经〉盖"古之巫书"试探》，《社会科学研究》1985年第 6 期。（注：如文章有三个以上的作者，仅列前三个，后加"等"）

2. 专著

例：袁珂：《山海经校注》，上海古籍出版社，1980 年，第 348 页。

3. 译著

例：［美］马文·哈里斯著，李培茱、高地译：《文化人类学》，东方出版社，1988 年，第 299 页。

4. 古籍

例：［晋］陈寿：《三国志·魏书·东夷高句丽传》，中华书局，1959 年，第 844 页；或［宋］宋祁、欧阳修：《新唐书》卷一百九十六，文渊阁《四库全书》本。

5. 析出文献

例：袁珂：《〈山海经〉盖"古之巫书"试探》，见《〈山海经〉新探》，四川省社会科学院出版社，1986 年，第 23 页。

6. 报纸

例：丁文祥：《数字革命与竞争国际化》，《中国青年报》2000 年 11 月 20 日。

7. 外文文献

例：North，D. C.，*Institutions Institutional Change and Economic Performance*，Cambridge University Press，1990，p. 34.

8. 图表

稿件的图表引用需按照通行的版权规定，注明图表内容和出处，并由作者自行负责解决图片的使用授权问题。

文末注明作者通信地址、电子邮箱、手机号码等联系方式。文稿以 Word 文件格式提交。

四、截稿时间

《神话研究集刊》每年两集，截稿时间分别为 1 月 31 日和 7 月 31 日（以电子邮件发送日期为准）。

五、稿酬和样书

来稿将由我院组织相关专家进行评审。论文一经入选，出刊后将按相关规定支付稿酬（含知网支付稿酬）并赠送样书二册。按照本刊编辑流程，提交稿件后六个月内（以电子邮件发送日期为准）未收到用稿通知时，作者可自行处理。

六、知网及微信公众号授权

本刊所采用的论文将由出版单位授权在知网和本刊微信公众号发布电子版。作者投稿如无特别申明，即视为同意授权出版单位在知网和本刊微信公众号上发布。如不愿授权，请在文尾予以注明。

七、联系方式

1. 知网投稿网址：http：//yjjh. cbpt. cnki. net/
2. 网易收稿邮箱：shyjjk@ yeah. net

热忱欢迎海内外学者踊跃投稿。

四川省社会科学院神话研究院

《神话研究集刊》编辑部

2023 年 12 月

图书在版编目（CIP）数据

神话研究集刊. 第九集/向宝云主编. —成都：
巴蜀书社，2023.10
ISBN 978-7-5531-2087-4

Ⅰ.①神… Ⅱ.①向… Ⅲ.①神话－研究－丛刊
Ⅳ.①B932－55

中国国家版本馆 CIP 数据核字（2023）第 198047 号

神 话 研 究 集 刊 （第九集）
SHENHUA YANJIU JIKAN DIJIU JI

向宝云 主编

责任编辑	王　雷	
封面设计	成都墨之创文化传播有限公司	
出　　版	巴蜀书社	
	成都市锦江区三色路 238 号新华之星 A 座 36 层	
	邮政编码：610023	
	总编室电话：(028) 86361843	
网　　址	www.bsbook.com	
发　　行	巴蜀书社	
	发行科电话：(028) 86361856	
经　　销	新华书店	
印　　刷	成都蜀通印务有限责任公司	
	（电话：028－64715762）	
版　　次	2023 年 12 月第 1 版	
印　　次	2023 年 12 月第 1 次印刷	
成品尺寸	240mm×170mm	
印　　张	18.25	
字　　数	400 千	
书　　号	ISBN 978-7-5531-2087-4	
定　　价	90.00 元